［第七版］

財　政　学

栗　林　　隆　・江波戸順史　［編著］
山　田　直　夫・原　田　　誠

創　成　社

はしがき
―第七版の刊行にあたって―

　本書の初版は，小林威先生の編著により，先生が中心的存在であった多摩研の若きメンバーたちと一緒に 2000 年に出版された。当時の学問風土は，学者は研究に没頭することこそが使命であり，テキストの執筆を積極的には好まない風潮があった。先生も研究一筋であったが，60 代になって当時院生だった私（栗林隆・千葉商科大学教授）に，「初学者が財政学の本質を平易に学べるようなテキストを編纂したい」とおっしゃったのが本書誕生のルーツである。初版から四半世紀を超える歳月が流れ，先生が研究者としての晩年に，学生のための良きテキストを書こうと思うに至った気持ちは，弟子である私も 60 代になった今となって良く分かるような気がする。

　第七版では，第三版より編纂に携わってきた私に加えて第六版より新たに各大学において実際に本テキストを使って教鞭を取っている研究者，江波戸順史（千葉商科大学），山田直夫（駒澤大学），原田誠（大阪学院大学）が編著者に加わり，総勢 4 名で鋭意編纂に取り組んでいる。

　本書は，伝統的な財政学の体系である租税論・公債論・予算論・経費論の 4分野を網羅した上で，さらに社会保障論にも言及している。なお，本書は学部生を対象としたテキストであるが，大学院レベルの高度な内容も含んでおり，☆マークを付してある部分に関しては，初学者は読み飛ばしても差し支えなく財政学の体系を学習できるような構成になっている。

　第 1 章では，市民生活との密接な関連をベースにして，財政とは何かを明らかにし，財政学と租税原則の歩みを論じた。第 2 章では財政に求められる 3 つの機能を分析し，さらに学生が分かりやすいような工夫を凝らした。第 3 章から第 4 章では予算と経費を平易に論じている。

　ここで，本書をオーケストラが奏でるシンフォニーに例えれば，スコアにおける第 5 章から第 13 章の租税論パートは主旋律と言えよう。このように，本書の一貫した大きな特徴は，租税に大きなページを割いていることである。

Public Finance（財政学）を直訳すると，「公共（政府）の財源調達」を意味し，それは即ち租税である。したがって，財政学研究の焦点は租税であり，財政学固有の研究領域である租税論の延長線上に政府の経済活動を分析し，さらに，国家のあり方を追求する学問である。租税は，主権国家の専権事項であり，その国の風土に根付いている。わが国では，明治維新において明確に貨幣で徴収することが決められるまでは，年貢米で献納されており，各国の税制史を紐解いても興味深い制度と言えよう。それは，日本人のハートが腹にあり，その腹を満たす米は現金等価物として商品通貨の機能を有していたからである。ゆえに，当時の大名の財政力も石高で計っていたのである。

　第14章では財政赤字を賄う国債を取扱い，第15章では社会保障に言及している。わが国において財政再建は喫緊の課題であり，政府の取り組みとして税と社会保障の一体改革の必要性が強調されている。

　また，近年のトピックスとして，相続税と贈与税の一体化に言及し，相続時精算課税制度を中心とした贈与税のあり方を第11章Ⅳとして新たに加えた。

　本書が四半世紀を超えるロングセラーになったことを小林威先生の墓前に報告したいと思う。そして，大学における財政学の講義を通じて少しでも教育に貢献していることを自負して，今後もさらに版を重ねていきたいと思う。

　最後に，第七版の出版に際して編著者に加えて橘啓介をはじめとする大学院栗林ゼミの諸君が，自らの執筆に加えて最新のデータへの更新および図表の細部に渡っての校正に尽力してくれた労をねぎらいたいと思う。そして，出版を担って頂く創成社の塚田尚寛社長と西田徹氏に感謝の意を表したい。

2025年4月

キャンパスに集う学生の成長を期待して

栗　林　　隆

目　　次

はしがき

第1章　財政と財政学 ————————————————— 1

Ⅰ　財政と市民生活……………………………………………………… 1
Ⅱ　公共部門と政府の経済活動………………………………………… 2
Ⅲ　混合経済と循環図…………………………………………………… 4
Ⅳ　財政と財政学………………………………………………………… 6

第2章　現代社会における財政の機能 ———————— 13

Ⅰ　市場の失敗…………………………………………………………… 14
Ⅱ　資源配分……………………………………………………………… 18
Ⅲ　所得再分配…………………………………………………………… 27
Ⅳ　経済安定……………………………………………………………… 31
Ⅴ　政府の失敗…………………………………………………………… 35

第3章　予　算 ——————————————————————— 43

Ⅰ　予算の概念と構成…………………………………………………… 43
Ⅱ　予算の種類…………………………………………………………… 47
Ⅲ　予算過程……………………………………………………………… 49
Ⅳ　予算原則の問題と課題……………………………………………… 54

第4章　公共支出のすがた ——————————————— 58

Ⅰ　公共支出……………………………………………………………… 58
Ⅱ　公共投資……………………………………………………………… 65

第5章　租税の基礎理論 ——————————— 74

　I　資本主義体制と租税 ………………………………… 74

　II　課税の公平 ……………………………………………… 79

　III　課税の効率 …………………………………………… 91

　IV　望ましい税制のあり方 ……………………………… 106

第6章　税制改革案の影響 ——————————— 117

　I　シャウプ勧告——わが国税制のルーツ ………… 117

　II　カーター報告——包括的所得税のモデル提案と

　　　　　　　　　　　カナダ税制改革（1971）……………… 122

　III　ミード報告——支出税の新展開 ………………128

第7章　わが国の税制 ——————————————— 134

　I　租税制度の変遷 ……………………………………… 134

　II　現行の税制 …………………………………………… 141

　III　わが国税制への適用と課題 ……………………… 148

第8章　個人所得課税 ——————————————— 152

　I　所得とは何か ………………………………………… 152

　II　課税方法 ……………………………………………… 154

　III　税率構造 ……………………………………………… 156

　IV　税額の算出 …………………………………………… 158

　V　所得課税の問題点 …………………………………… 164

　VI　二元的所得税 ………………………………………… 170

第9章　法人課税 ————————————————— 173

　I　法人税の意義 ………………………………………… 173

　II　二重課税の調整方式 ………………………………… 176

目　次 ｜ vii

Ⅲ　法人税の転嫁と帰着 ……………………………………… 179
Ⅳ　中立的な法人税制 ………………………………………… 180
Ⅴ　わが国の法人税制 ………………………………………… 184

第 10 章　消費課税 ————————————————————— 193

Ⅰ　消費課税の意義 …………………………………………… 193
Ⅱ　所得課税から消費課税へ ………………………………… 199
Ⅲ　わが国の消費課税 ………………………………………… 201

第 11 章　資産課税 ————————————————————— 209

Ⅰ　資産課税の体系 …………………………………………… 209
Ⅱ　資産課税の意義 …………………………………………… 211
Ⅲ　現行の資産課税 …………………………………………… 214
Ⅳ　相続時精算課税制度の改革——相続税と贈与税の一体化… 219

第 12 章　国際課税のフレームワーク ————————— 223

Ⅰ　国際課税の意義と役割 …………………………………… 223
Ⅱ　外国税額控除制度 ………………………………………… 226
Ⅲ　租税回避の防止と経済的二重課税の回避 ……………… 229
Ⅳ　タックスヘイブン対策税制 ……………………………… 233
Ⅴ　過少資本税制 ……………………………………………… 237

第 13 章　国際課税の新潮流 ——————————————— 242

Ⅰ　BEPS ……………………………………………………… 242
Ⅱ　デジタル課税 ……………………………………………… 250
Ⅲ　ミニマム・タックス ……………………………………… 259

第 14 章　公債のしくみと理論 ————————————— 267

Ⅰ　国債の種類 ………………………………………………… 267

Ⅱ　わが国の国債制度 ……………………………………………… 272

Ⅲ　公債の負担をめぐる議論 ……………………………………… 273

Ⅳ　公債の中立命題 ………………………………………………… 276

Ⅴ　財政の持続可能性 ……………………………………………… 281

第15章　社会保障 ——————————————————— 287

Ⅰ　社会保障制度 …………………………………………………… 287

Ⅱ　社会保障費用の財源 …………………………………………… 291

Ⅲ　年　　金 ………………………………………………………… 296

Ⅳ　医　　療 ………………………………………………………… 299

Ⅴ　介　　護 ………………………………………………………… 301

参考文献　303

事項索引　309

人名索引　314

第1章

財政と財政学

I 財政と市民生活

　わが国は，G7 カントリーに代表される先進国にあって治安が最も良く安全であり，水道・電気・ガスなどのライフ・ラインも完備している快適な国と言ってよいだろう。その環境に慣れている日本人は，当たり前のように普段の生活を送っており，財政がその役割を担っていることなど忘れていよう。国家は，強制的に国民から租税を徴収し公共サービスを供給している。それは，道路等のインフラであったり，警察・消防・医療であったりする。これらは，国民が共同消費する集合財であるがゆえに，個人が国家から直接恩恵を受けている感覚は希薄だろう。反面，その財源となる税負担にばかり不満が高じているのが現状である。下記が典型的な例示である。

・道を歩くのに，誰かの許可を取るとか，お金を払う必要があることなど考えたことはないだろう。事件に遭遇したら 110 番に電話すれば速やかに警察が駆けつけて問題に対処してくれる。火事を見たら 119 番に電話すれば消防車が駆けつけて迅速に消防活動をしてくれる。そして，お金がかからないことは誰でも知っている。また，国民皆保険が充実しており，病院に行けば誰でも比較的安価に医療サービスが受けられる。さらに，治安が良いから普段の市民生活を安心して送れる。

・モノを買うと消費税がかかることは誰でも知っている。消費税は間接税で

あり税率も低かったので，納税意識が比較的低い傾向にあったが，税率が令和元年10月1日より10％に引き上げられたことで逆進性緩和のための複数税率が導入され話題になった。今後の財政運営において消費税率の引き上げは既定路線であり，税負担感が増していくかもしれない。また，サラリーマンも所得税は給与から源泉徴収されているから納税意識は低かったが，令和2年改正による給与所得控除の大幅な縮小等により高所得者層の増税感は増している。

このように，我々の快適な市民生活は財政により支えられているが，普段は当たり前のように受け入れており，反面，自分の税負担には財政赤字を背景とする増税傾向から敏感になりつつある。その主たる原因は，近代国家は租税を能力説に基づいて徴収しており，個人の税負担と個人が受益する公共サービスが直接的にリンクしていないからである。

II　公共部門と政府の経済活動

国民経済計算における公共部門は，各国において政府諸機関の推計にあたり一定の基準に基づいて毎年行われている。わが国では，国連の2008SNAに依拠した政府の範囲と分類に基づいて詳細な推計を行っている。図1－1は，公共部門の骨子を示しており，一般政府と公的企業に二分され，財政学が分析対象としているのは一般政府である。一般政府は，中央政府（国）と地方政府（47都道府県と約1,800弱の市町村）と社会保障基金からなり，本書ではとりわけ中央政府に焦点を当てている。ここで中央政府とは，領土主権を有する国家の行政を運営する組織を指し，日本では内閣と称している。内閣は総理大臣を長とする各大臣から構成され，内閣法では，内閣総理大臣を除いた国務大臣の数は原則14人であるが必要に応じて増員できることになっており，各省のトップおよび国政の重要事項として特命担当大臣を担う。したがって，官僚組織のトップを次官と称するのである。地方政府の経済活動の総合計を地方財政と称するが，本書では第7章で税収構造を概観している程度で本格的には取り扱っ

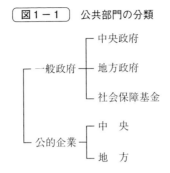

図1-1 公共部門の分類

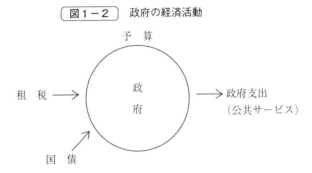

図1-2 政府の経済活動

ていない。社会保障基金は第15章で取り扱う年金等の財源である。

　図1-2は、シンプルに政府の経済活動を図示したものである。均衡予算を是とする財政では、政府支出は租税で賄う予算が望ましく、いわゆる健全財政である。しかし、赤字財政に陥っている日本では、税収が大幅に不足しており、その不足分を賄うのが国債という名の借金である。第14章にあるように、国債は建設国債と赤字国債からなる。

　近代国家は無産国家であり、国自らは富を生み出さない。したがって、富を生み出す国民から強制的に租税を徴収し、さまざまな政府の経済活動を行っている。ここで、議会制民主主義に基づいた財政民主主義が機能していることを強調しておこう。財政関連法案は、予算であれ税制であれ、すべて国会の議決が必要である。したがって、消費税の10％への税率引き上げも国会の議決を

経て強制されている。民主主義においては，多数決がルールだから少数の反対者が存在しても，従うのがルールであり，たとえば消費税の納税義務者が故意に仮装隠蔽行為による多額の脱税を行えば行政処分（罰金）だけでは済まず，逮捕起訴されることもある。

このように，政府は国民から財政民主主義に基づいて強制的に徴収した租税で予算を組み，道路などのインフラ（社会資本）整備や，警察による治安の維持，さらには国防などの純粋公共財を供給し，国民の生活を便利にし，そして豊かにし，さらに守っているのである。

III　混合経済と循環図

図1－3は，混合経済をシンプルに示している。近代国家は，資本主義経済体制を取っているが，民間部門と政府部門から構成されている。民間部門の特徴は自由である。ここで言う自由経済は，市場経済が機能していることを指す。民間部門では自由な経済活動が行われ，需要と供給の均衡点で価格が決定される。この仕組みは，大学で経済学を学ばなくても，価格を下げれば需要が増加しモノが売れることを商人なら誰でも知っている。

これに対して，政府部門は強制である。強制の典型は租税であるが，財政民主主義に基づいた強制であることに留意する必要がある。近代国家はシュンペーター（Schumpeter, J.）が言うように租税国家であり，課税権を行使することにより，政府の経済活動を行っている。民間部門と政府部門は表裏一体に機能しており，お互いが協調・補完する有機的な強い関係にある。第2章で学ぶ財政の機能も両部門の混合資本主義経済に基づいて，それぞれの役割を担っているのである。

図1－4は経済における家計と企業の循環図を示している。家計は企業の雇用に対して生産要素（労働）を供給し，企業はその対価として賃金を貨幣で支払い，家計の所得となる。また，家計は企業が生産した財およびサービスを消費（支出）し，企業はその対価として利潤（収入）を得る。政府は，家計と企業から強制的に租税を徴収して公共サービスを供給する。

図1-3　混合経済

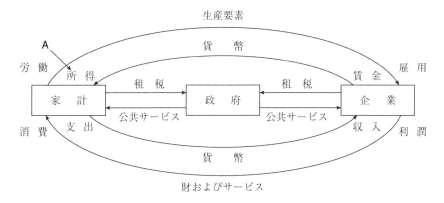

図1-4　経済の循環図

　ここで，図1-4を課税の観点から見てみると，家計と企業の間には，4つのフローが存在し，フローに対してさまざまな税制による課税の衝撃点が存在する。例示として，A点に課税するのが個人所得税であり，課税ベースは賃金・家賃・利子・配当，その他すべての所得要素の合計として測定される。結果として，わが国では循環図の4つのフローの異なった衝撃点において，所得税，法人税，消費税をバランス良く課税し，税収の約8割を賄い，また，ストック面では家計の貯蓄に対しては相続税が，企業の留保に対しては法人税（留保金課税）が課税され，公共サービスの財源となり政府の経済活動を賄っている。

IV　財政と財政学

1．財政の定義

　財政のシンプルな定義は，政府の経済活動である。領土に基づく主権国家の行政を担うのが政府である。政府は多種多様な経済活動を行っているが，そのエッセンスは国民から強制的に租税を徴収して，公共サービスを給付することに収斂されよう。

　より厳密には，予算で明示された政府の経済活動と定義される。財政は租税に代表されるように強制獲得経済であるから，財政民主主義に基づいて国会の議決を経て予算が成立する。歳入と歳出は均衡しなければならないから，公共サービス等の政府支出を賄うための税収を調達するための予算が組まれる。近年のわが国は，租税国家には程遠いから，税収の不足分に対して国債を発行して賄わなければならない。

　このように，財政は図1－2のように，租税，公債（国債），予算，経費（政府支出・公共サービス）の4領域からなり，これらを分析する学問が財政学である。

2．財政学の歩み

　財政学の研究目的は国家の姿，あり方を探求することにある。そのためには，国家を運営するための財源の確保が最重要であり，それは即ち租税であるから，財政学固有の研究領域である租税論の目的は，国家目的を遂行するための政策論として位置付けられる。

　資本主義経済に基づく近代国家は，財政民主主義が機能して国家目的を遂行するための予算を編成している。この国家が財政活動を行う予算を賄うのは租税であり，所与の税収をいったい誰からいくら強制的に徴収するかを理論的に明らかにする取り組みが租税配分原則である。古典では，スミス（Smith, A.）やワグナー（Wagner, A.）の租税原則が評価されているが，そのエッセンスは国家経費を調達するための望ましい租税配分を追求することにある。

　また，これらの伝統的な財政学，租税論の枠組みは，資本主義経済における

強制獲得経済として，領土を有する主権国家が自国内においてのみ行使しうる権利であるから，閉鎖経済体系で完結する理論であることに留意すべきである。

財政の「政」は政治の「政」と言う言葉に象徴されるように，財政学は多分に政治学的要素を含んだ経済学である。財政学には，ドイツ官房学と古典派経済学の2つの源流があるが，学問体系が構築され始めたのはおおよそ270年前ぐらいからである。

ドイツ官房学（カメラリスムス）は，1500年代半ばから約3世紀に渡ってゲルマン民族が，中世の王国において富国強兵政策を推進するための学問として発展した。その内容においては，今日の財政学が中心的存在であったが，租税の財源を考えるための経済政策や，当時は国王の財源であった鉱山などの土地に関する経営学，さらには工学，農学など国家を富ませるためのありとあらゆる学問を内包していた。そして，18世紀になると，産業育成に重点が置かれるようになったことに伴って，現実的な経済政策論に変容していく。

官房学の財政思想は歳入論が中心で，有機的国家観をベースとしており，もともと行政学的な色合いが強かったので，官僚教育の教科書として使用されていた。これに対して，古典派経済学は自由競争が行われる市場を分析対象として，財及びサービスの生産・流通・分配・消費に言及し，最後に租税や公債が経済に与える影響を理論的に分析している。

スミスは大著『国富論』において，第1編の最初の分業から論じ始め，最後の第5編で財政に言及している。彼の財政論は，古典派経済学の立場から，①国家の財政活動は非生産的であるから，予算が小さい安上がりな政府が望ましい，②市場経済の秩序を攪乱せず，とりわけ資本を侵食しないような中立的租税が望ましい，③公債は資本を侵食し将来世代に利子負担を転嫁するから，原則として発行してはならない，ことを力説している。

リカード（Ricardo, D.）は，スミスの影響を大きく受けたが，代表作として『経済学および課税の原理』を著した。彼は，課税の転嫁を研究し，地代と利潤への課税は転嫁しないが，賃金への課税は転嫁することを主張した。そして，政府の歳入を租税か公債のどちらで賄うべきかは古くから論争があるが，公債の中立命題として，現時点での租税の徴収と公債の発行は経済的に等価で

あることを主張した。なぜならば、現時点での租税の徴収と将来時点での公債の元利償還のための課税は、経済的には単なる課税時点の相違に過ぎないからである。1970年代に、このリカードの等価定理は一世を風靡するが、彼自身は赤字財政は人心を錯覚させ倹約を促さないことを理由に非現実的であるとして反対した。

ミル（Mill, J.S.）は、財政活動の経費に資本蓄積の維持、発展の観点から生産性を認めた。それを賄う租税に関しては、政府サービスは国民に等しく遂行されることを理由に均等犠牲説を主張し、当時のドイツ財政学で主流であった社会政策的累進税を正当化した。また、彼は所得よりも消費への課税が望ましいと考えて、支出税を提唱したことでも知られている。

ワグナーは、ドイツで理論的かつ精緻な財政学体系を築いた大成者である。彼は、ドイツの伝統的な有機的国家観の立場から、社会政策を実行するための財政活動が増加することを背景に、有名な経費膨張の法則を打ち立てた。そして、増加する経費を賄う租税を、財政目的と社会政策目的に区別して考えた。前者は純粋な公共サービスを支弁するために比例税を課税して、所得分配に介入せず、後者は所得と資産の不平等を是正するために累進税を課税して、所得分配に積極的に介入するのである。

ドイツ財政学思想のエッセンスは、①国家活動は有形財を社会政策などの無形財に転換するから、経費には生産性がある、②社会政策として累進税を採用し、基礎消費部分の最低生活費の免税、勤労所得軽課と不労所得重課を主張した、③公債を資本蓄積の手段と考えて生産性を強調した、などである。

ドイツ財政学では、有機的国家観から個人の選好に左右されずに、国家の存続に必要な公共財を供給すべきという思想が共同欲望の充足論として結実した。しかし、無機的国家観に立つ個人主義者は強く批判し、共同欲望の主体は最終的には国家ではなく個人である点に着目して、欲望分類の基準としての欲望充足を考え、国家活動によって欲望が合理的に充足されるケースを共同欲望と主張して折り合いをつけた。

セリグマン（Seligman, E.R.A.）は、租税転嫁論で有名であるが、20世紀アメリカが輩出した最高の学者のひとりである。彼が、コロンビア大学で教鞭を

取ったから，同大学は財政学研究の拠点となり，シャウプ，ヘイグ，ヴィッカリーなど多くの優れた学者が育った。彼は，語学の才にたけていたので，ドイツ留学を経てドイツ財政学への造詣は深かった。アメリカ最高裁による所得税の違憲判決に強いショックを受けたことを契機に，所得税の研究を本格的に始め，課税ベースおよび税務行政の問題が困難な課題であると考えて，その後の憲法修正を経て所得税を連邦税として導入する道筋に貢献した。

　マスグレイヴ（Musgrave, R.A.）は，独自の財政学体系をスタンダードにした20世紀の巨人である。彼の理論は，新古典派やケインズ理論をベースにして，市場の失敗と財政の3つの機能をコアにして構成されている。ドイツ財政学の共同欲望を経済学のフレーム・ワークで説明し，民主主義に基づいた経済学的な財政学の構築に大きく貢献した。

　ケインズ（Keynes, J.M.）は，1930年代の世界的大不況を目の当たりにして，自分が今まで学んできた経済学では説明できないことに気づき，『一般理論』を著した。不況の原因を有効需要の不足と考え，積極的に政府が公債発行による財政出動をして民間部門に働きかけるべきだと考えるフィスカル・ポリシーを確立し，現在でもなお不況に対する有力な処方箋として有効である。

3．租税原則の歩み

　租税原則が目指すのは課税の公平である。利益説や能力説も，いかにして租税を配分するのが公平かを追求した概念であり，歴史を紐解くと多くの学者が租税配分原則を中心に現実経済への適用を考えてきた。そして，資本主義が発達していく過程で，政治的・社会的・経済的背景を踏まえて独自の租税原則を打ち立てたのである。租税論の学説史において，とりわけ良く知られている古典がスミスとワグナーによる学説である。

（1）スミスの租税原則

スミスの租税原則は次の4原則である。

［1］各国の臣民は，各々の能力に応じて，すなわち，各自が国家の保護のもとに獲得する収入に応じて貢納すべきである。

［2］租税支払いの時期，方法ならびに支払額は，確定していなければならない。恣意的であってはならない。

［3］すべての租税は，納税者が支払うのに最も都合のいい時期に，また，そのような方法で課税されるべきである。

［4］すべての租税は，国庫に入る以上に人民の懐から取り出すことを，できるだけ少なくするように工夫されるべきである。

第1の原則を読んでみると，前半は能力説を後半は利益説を示しているように思われる。しかし，租税負担能力の指標に関してなんら言及していないので，国家から受け取る便益に対して租税を支払うべきと読まざるを得ない。スミスは当時の時代背景において，すべての収入に対して普遍的かつ比例的に課税することを主張しており，安価な政府の考えに基づいて市場経済を重視し，政府の課税により民間部門が影響を受けることを批判したのである。

第2と第3の原則は，確定の原則，便宜の原則と呼ばれており，単純な課税テクニックの問題である。現代では，当たり前のことを言っているに過ぎないが，スミスが生きた時代の市民社会では資本主義がうまく機能しておらず，政府の税務行政は杜撰であったから，重要な原則であった。

第4は最小徴税費の原則である。税務行政費用および納税協力費用をいかにして少なく課税するかは，現代でも重要な課題である。キーワードは簡素であるが，税制は年々多くの租税特別措置が導入され複雑になる一方である。スミスは，将来の税制を見据えて警鐘を鳴らしたのだろうか。

（2）ワグナーの租税原則
ワグナーの租税原則は以下の4大原則9小原則である。
［1］財政政策上の原則
　（1）課税の十分性　　　（2）課税の可動性
［2］国民経済上の原則
　（1）正しい税源の選択
　（2）課税の納税者に及ぼす作用を考慮しての税種の選択と転嫁の研究
［3］公正な租税配分の原則

（1）課税の普遍性　　　（2）課税の平等性

［4］税務行政上の原則

（1）課税の明確性　　　（2）課税の便宜性　　　（3）最小徴税費

ワグナーが唱えた租税配分原則は能力説である。税源としては，①所得および財産を取得する時に課税する収得課税，②資産を保有している時に課税する保有課税，③使用する時に課税する消費課税の3つに分類し，それぞれが二重課税とならないように，①を基幹税として，②または③で補完するのが望ましいと考えた。

第1大原則は，有機的国家観に基づいて国家がその目的を遂行できるように維持すべき根本原則である。課税の十分性では，国家予算に基づく財政活動を賄うための十分な税収を確保することを述べ，課税の可動性では税収が不足した時に速やかに増税できるような税制を要請している。

第2大原則では，課税が経済に影響することを考慮して経済の制約条件に言及している。正しい税源の選択では，国民所得を正常な財源と考えて，所得，資本，財産，消費に課税し，国民資本を課税が損なってはならないと考えた。

第3大原則では，スミスたちが生きた市民社会時代の普遍性や公平性の価値観を社会政策の視点から再考すべきと考え，普遍性では基礎消費を課税ベースから控除することを認め，平等性では所得が増えれば租税負担能力が増えることに着目して累進税を打ち出し，労働所得重課，資本所得軽課という新しい価値観を確立した。

第4大原則では，スミスの第2・3・4原則を税務行政上の原則として一括りにして，官僚組織を精緻かつ体系的に整備して国家としての徴税体制を確立すべきことをまとめている。

（3）マスグレイヴの租税原則

以上，古典的に有名な原則を見てきたが，現代では，20世紀の財政学の巨匠マスグレイヴによる6条件からなる租税原則が幅広く受け入れられており，ここで紹介しておこう。

［1］税負担の配分は公平でなければならない。各人は「公平な分担」を支

払わなければならない。

［2］効率的な市場における経済的決定に対して，できるだけ干渉を小さくするような租税が選択されるべきである。

［3］投資意欲促進といった目的のために租税政策を利用する際は，できるだけ租税体系の公平に干渉が加わらないようにすべきである。

［4］租税構造は，安定と成長目的のための財政政策の適用が容易なものでなければならない。

［5］租税体系は公正で恣意的でない税務行政を可能にし，納税者に理解されるものでなければならない。

［6］徴税側および納税者側が負担する費用は，他の目的と両立する範囲で，できるだけ低くなければならない。

マスグレイヴによれば，スミス以来の多くの学説を凌駕したものであり，それらは概ね6つの条件に収斂される。現代の一般的に受け入れられている望ましい租税原則は，公平な課税，効率（中立）な租税，簡素な税制であるが，マスグレイヴの第1の公平と第2の効率はコンフリクト関係にあり本来は両立しない。彼は，幅広い課税ベースに低税率で課税をすることにより，両者のトレード・オフ関係のバランスを取り共存したのである。

第3と第4の条件は，彼が提唱した財政の機能をベースにして，経済の安定を図ったり，経済成長を意図して投資誘因のための租税政策を導入する場合には，課税の公平を損なう度合いを最低限にして，かつ財政運営を円滑に行えるような税制を要請している。

第5と第6の条件は，簡素に言及しており，税制は納税者に分かりやすくすべきで，結果として税務行政費用および納税協力費用を最小にすることを要請している。ここで，わが国の消費税の現状を見てみると，導入後30有余年を経て，今更のように令和5年10月からインボイス制度が導入された。10%への税率引き上げ時に逆進性緩和策として消費税の複数税率を導入したことも相まって簡素な税制は程遠く，もし，現代にマスグレイヴが生きていれば，わが国の消費税を見て複雑だと嘆くだろう。

第2章

現代社会における財政の機能

　現代社会における，私たちの生活に身近な政府の財政活動について考えてみよう。日常生活において通勤や通学の際には，必ず一般道路や橋を利用するが，これらは政府によって整備され維持されている。国民であれば誰でも受けることができる義務教育も政府によって提供されている。また，事件や事故に巻き込まれたときには警察を呼べば助けてくれるし，火災が起こったときには消防を呼べばすぐに駆けつけて消火してくれる。生活に困窮したときには，生活保護などのセーフティネットが用意されているし，病気やけがをしたときには，国民皆保険制度によって一部の負担で充実した医療を受けることができる。このように，日常生活の大切な部分が政府の財政活動によって支えられ，国民の誰もが多くの恩恵を受けていることが分かる。さらに，経済的な停滞やパンデミックが起きたときには，政府による対応が求められ，財政支出の拡大により失業対策の助成金支給や倒産防止のための緊急資金貸付け，ワクチンの確保と提供などが行われる。経済状況によっては，このような適切な政策が政府によって迅速に行われ，経済の安定化を図ることが要請されている。このような政府の財政活動は，国民にとって当然のことと思われている。

　しかし，現代社会のほとんどの国は，自ら生産手段を持たず民間部門の経済活動の成果の一部を租税として徴収する無産国家であり，市場取引に基づく経済活動を基本としている。そこでは自由な経済活動が保障され，市場で成立する価格を基準とした経済運営が行われている。ではなぜ，これらの財政活動は，政府によって行われなければならないのか。政府の財政活動の理論的根拠はどこにあるのか。その財政活動はどの範囲まで行うべきであり，誰によりどのように決定されているのか。また，現在の財政活動は適切な方法で行われて

いるのだろうか。財政の主要な 3 機能（資源配分，所得再分配，経済安定）には，それぞれにどういった働きがあるのか。本章の課題は，現代社会において当然と思われている財政活動に関するこれらの問いについて答えることである。

I　市場の失敗

　まず，なぜ政府により財政活動が行われなければならないのか，そして政府の財政活動の理論的根拠がどこにあるのか考えてみよう。私たちの日常生活は，図 1 － 4 経済の循環図で見てきたように，生活に必要な財・サービスを市場取引を通じて得ている。家計で必要な財・サービスを得るためには，その財・サービスの経済的価値（価格）に見合うだけの対価を支払わなければならない。一方で，財・サービスの生産者である企業は，その見返りに対価を受け取る。このようにして民間部門における財・サービスの市場取引が行われている。取引が完全競争市場で行われる場合には，市場取引を通じて消費者と生産者は，ともに満足を得ることになる。これにより，市場の参加者によって構成される社会全体にとっても，需要と供給の相互作用と価格メカニズムによって効率的な資源配分が達成される。資源配分の効率性の基準として，他の誰の効用も引き下げないで，誰の効用も引き上げることができない状況を意味する，パレート最適の基準が一般に用いられるが，厚生経済学の第一定理は，完全競争市場がこのパレート最適を実現するということである。このような場合には，政府が市場に介入する必要はない。

　しかし，完全競争市場において成立する価格メカニズムを通じて，財・サービスの望ましい配分に失敗する場合がある。これを，「市場の失敗」（market failure）と呼んでいる。市場の失敗が発生する場合には，個々の市場参加者の経済的満足が満たされず，また社会全体でも望ましい経済状態（パレート最適）が実現されないこととなる。

　市場の失敗として，通常挙げられるのは次の 6 つのケースである。すなわち，①公共財，②外部性（ある行動が市場取引を通さずに他者に経済的な影響を与えること。公害は負の外部性を持ち，教育は本人だけでなく社会全体に便益を及ぼすので正の外

部性を持つ。），③費用逓減産業（巨額な初期投資がかかるが，大規模なほど平均費用が低くなる産業。典型的な例としては，ガス・水道・電気・鉄道業などであり，最近ではプラットフォーマーと呼ばれるIT産業なども該当する。），④不確実性，⑤所得再分配，⑥経済安定のケースである。最初の①～④は，完全競争市場が成立せず，価格メカニズムを通じて最適な経済状態が達成されないという厳密な意味での市場の失敗であるといえる。これに対して，⑤と⑥は，完全競争市場が成立している場合には個々のパレート最適の状況が実現するが，社会全体で見れば望ましいとはいえない状態となるケースである。例えば，経済安定のインフレや失業を考えてみよう。これらの問題は厳密な意味での市場の失敗というよりも，市場取引を通じては解決できないという，広い意味での市場の失敗といえるであろう。

　市場の失敗は，政府の財政活動の根拠となる。なぜなら，市場取引における価格メカニズムを通じては，社会全体の望ましい経済状態を実現することができないからである。だが，市場の失敗が発生するときに，政府による財政活動が必ずしも必要となるわけではない。例えば，政府による直接的な財政活動がなくとも，法律または公的規制，料金の公定制などによって社会的に望ましい状態を達成することが可能な場合がある。実際には，外部性の場合の例として環境を汚染した企業がある場合には，環境基本法による汚染者負担原則により，その企業に汚染や損害に対する費用を負担させることができるし，費用逓減産業の例では，鉄道運賃は，鉄道事業法16条により上限が定められており，国土交通大臣の認可を受けることとされており消費者の便益が守られる仕組みができている。また，外部性のケースでは，取引費用（補償をめぐる交渉費用）がかからないという前提では，当事者同士の自発的な交渉によって，パレート最適な状況を達成できることが，「コースの定理」で示されている。汚染の例でいうと，汚染企業が被害者に賠償金を払うことにしても，逆に被害者が汚染企業に補償金を支払って汚染を抑制してもらうことにしても，両者が合意する汚染水準は同じであり，いずれも最適な経済状況を達成できるというものである。この定理で注目すべき点は，私たちの常識的な感覚である汚染者負担原則によらず，現代に最適な資源配分が達成可能であるということである。汚染者

負担原則は，被害者がどちらかという権利関係に基づいた法律の観点からの規制であるが，経済学では権利関係は考慮に入れず，あくまで最適な資源配分の達成という経済関係を重視しているためにこのような差が生じる。

　しかし，現実には公害や汚染補償のような場合には当事者が多数にのぼり，被害に対する交渉も複雑となり，コースの定理の前提となる取引費用が少額であるというようなケースはむしろ少ない。このように取引費用が存在し，自発的な交渉が期待できない場合に，政府が介入することが求められる。この場合，政府には負の外部性を補正するために，汚染除去のための費用を外部性の発生者（汚染企業）の意思決定の内部に組み込ませる「内部化」が必要となる。具体的には，負の外部性がある場合には，汚染企業に租税を課して汚染を除去する費用にあてることとなる。このような租税は，イギリスの経済学者ピグー（Pigou, A.C.）にちなんで「ピグー税」と呼ばれる。

　図 2 － 1 に，喫煙者に対してピグー税を課した場合の例を示している。喫煙者は，喫煙からの便益と費用を比較考量して喫煙量を決定する。たばこの追加的な消費は，限界便益と限界費用（たばこ 1 本の費用）を発生させる（例えば，100円の限界便益のたばこを 1 本 20 円で購入すれば，限界純便益は 80 円となる）ので，喫煙者の限界純便益曲線は，MB（＝限界便益－限界費用）のように描くことができる。喫煙者は，限界純便益 MB が正の値である限りタバコを吸うので，限界純便益 MB がゼロとなる数量 Q^* まで喫煙する。これは，喫煙者の純限界便益 MB と嫌煙者の限界被害額 MC との最適な均衡点 E における喫煙量 Q^{**} より多い。そこでピグー税を導入して喫煙者から従量税を徴収することとしよう。具体的には，ピグー税により外部費用の内部化を行うため，外部不経済に対して，EQ^* に相当する従量税 T を課すこととする。そうすると，喫煙者は追加的なたばこ 1 単位ごとに従量税 T を支払うため，純限界便益曲線は，$MB － T$ へとシフトする。この場合も喫煙者は純限界便益 $MB － T$ がゼロとなるまでたばこを吸うので，喫煙量は，Q^{**} となる。この喫煙量は，喫煙者のピグー税導入前の限界純便益 MB と嫌煙者の限界被害額 MC との均衡点 E における最適な喫煙量 Q^{**} に等しい。このようにして，政府がピグー税を導入することによって外部費用を内部化し，介入がなければ過大となっていた喫煙量を最適な

図2−1 ピグー税

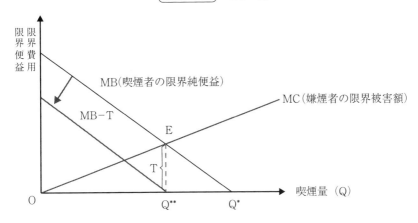

喫煙量まで減少させることができるのである。また，喫煙は嫌煙者に対する外部費用を伴うだけでなく，喫煙者自身の健康にも良くない負の価値財とみなされている。現代社会では喫煙を抑制するという政策税制の意義もあり，たばこ税は世界各国で一般的に課税されている。

一般に，政府の財政活動によって解決することが望ましいと考えられているのは，①公共財，⑤所得再分配，⑥経済安定のケースである。マスグレイヴ（Musgrave, R.A.）は，『財政理論』において，当時全盛であったフィスカル・ポリシーを含む財政の「経済安定」機能のみならず，「資源配分」機能や「所得再分配」機能という財政学の伝統的問題領域における，財政の各機能の均衡を復活させた。そして，財政のこの3機能（「資源配分」「所得再分配」「経済安定」）は，それぞれの目的間のトレード・オフの存在などの批判を受けつつも，政府の果たすべき機能として最も一般的に認知されている。政府の財政活動の3つの機能について，以下詳しく説明しよう。

Ⅱ　資源配分

　市場取引で財・サービスの効率的な配分に失敗する「市場の失敗」が発生した場合に，市場取引を通じて私たちの生活に必要な財が供給されない場合には，政府が直接に公共財を供給する必要があるし，市場取引に生産を委ねてパレート最適の状態が実現したとしても，その状態が社会全体では望ましい状態ではない場合にも，政府による規制や監督を通じて，独占企業などの弊害を排除することが要請される。このような，市場取引で供給できない公共財・サービスの提供と，市場取引の不効率性の是正により資源配分を補強する政府の機能を「資源配分」機能と呼んでいる。

1．公共財の定義

　市場の失敗が起きる例として，公共財が存在するケースが最初に挙げられた。通常，公共財の提供は政府の財政活動の役割として捉えられている。これは，公共財が市場取引ではなく，政府によって提供されなければならないのは，公共財が持つ非競合性と非排除性という性質によると考えられているからである。一般に，公共財とは，非競合性と非排除性という性質を有している財と定義されている。この2つの性質によって，私的財（競合性と排除性を有している財）と区分される。

　非競合性とは，財の使用にあたって，ある人の消費が他の人の消費可能性を減らさない（つまり，消費における競合性がない）という性質である。典型的な私的財の例として，食料品であるパンの消費を考えてみよう。ある人がパンを食べてしまう（消費する）と，他の人は同じパンを食べる（消費する）ことができない。なぜなら，パンは消費することにより無くなってしまうからである。このようにある人の消費は，他の人の消費を減少させることとなる。この場合，消費の競合性があるという。しかし，公園などの公共財の場合，ある人が公園を利用したからと言って，他の人がその公園を利用できなくなるわけではない。このような性質を非競合性という。この性質は，同じ財を同時に何人かの

人が共同で消費できることから，共同消費あるいは等量消費とも呼ばれる。

　非競合性を厳密に示すために，公共財と私的財の消費可能性を求めてみよう。簡単にするため，2人の個人の場合を考える。私的財の供給量をX，公共財の供給量をYとして，個人Aと個人Bの私的財の消費量をX_A，X_B，公共財の消費量をY_A，Y_Bで示す。私的財の場合，個人Aと個人Bの消費が相互に競合し合うことから，次式で表される。

　　$X_A + X_B = X$

これに対して，公共財の場合，他の人の消費を減少させないのであるから，

　　$Y_A = Y_B = Y$

となる。これを，同量の私的財と公共財について図示したものが，図2－2である。

　なお，図中より，私的財と公共財の中間に位置する財が考えられる。図中の点線で示される財である。例えば，渋滞した一般道路や利用者の多い公共図書館などを考えてみよう。利用者が増加すればするほど，各個人の利用は次第に制約される。渋滞した道路は迂回しなければいけないし，利用者の多い図書館

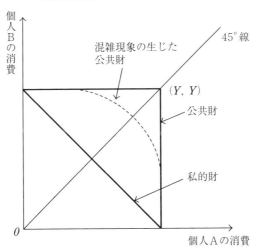

図2－2　財の消費可能領域

は空席の順番待ちをしなければならない。このような現象を混雑現象という。混雑現象が起きる場合，個人の消費は制約されることから，図中の点線のようになる。この結果，混雑現象が起きる公共財の場合

$$Y_A = Y_B \leqq Y$$

で示される。

　次に，非排除性とは，財の対価を支払わない人に消費をさせない（排除する）ことが不可能であるという性質である。国防サービスの場合，国民を守るというサービスはすべての人に及ぶ。したがって，その対価を支払わない人でも同時に守られ，その人を除くことは技術的に不可能である。この点，私的財とは異なるのである。

　非排除性という性質は，厳密に考えると2つの場合がある。その財を供給する際の技術的条件に依存している場合と排除費用に関わる場合である。技術的条件については，先程の国防サービスが一例である。後者の排除費用について説明しよう。例えば，一般道路のような公共財を考えてみよう。一般道路の利用に際して，利用者を排除することは技術的には可能である。利用者を排除するため道路脇に監視のための装置を配備したり，監視員を配置したりすることで可能である。しかし，そのための費用は相当な額となる。そのとき，一般道路を利用することから得られるサービスの便益と比較して，あまりにも高額であるならば利用者を排除する意味がないことになる。このように排除費用が禁止的に高くなる財の場合，排除性を適用することは経済的に不可能なのである。

　一般に，非競合性と非排除性の2つの条件をともに満たしている財を，私たちは純粋公共財（pure public goods）と呼んでいる。国防，警察，一般道路，公衆衛生などは，純粋公共財と呼べるであろう。また，非競合性の性質は有しているが，非排除性の性質は持たないような財，あるいはその逆の財も存在する。これらの財を純粋公共財に近い財として準公共財（quasi public goods）と呼ぶ。準公共財の例としては，図書館，橋，高速道路などが挙げられる。これらの準公共財は，非競合性の性質はほぼ備えているが，排除性の適用は可能である。なお，これら2つの条件のどちらも満たしていない財は，私的財（private goods）である。

　さらに，私的財のなかでも，社会的価値判断に基づいて政府によって供給することが望ましいと考えられている財がある。これを，マスグレイヴは価値財（merit goods）と呼んでいる。価値財の例としては，公共住宅，公立病院，義務教育などがある。これらの財は，いずれも私的財として市場取引によって効率的に供給することが可能である。しかし，社会全体にとって供給を増加させることが望ましいと判断され，政府によって供給されるのである。価値財は，公共財と私的財の中間に位置する財として準私的財（quasi private goods）と呼ばれる財の一部であるともいえよう。いずれにしても，価値財の供給が社会的価値判断に大きく依存することは間違いない。

２．公共財の供給

　公共財の供給が政府の財政機能として行われるとき，私たちにとって望ましい経済状況は，どのようにして実現されるだろうか。これを，簡単なモデルで示すとしよう。簡単化のために，個人Aと個人Bから成る社会を仮定する。そこで，公共財Yとして公園を供給するケースを考える。

　まず，個人Aに対して公園サービスへの評価を尋ねる。この評価は，政府が公園を供給するならば，このサービス提供に対してどれくらい支払っても良いかと考える価格によって示される。これは，個人Aの主観的評価であるが，同時に公共財への需要を表す。図２−３の需要曲線D_Aは，個人Aの公共財への需要を示している。まったく同様に個人Bについて公共財への評価を尋ねる。その結果得られたのが，需要曲線D_Bである。これは，個人Bの公共財への需要を示している。

　そこで，個人Aの需要と個人Bの需要を集計することによって，公園に対する社会全体の需要が得られる。この集計が公共財への社会全体の需要となり，それは需要曲線Dによって示される。一方，政府が公園を供給するためにかかる費用が，公共財の限界費用曲線として示される。これを表すのが，供給曲線Sである。需要曲線と供給曲線の一致する点Eが均衡点であり，公共財の最適供給量Y^*と公共財の価格P^*が決定されるのである。

図2−3　公共財の需給

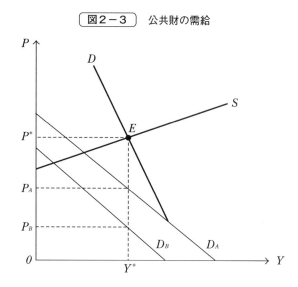

　以上の過程は，市場取引における私的財の決定と同じようにみえるけれども，2つの点で異なっている。第1に，価格に対する需要者の行動の違いである。私的財の場合，価格が市場で与えられており，需要者は価格を一方的に受容するものとして行動する。これに対して，公共財の場合，公共財に対していくら支払っても良いかと考える価格を需要者が決定するという意味で，価格形成者として行動している。こうして，同じ公共財のY^*の供給に対して，個人AはP_Aの価格を，個人BはP_Bの価格を主観的評価として与える。これを費用負担として各個人が支払うことから，租税価格といい，各個人の意思に基づいて租税価格を支払って公共財を交換するのである。したがって，自発的交換の理論と呼ばれる。

　第2に，社会全体の需要曲線の違いである。私的財の場合，所与の価格に対して異なった需要を持ち，その需要は相互に競合するから，社会全体の需要曲線は需要量を横軸に合計したもので表される。だが，公共財の場合，同一の公共財の需要に対して異なった価格が表示され，その需要は非競合性を有するため，個人AとBは公共財を等量で共同消費できるから，P_AとP_Bの価格を縦

軸に集計したものになる。図で示されている需要曲線 D が，それである。そこで，均衡点 E では，租税価格 P_A と P_B を合計した社会全体の租税価格が限界費用に一致する。したがって，公共財 Y^* の調達に必要な費用 $P^* \cdot Y^*$ は，個人 A の負担額 $P_A \cdot Y^*$ と個人 B の負担額 $P_B \cdot Y^*$ でちょうどまかなわれることになる。このようにして，社会全体に公共財の望ましい供給が実現することになる。

　しかし，ここで公共財の供給について指摘されるフリーライダー（ただ乗り）の問題について述べておかなければならない。前述したモデルにおいて，公共財が効率的に供給されるのは，公共財の評価を租税価格として正直に表明しているからである。もし，自己の評価を偽って租税価格を過少に申告すると，自分の費用負担は減少する。例えば，図２－３で個人 A が公共財の需要曲線 D_A を下方に低下させる場合を考えれば良い。この場合，社会全体の需要曲線も低下して，公共財の供給を減少させるため，個人 A にとっても不利益となる。そのため，個人 A にも消費者余剰の損失が生じるけれども，費用負担の減少が大きい限り利益を受けることになる。これは，自分の選好を過少に申告することによって，他人の提供した公共財の便益を享受することにほかならない。図では２人からなる社会を想定しているが，社会の構成員が多くなればなるほど，消費者余剰の損失に比べて費用負担の減少は大きくなる。つまり，社会の構成員が多いほど，過少申告のインセンティヴは高まるのである。

　最近の研究は，個人が正直に正しく申告する簡単なルールを立案することに集中している。その結果，個人に正直に選好を申告させ，公共財を効率的に供給する代替的なメカニズムを提案している。しかし，政治システムの下では，公共財の提供におけるフリーライダーの存在は，いまなお未解決と言えよう。

3．公共財の供給と社会的最適

　ここでは，私的財も含んだより一般的なモデルの下で，社会全体の望ましい経済状況がどのようにして実現するかを明らかにする。すなわち，経済資源を公共財と私的財にどのように配分したら良いかという問題である。また，経済的に望ましい状態が実現するための条件（パレート最適の条件）も明らかにしよう。

簡単化のために，私的財 X と公共財 Y の 2 財のみが存在し，個人 A と個人 B からなる社会を想定する。まず，供給である。限られた資源を用いて私的財 X と公共財 Y を生産するのであるから，公共財と私的財の生産可能な組合せが存在する。これを生産可能性曲線と呼ぶ。次に，需要である。個人 A と個人 B は公共財と私的財を消費し，得られる効用は各個人の効用水準 U_A, U_B によって表される。そのとき，既述したように公共財と私的財の性質の違いから，公共財と私的財の社会全体の消費は次のようになる。私的財については，個別に消費されることから，

$$X_A + X_B = X$$

となり，公共財については，共同消費されることから，

$$Y_A = Y_B = Y$$

と示される。

そこで，社会全体に望ましい経済状況が実現することを考えよう。これを図示したのが，図 2-4 である。まず，生産可能性曲線は，FF' で示される。U_B は，個人 B の効用水準を U_B の値に固定したときの無差別曲線である。すなわち，個人 B がこの線上の点の財の組合せを選択すれば，彼の効用水準は $\mathrm{U_B}$ にとどまるのである。そのとき，個人 A が利用可能である公共財と私的財は，TT' で表される。なぜなら，公共財は同時に共同消費され，私的財は FF' と U_B との差だけ消費できるからである。そこで，この TT' と個人 A の無差別曲線 U_A が接する点 P において，個人 A の効用水準は最大となる。これは，個人 B の効用をある固定した水準以下にはしないという条件の下で，個人 A の効用を最大にした状態ということになる。この状態は，「他の人の効用を下げることなしには，もはやどの人も効用を上げることができない状態」というパレート最適にほかならない。このとき，社会全体で経済的に望ましい状態が実現しているのである。

ここで，パレート最適となる点 P でどのような条件が成立しているだろうか。TT' が生産可能性曲線 FF' から個人 B の無差別曲線 U_B を差し引くことによって導出されていること，および TT' と個人 A の無差別曲線 U_A が接することを考慮するならば，パレート最適な点 P では，

図2-4 公共財の一般均衡モデル

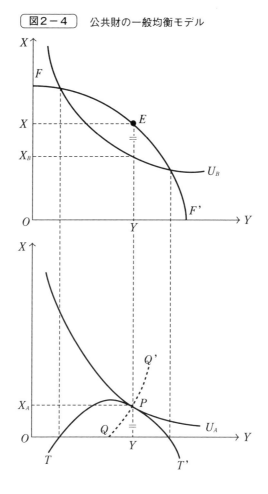

個人 A の無差別曲線の傾き ＝ 生産可能性曲線の傾き
　　　　　　　　　　　－ 個人 B の無差別曲線の傾き

となっている。無差別曲線の傾きは，限界代替率（MRS）と呼ばれる。この傾きは，同一の効用水準上で，公共財1単位の増加に対してあきらめても良いと思う私的財の量を示し，私的財で測った公共財の限界的評価を意味している。また，生産可能性曲線の傾きは，限界変形率（MRT）と呼ばれる。この傾きは，同一の生産可能性曲線上で，公共財の生産量を1単位だけ増加させるため

に技術的に減らさなければならない私的財の量を表し，私的財で測った公共財の限界費用である。したがって，パレート最適の条件は，

限界変形率（MRT）＝ 個人 A の限界代替率（$\mathrm{MRS_A}$）
＋ 個人 B の限界代替率（$\mathrm{MRS_B}$）

が成立することである。これは，公共財の限界費用が公共財に対する個人の限界的評価の和に等しくなることを意味している。

　ところで，パレート最適となる点は多数存在する。例えば，図 2 - 3 において，個人 B の効用水準を U_B とは異なる水準に固定するならば，TT' も変化し，その結果パレート最適な点 P も移動することになる。この点 P の軌跡を示したのが，QQ' である。この QQ' と横軸とが交わる点 Q では，個人 A は私的財の消費はゼロであり，公共財を OQ 消費するだけである。この点 Q は，生産可能性曲線 FF' 上で個人 B の無差別曲線が接する点に対応しており，個人 B が自らの選好にしたがってすべての財を消費するケースに該当する。反対に，QQ' の最上位を示す点 Q' では，個人 A の私的財の消費は最大となる。この点 Q' は，生産可能性曲線 FF' 上で個人 A の無差別曲線が接する点に対応しており，今度は個人 A が自らの選好にしたがってすべての財を消費するケースである。いずれもパレート最適の経済状態にあり，社会的には望ましい経済状況にある。

　だが，個人 A にとって点 Q と点 Q' ではまったく異なった効用水準を示すことになる。点 Q で最も低い効用水準となり，点 Q' で最も高い効用水準を実現する。これとまったく反対の状態にあるのが個人 B にほかならない。したがって，パレート最適な点の軌跡 QQ' 上のどこが社会的に望ましい点となるのか，ここでは何もいえない。明らかなことは，個人 A と個人 B との間における所得分配に応じてパレート最適な点が変わることである。したがって，どのような資源配分が社会的に望ましいかを決めるためには，所得分配の在り方に関する価値判断が必要となる。これを決めるための 1 つの方法が，その社会における価値判断を示す社会的厚生関数である。なぜなら，社会的厚生関数では，個人間の効用水準を社会的な次元で序列づけするからである。しかし，そのような社会的厚生関数の導出には，多くの困難が伴うことはいうまでもないであろう。

第2章　現代社会における財政の機能　｜　27

Ⅲ　所得再分配

1．所得再分配の根拠

　現代社会では，自由な経済活動が保障され，市場で成立する価格を基準とした経済運営が行われている。このような経済の下では，所得分配も市場を通じて公正に行われている。個人（あるいは家計）の所得は，市場においてその個人が生産要素（労働，資本など）を市場に供給し，その生産要素が生産に貢献した報酬（賃金，利子など）として決定される。生産要素の報酬は，生産要素の価格と要素の供給量に等しいのである。

☆（上級者向け説明）

　例えば，生産要素として資本 K と労働 L のみから生産 Y が行われる場合を仮定する。生産関数 $Y = F(K, L)$ は，規模に関して収穫不変（1次同次）であるとして，生産関数を全微分すると，

$$dY = \frac{\partial F}{\partial K}dK + \frac{\partial F}{\partial L}dL$$

となる。1次同次の場合，K と L を λ 倍すると Y も λ 倍されるから，$dK / K = dL / L = dY / Y = \lambda$ が成り立つ。したがって，上式に代入して，λ を整理するならば，

$$Y = \frac{\partial F}{\partial K}K + \frac{\partial F}{\partial L}L$$

となる。ただし，$\partial F / \partial K$ と $\partial F / \partial L$ は，資本の限界生産力と労働の限界生産力を示している。

　市場が完全競争であるならば，資本の実質利子率 r / P は資本の限界生産力 $\partial F / \partial K$ に等しく，労働の実質賃金率 w / P は労働の限界生産力 $\partial F / \partial L$ に等しい。なお，P は価格を表す。そこで，上式の両辺に価格 P を乗じて，整理すると，

$$PY = rK + wL$$

が得られる。右辺第1項は利子率 r で資本量 K の資本の所得を示し，右辺第2項は賃金 w で労働量 L の労働の所得を示す。したがって，生産物は資本の分配分と労働の分配分とに完全

分配されるのである。

　完全競争市場を通じて行われる所得分配は公正なものであるが，それは次の点を前提にしている。まず，生産要素の生産への貢献と個人の努力が適切な関係を持つことである。次に，生産要素の供給量および質を個人の努力によって変えられることである。しかし，この前提は，必ずしも現実の世界では満たされているとはいえない。

　第1に，生産要素の生産への貢献は，市場価格によって正確に評価されるとは限らないからである。外部性が存在する場合，その評価は市場価格と乖離する。例えば，個別の企業にとって直接生産に貢献しない生産要素の価格は，低く評価される可能性がある。

　第2に，生産要素の市場価格は，その市場が競争的か独占（寡占）的かによっても変わるし，他の生産要素との技術的関係あるいは需要動向によっても変わるからである。例えば，優れた技術を努力して身につけたとしても，新技術の開発によってその評価は低下することになる。

　第3に，失業，病気，労働災害などの出来事によって働くことができなくなる場合や，火災や自然災害などにより働く機会が奪われてしまう場合がある。このような個人の努力では不可能な場合，市場では解決することができないのである。

　第4に，生産要素の初期の保有量は，平等に分配されているわけではない。相続を通じて個人に分配される土地や資本などの生産要素は，各個人に平等に配分されるわけではないし，またその後の教育の在り方も各個人によってまったく異なるからである。

　以上の論拠は，市場における所得分配が常に望ましいものであるとはいえないことを示している。したがって，公正な所得分配が実現するためには，何らかの措置が講じられなければならない。例えば，第1の外部性が存在する場合，その外部性を市場取引において内部化する努力が図られるべきである。実際には，法規制等によって外部性を持つ職業人の採用を義務化するなどの措置がこれに該当する。第2の場合のように需要の変化などに対しては，職業訓練

第2章　現代社会における財政の機能　｜　29

学校や労働市場の流動化策などが有効であろう。また，失業や病気などの災害等については，リスクを保険でカバーすることによって対応することはある程度可能である。さらに，相続や教育による不平等は，民間の慈善団体や宗教団体の活動により，改善されている場合がある。

　だが，これらの措置だけでは，不十分である。生産要素の初期の保有量が異なったり，親から授けられた教育の違いなどは，政府による財政活動を通じてでなければ全面的な改善には到達しないだろう。また，失業や災害などのリスクを完全にカバーできるのは，政府のみである。さらに，それ以外の場合においても，政府による活動が必要とされている。そのため，政府の財政活動の機能（役割）として所得再分配が要請されるのである。

2．所得再分配政策

　政府の財政活動による再分配政策は，租税と社会保障支出が中心となっている。これらの政策を決定する際に，まず問題となるのが「平等」という考え方の違いである。一般に「機会の平等」か，「結果の平等」かという問題である。

　ある人々は，「機会の平等」こそが大切であると考えている。「結果の平等」は必ずしも必要ではなく，むしろインセンティヴのことを考えれば社会にとってマイナスであるとも考えている。このような考えからは，相続税の強化，教育の機会均等，労働市場の整備などが政策として重要視される。これに対して，所得税の累進課税，社会保障制度の充実などはなるべく限定されたものとすることが，望ましいことになる。

　「結果の平等」を主張する人々は，所得再分配による社会的厚生水準の上昇を主張する。すなわち，豊かな人から貧しい人への所得再分配が，効用比較を通じてより高い限界効用を実現し，社会全体の厚生を高めると主張する。また，所得再分配による平等化は，貧しい人々のもたらす治安の悪化，病弊などを防ぐことによって，社会全体の安定化に貢献し，この点からも社会全体の厚生を向上させると考えている。この考えからは，相続税の強化，教育の機会均等などはいうまでもなく，所得税の累進課税や社会保障支出の活用などが政府の財政活動として積極的に行われることが必要になる。

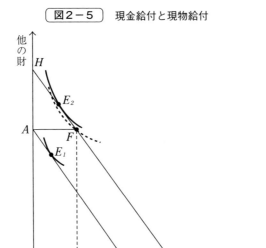

図2-5　現金給付と現物給付

　現状では，どちらの考え方が正しいと結論づけることはできない。どちらを選択するにしても，この選択は社会的価値判断に基づくことは明らかである。

　政府の財政活動による所得再分配政策の実施にあたって，もう1つの重要な問題点が存在する。それが，現金給付か，現物給付かの選択の問題である。現在，年金給付や失業給付が現金給付で行われ，医療や教育で現物給付のサービス提供がなされている。

　図2-5で示されるように，現金給付 AF は個人の選好に応じて自由な選考が可能であり，現物給付よりも高い効用水準を示す点 E_2 に達することができる。なぜなら，給付を受ける個人の消費者主権が最大限認められるからである。しかし，政府の目的とする財・サービスの提供については，現物給付より少ない水準しか使用されずに，本来の目的より過少供給となる可能性がある。

　現物給付 AF の場合には，受給者には選択の余地がなく，本来の目的とする財・サービスの提供が容易に行われる。そのため，政府の目的は確実に達成されるであろう。しかし，受給者の効用水準を示す点 F は現金給付の場合に及ばない可能性がある。受給者の消費者主権が制約されるからである。

第2章　現代社会における財政の機能　|　31

　以上の点を考慮すると，どちらの方法が望ましいとは一概にいいきれない。現在の制度がそれぞれの方法を選択し，多様な個別の施策を行っているのはそのためであるかもしれない。

IV　経済安定

1．経済安定の意義

　自由な経済活動に基づく市場経済は，競争を通じて不安定な景気変動を繰り返しながら発展することが，これまでの経験から知られている。この不安定な経済は，ときとして経済停滞と失業をもたらし，またインフレをもたらすときもある。経済資源の効率的な配分および所得と富の公正な分配も悪化させる。このような経験から，ケインズ（Keynes, J.M.）によって有効需要の原理を基礎とする『一般理論』が著され，政府による経済への介入が，重要な意義を持つと考えられてきた。政府の財政活動の目標に，失業の発生を無くし，物価安定に努めることが，現在も要請されている。

　政府の財政活動による経済安定化機能は，2つに大別される。第1は，財政の自動安定化機能（built-in stabilizer）と呼ばれている。これは，財政システムに制度として備わっている安定化機能である。税制面では，累進所得課税や法人税による税収が，不況時には大幅な減収となり，好況時には反対に増加する。支出面では，失業保険給付などの移転支出が不況時には増大し，逆に好況時には減少する。これらの効果は，いずれも経済を安定化させる方向に作用するのである。

　第2の機能は，裁量的財政政策（discretionary fiscal policy）である。1929年の世界大恐慌は未曽有のものであったが，市場メカニズムが自動的に経済の完全雇用を保証するものではないことが判明した。多数の失業者が存在し，遊休状態に放置された生産設備が存在するにもかかわらず，生産活動が行われないという貧困の状態が続いた。そこで，政府が経済を管理して不況期には公共投資などの財政支出を拡大し，または減税などの刺激策を採用する。反対に，好況時には財政支出を抑え，増税などの抑制策を行うというケインズ流の裁量的財

政政策が求められることとなった。この政策は，政府の財政活動として積極的に需要の補整を行うものである。一般にフィスカル・ポリシー（景気安定的財政政策）と呼ばれているのは，この政策を指している。以下において，このフィスカル・ポリシーについて詳述しよう。

2．フィスカル・ポリシー

　社会全体の経済活動を表す国民所得は有効需要によって決定されるが，その水準が完全雇用を実現する国民所得水準である保証はない。もし，有効需要が不足するならば，完全雇用の国民所得水準を下回ることになる。図2－5の国民所得水準 Y_0 がそうである。このとき，失業が発生し，他方で生産設備は遊休状態となる。この場合，社会全体の経済状況は，望ましい状態とはいえない。

　そこで，政府による財政政策が要請され，有効需要の不足分を埋めることが必要となる。図2－6で示されているように，政府の財政支出が拡大されて，政府支出の増加が ΔG であるならば，国民所得も増大する。こうして，有効需要の不足分に十分な政府支出の増加が行われると，完全雇用を保証する国民所得水準 Y_f が実現されるのである。

　これを厳密に数式で表すと，以下のようになる。まず，国民所得の決定は，消費需要 C，投資需要 I，政府支出 G より，

$$Y = C + I + G$$

となる。そこで，消費需要は可処分所得の関数であるから，

$$C = C_0 + c\,(Y - T)$$

と示される。ただし，C_0 は基礎消費で，c は限界消費性向，T は租税とする。

　この消費関数を上式に代入すると，

$$Y = C_0 + c\,(Y - T) + I + G$$

が得られる。これを整理すると，

$$Y = \frac{1}{1 - c}\,(C_0 + I) + \frac{1}{1 - c}\,G - \frac{c}{1 - c}\,T$$

と示される。

　そこで，政府による財政政策として，政府支出 G と租税 T の変化が国民所得

図2-6 財政政策の効果

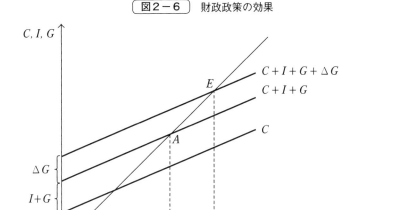

Y にどのような効果を及ぼすかをみると，

$$\Delta Y = \frac{1}{1-c}\Delta G - \frac{c}{1-c}\Delta T$$

となる。政府の財政政策として，政府支出 G と租税 T を変化させることによって，完全雇用の国民所得水準を実現するのである。ただし，政府支出と減税の効果は異なっており，明らかに政府支出の効果が大きいことになる。

さて，政府支出を増加し，同額の増税を実施する場合でも国民所得は増大することを示そう。消費性向 c を 0.8 として，政府支出を 1 兆円増加し，同時に租税を 1 兆円増税するとしよう。このとき，政府支出の効果は国民所得を 5 兆円増加する。他方で増税の効果は国民所得を 4 兆円減少させる。両者の効果を合わせると，差し引き 1 兆円の国民所得増加となる。これが，「均衡予算の定理」と呼ばれるものである。すなわち，均衡予算を維持しながら，政府支出と税収を同額増加することによって国民所得を増加することができるのである。したがって，均衡予算の乗数は $(1-c) / (1-c) = 1$ である。

以上より，政府の財政政策は，政府支出の増加，減税，および均衡予算による財政規模の拡大の 3 つの方法が存在する。この政策手段を用いることによっ

て，経済の安定化を図ることが政府の財政機能として要請される。

3．財政政策の有効性

　しかし，財政政策の有効性については，その後さまざまな疑問が提出され，多くの批判がなされている。そのうち，主なものは次の3つである。

　第1に，クラウディング・アウト（締め出し効果）の発生である。政府支出の増加は，貨幣市場での利子率の上昇によって民間の投資を締め出してしまう可能性がある。図2－7を見て欲しい。経済の中では，利子率は資金需要と資金供給を主な要因として決定される。この場合に，政府が国債を発行し資金を借り入れることにより，資金需要が増加し，需要曲線が右にシフトする。そのため利子率が上昇することとなり，民間企業が借り入れを控えるので，民間投資を抑制してしまう場合がある。このようにして拡張的な財政政策によりクラウディング・アウトが発生した場合には，政府の財政政策は効果を減少させることになってしまうのである。

　第2の批判は，ルーカス（Lucus, R.E.）らの合理的期待形成学派によってなされたものである。政府の政策について，民間の個別経済主体が利用可能な情報は浪費することなくすべて利用して合理的に期待形成を行い，かつ経済変数を完全に予想できる能力を持つならば，政策の効果は民間経済主体の意思決定時点においてすでに彼らの情報のなかに織り込まれてしまう。つまり，民間経済

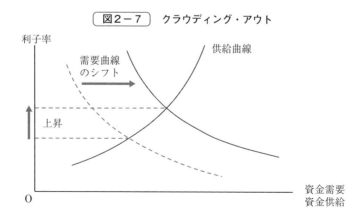

図2－7　クラウディング・アウト

主体は政府がとるであろう財政政策の内容を正しく予測し，そのもたらす結果をあらかじめ考慮に入れて行動するのであれば，政府の政策による効果は，実施時点ですでに失われていることになる。そのとき，完全に予想された政策の効果は，消滅してしまうのである。

第3に，ブキャナン（Buchanan, J.M.）を中心とする公共選択論からの批判である。政府の意思決定は，ケインズ（Keynes, J.M.）派によると，政策運営が少数のエリートにより実施されることで，不況期の減税だけでなく，好況期の増税も常に合理的に適切に実施されるという前提に立っている。このことを，ケインズが生まれ育った知識階級が集まる地名にちなんで「ハーベイ・ロードの前提」と呼んでいる。しかし，ブキャナンは，ケインズ政策の非対称性を指摘し，すべての情報を政策運営者が保有しているわけではないから，必ずしもその前提が成立するとは限らないことを指摘した。つまり，現代社会の公共的意思決定は決して合理的ではなく，非対称性があるために赤字財政への一方的主張がなされる可能性が強い。その結果は，政府規模の拡大と財政赤字の累積である。公共選択論からの批判は鋭く，公共的意思決定が合理的ではないことを問題とする。なお，これについては，次節で引き続き検討する。

以上の批判にもかかわらず，あるいはこれらの批判であっても，政府による財政政策をまったく否定するものではない。むしろ，適切な財政政策に対する要望は，ますます高まっているのが現状である。

Ｖ　政府の失敗

政府の財政機能は公共財の供給，所得の再分配および経済安定の実現であって，価格メカニズムに基づく市場取引を通じては実現できないものである。また，財政がこれらの機能を達成するために必要な費用の負担も，私たち国民の自発的な負担にたよることはできないので，強制的な租税負担によらざるを得ない。したがって，財政の規模や内容そしてその負担についての選択は，政治システムを通じての公共的意思決定に委ねざるを得ないことになる。

このような公共的意思決定が合理的に行われ，選択された結果が効率的に実

施されるため，政治システムは存在する。現代社会において，公共的意思決定は国民の投票によって決定され，その実施は政府の行政組織を通じて実行される。したがって，政府には国民全体の公共の利益を最優先し，すべての手段を用いて公共の利益を実現することが期待される。

　しかし，現代社会の政府が公共の利益の実現をひたすら追求する理想的な主体でもなく，また実際にその実現を実行できる全知全能の神でないことは，容易に理解できよう。政府が抱えているこのような機能上の欠陥を「市場の失敗」に対比させて「政府の失敗」(government failure) と呼んでいる。すなわち，政府もまた失敗する可能性が存在するのである。したがって，現代社会においてわれわれは，「政府の失敗」の可能性をできる限り抑えながら，「市場の失敗」を調整してゆくことが必要なのである。

1. 公共的意思決定：多数決投票のルール

　現代社会において国民による公共的意思決定が行われる場合，いくつかの異なった投票ルールが提案されている。例示するならば，全員一致の票決，単純多数決あるいは3分の2多数決投票などである。これらのなかで公共的意思決定のために最も一般に採用されているルールは，単純多数決投票である。多数決投票ルールは，2つの択一的な選択肢のなかで投票の過半数をとったほうが勝つということである。

　投票者は，このような選択を迫られたとき，どのように行動するであろうか。自分の利益だけを考える投票者を想定して，彼の評価を示すと図2−8のようになろう。彼は，政府の財政活動から受ける便益を評価し，それを彼が負担しなければならない追加的な費用と比較する。図Aは，個人に政府サービスが追加的に1単位供給されたときの彼の限界便益と，政府支出の費用の一部を負担しなければならないときの彼の限界費用を示している。政府支出が増加するとき，増加した政府支出のもたらす限界便益は減少し，限界費用は増加する。図Bは，政府支出の各水準で彼の得る効用水準を示している。彼の効用水準はG^*で極大化されるが，そこでは限界便益と限界費用が等しくなっている。G^*は，個人の税負担を特定する租税構造が所与の下で，個人が最も望ま

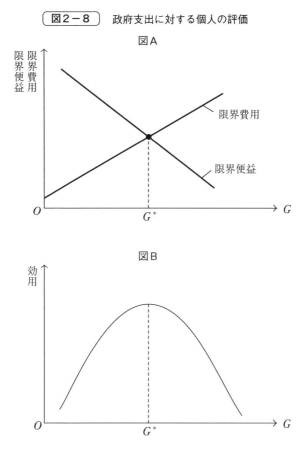

図2-8 政府支出に対する個人の評価

しいとする支出水準である。

政府支出に対する個人の態度を決定する要因として、3つ考えられる。すなわち、①政府支出に対する選好の度合い、②個人の所得水準、③政府支出の費用負担である。例えば、所得水準を考えてみよう。政府支出を増加するために私的財を1円あきらめなければならないとき、貧しい人は豊かな人よりも喜んでそうしようとはしない。なぜなら、貧しい人は私的財を少量しか持てないから、私的財の限界効用の増加が政府支出のもたらすそれを上回っている。そこで、議論を単純化するために、政府支出に対してほぼ同一の選好を持っている

A，B，Cの3人のみからなる場合を想定する。このうち，Aが最も高い所得水準にあり，Bが中間の所得水準であり，Cが最も低い所得水準であるとする。そのとき，政府支出の費用負担について一律な課税が行われるとするならば，多数決投票の結果はどのようになるであろうか。

これを示すのが，図2-9である。政府支出の1円の増加のために個人が追加的に支払わなければならない額を租税価格と呼ぶが，一律課税の場合は人数で割った均等額負担となる。このケースでは，各々3分の1の負担となる。したがって，すべての人が同額支払わねばならない租税の下では，最も所得水準の低いCが低い水準の政府支出を選択することになり，反対にAが高い水準の政府支出を選択することになるのである。図では，G_p がCの選択水準であり，G_m が中間所得水準のBのものであり，G_r がAのものである。支出が G_p を上回って増加していくと，低所得水準のCの効用は下落していく。それゆえ，Cは G_r よりも G_m をより好むことになる。高所得水準のAも G_p よりも G_m を選好する。そこで，G_p と G_m の投票を考えてみよう。中間所得水準のBと高所得水準のAは，ともに G_m に投票するため，G_m が勝つ。次に，G_m と G_r 間の投票を考えてみる。今度は低所得水準のCと中間所得水準のBが，ともに G_m に投票するため，やはり G_m が勝つ。

より一般的に，次のことがいえよう。G_m より低い水準のどれかと比較する

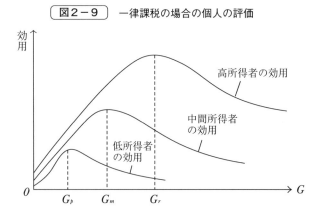

図2-9　一律課税の場合の個人の評価

ことを考えてみよう。高所得水準の者と中間所得水準の者は，ともに G_m を選好する。同様に G_m と G_m を少し上回る水準の比較については，低所得水準の者と中間所得水準の者によって G_m が選好される。したがって，G_m がどの水準の政府支出よりも多数投票を得ることができる。中位投票者とは，その人より高い政府支出水準を選好する個人の数が，ちょうどその人より低い支出水準を選好する個人の数に等しくなるような投票者である。したがって，多数決投票の結果得られる政府支出水準は，中位投票者によって選好される水準に決まる。これを，「中位投票者定理」と呼ぶのである。

2．投票のパラドックス

しかし，多数決投票には，広く認められている限界がある。すなわち，均衡が存在しない可能性である。これは，「投票のパラドックス」といわれている。

前例において，政府支出に対する３人の選好が大きく異なる場合を想定して，図２－９となるとしよう。そのとき，投票結果は次のようになり，均衡解が存在しないことになる。まず，G_p と G_m の投票を行うとしよう。投票者 A と C は G_p に投票するため，G_p が勝つ。次に G_p と G_r の投票を行うとしよう。投票者 A と B は G_p よりも G_r を選好するため，G_r が勝つ。G_r が選択されそうである。G_r は G_p に勝ち，G_p は G_m に勝っている。そこで，G_r と G_m の直接投票を行ってみよう。そのとき，投票者 B と C はともに G_r より G_m を選好する。これが「投票のパラドックス」と呼ばれる現象である。はっきりとした投票結果が得られないのである。G_p は G_m に勝ち，G_r は G_p に勝つけれども，G_m は G_r に勝つのである。

このような場合に多数決投票ルールが採用されるならば，投票の順番を操作することが非常に重要であることが明らかになる。最初に G_p と G_m の投票を行い，続いてその勝者 G_p と G_r が投票すると G_r が勝つ場合と，初めに G_m と G_r の投票を行い，その勝者 G_m が G_p と投票を行い G_p が勝つ場合とでは投票結果が異なるからである。したがって，これらの投票の勝者は，投票がなされる順番だけで決定される。

この違いが生じている原因は，高所得水準の A の選好の在り方にある。A

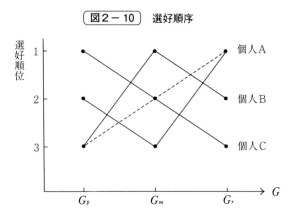

図 2 − 10　選好順序

が G_m よりも G_p を選好しているからである。図 2 − 10 から分かるように、このような選好を複峰型選好と呼ぶ。これに対して、B や C のような場合を単峰型選好という。このために投票循環が生じているのである。もし、A が G_p よりも G_m を選好する単峰型の選好に変われば、「投票のパラドックス」は生じない。

では、このような問題を解決するため、他の投票ルールがあるかどうかである。しかし、残念ながら理想的な投票ルールは存在しない（唯一の例外は、独裁者の場合である。このとき、公共的意思決定は独裁者のそれになるからである）。このことを発見したのが、アロー（Arrow, K.J.）である。この定理は「アローの不可能性定理」と呼ばれている。アローのこの定理は、もう1つの重要な示唆を私たちに教えている。「政府は、……をするべきである。」あるいは「……するのは政府の責任である。」という言葉を聞くことがある。この言葉は、政府を擬人化し、政府をあたかも個人であるかのように扱っている。しかし、政府は合理的個人のように矛盾なく行動するとは限らないのである。アローの示唆するところは、ある個人に独裁的権力を与えないとすると、政府が個人と同じ程度に整合性と合理性を持って行動すると期待すべきではないということを意味している。

3. 政府の失敗

　現代社会において，公共的意思決定は国民の投票によって決定され，その実施は政府の行政組織を通じて実行される。したがって，政府には国民全体の公共の利益を最優先し，あらゆる手段を用いてその実現を図ることが望まれる。だが，政府の行動は必ずしも合理的ではなく，公共の利益を最大にするよう行動するという期待に応えられるとは言い難い。いわゆる，「政府の失敗」である。

　どのような理由によって，政府は機能上これらの期待に応えることができないで，「政府の失敗」が起きるのであろうか。その理由として，スティグリッツ（Stiglitz, J.E.）は，以下の4つを挙げている。

　第1に，限られた情報の問題である。政府が財政活動を行うことを決定したとして，その財政活動の対象となる経済主体の情報を十分に得ていない場合，政府の活動は望ましい結果を実現できない可能性が生じる。その可能性としては，いわゆるモラル・ハザード（道徳的危険）や逆選択の発生が想定される。例えば，モラル・ハザードについて，政府が強制的に自動車保険に国民を加入させる場合を考えてみよう。保険に加入することによって危険な運転をする人は，安心してますます運転時に注意しなくなるであろう。その結果，事故発生確率は上昇する。このとき，政府は平均的な保険料を課す以外にないが，その結果，安全に運転する人は危険な人の分まで保険料を払うことになり，政府の活動は拡大せざるを得ないのである。老人医療保険制度などにも同様の問題が発生する。

　第2に，民間市場の反応に対する限られた支配力しか有していないことである。例えば，借家人のために家賃統制を実施したとしよう。政府のこのような政策は，民間にとって投資収益の低下をもたらし，むしろ賃貸住宅の減少に導くであろう。その結果，家賃の高騰と賃貸住宅のサービスを低下させることになる。このような民間市場の反応に対して政府は，限られた能力しか備えていないのである。

　第3に，官僚に対する限られた支配力の問題である。政府活動が公共的意思決定として議会において合理的に決定されたとしても，その実行は行政という

組織に委ねられている。したがって，官僚がいかなるインセンティヴをもって
これらを実行するかが問われなければならない。もし，そのインセンティヴ
が，官僚組織の利益を最大にすることであるなら，政府の財政活動は大きな非
効率を生むことになる。

　第4に，政治過程によって課された制約である。政府が財政活動のすべての
結果について完全に知っていたとしても，政治過程を通じてその選択を行うこ
とは，さらに困難をもたらす。すでに詳述したように公共的意思決定に基本的
に備わっている問題点以外にも多くの課題が存在する。現代社会では議会制度
を通じて行われており，議員が代表して決定する。その際，選挙民の選好を考
慮すると同時に，それ以外の要因にも配慮するであろう。それが，特定の利益
集団などの便益であるかもしれない。そのときは，議会での意思決定は公共の
利益を十分に反映したものとはならないことがある。さらに，ブキャナン
(Buchanan, J.M.) は，議会制民主主義のプロセスこそ財政を不必要に膨張させ，
政府を非効率にする機能があると指摘する。議員にとっては選挙に当選するこ
とが最大の目的であり，選挙民の利益を政策に反映させるような公約を掲げ
る。そして，財政赤字が拡大したとしても赤字解消のための増税や歳出削減は
選挙民が反対するので実施されず，財政収支も悪化することとなる。

　このように，現代社会の政府の財政活動は，必ずしも公共の利益を追求する
理想的なものでないかもしれない。また，実際にその実現を確実に実行できる
ものでもないかもしれない。しかし，政府の財政活動によって，私たちが解決
することのできない「市場の失敗」のうちいくつかを是正し，より社会的に望
ましい状態を実現することが可能である。その可能性を実現するためには，
「政府の失敗」をできる限り抑える必要がある。したがって，政府の財政活動
は，財政民主主義のもと常に国民の厳しい監視の下に運営されなければならな
いのである。

第3章

予　算

I　予算の概念と構成

　予算（Budget）は，我々の生活に深く浸透しており，家計や企業でも身近な概念として定着している。例えば，グループで旅行に行くときは企画段階から旅行が終わるまでの行程の1人当たりの金額が予算であり，文字があらわしているように，予（あらかじ）め算定するという概念である。この概念は現実の経済では，個人，家計，企業などさまざまな経済単位の経済活動を計画的かつ合理的に行うために，その収支に用いるのである。

　予算とは，国家の1年間の歳入と歳出の予定を示した計画のことであり，財政はその歳入と歳出を実行する活動のことである。予算は，日本国憲法第86条により内閣が予算編成権を有し，国会の議決を経て成立する。また財政法においては，財政処理に関する基本原則ならびに予算制度が規定されている。

　財政制度は法令の定めにより運営されるが，その仕組みは複雑である。その中心をなすのは，財政の運営にあたって収支の計画をたて実施するための予算制度，歳入の中心をなす租税に関する租税制度，予算執行の経理面を定めた会計制度などである。予算の種類は一般会計予算，特別会計予算，政府関係機関予算と3種類である。これらが予算と呼ばれる所以は，財政法は会計区分を「国の会計を分つて一般会計及び特別会計とする」（財政法第13条第1項）と規定しており，また全額政府出資の法人である政府関係機関の予算は，法律に基づき国会の議決が必要なためである。この予算と類似した性格を持つ財政投融資計画は第2の予算と呼ばれ，戦後復興の街づくりに非常に貢献したものであ

44

る。一方で，この財政のしくみが機能すると，予算が，国会において行政活動をコントロールする政治的機能を発揮する。これは国民の意思を反映させるべく，選挙によって選出された議員が運営する国会の議決をするという財政民主主義の考え方に基づく統治がなされるからである。また，予算には，政府の政策目的を活動面ではなく，資金面から確定する財政的機能がある。さらに政府の政策目的を効率的に遂行するための統一基準の必要から，予算は法律に等しい拘束力をそなえた財務統治機能もある。

1．令和6年度予算

　予算の種類のうち，まず初めに一般会計予算は，予算の中心に位置づけられ一般的な行政活動のための歳入および歳出を総合的に管理するものである。

　図3−1において歳入総額は112.6兆円であり，そのうち所得税，法人税，消費税を中心とした税収は全体の61.8%（69.6兆円）を占め，公債金，いわゆる借金が全体の31.5%（35.4兆円）を占めている。この特徴は，3分の2の税収と3分の1の借金で構成されているところにあり，借金を返済するには，将来世代の税収が充てられるため，負担を先送りしている点が課題である。

　一方，歳出総額は112.6兆円であり，社会保障関係費が全体の33.5%（37.7兆円），国債費が全体の24.0%（27.0兆円），地方交付税交付金等が全体の15.8%（17.8兆円）であり，これらの経費で歳出全体の4分の3を占めている。

　このような構成は，財政活動の理論上区切りがなく継続的であるが，予算制度等の本質から，ある一定期間で区切ることを要請され，会計年度ごとに示される。わが国は毎年4月1日から翌年3月31日までである（財政法第11条）。また歳出予算の繰越制限および事故繰越（財政法第42条）の規定と一体となり財政健全化の観点から会計年度独立の原則（財政法第12条）を規定している。

　次に特別会計予算は，国が特定の事業を行う場合で，一般の歳入歳出と区分して経理する必要があるときに限り認められる（財政法第13条第2項）。本来は予算単一の原則に基づき，一般会計予算のみで全体が網羅的に経理されることが望ましいが，国の活動が複雑かつ多岐にわたっている現在では，単一の会計にすべてを包含すると，かえって非効率を招くことになりかねない。そのた

第3章 予算 | 45

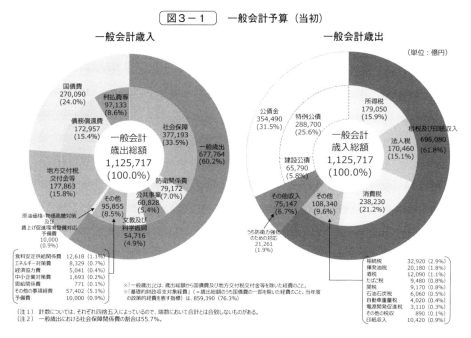

図3-1 一般会計予算（当初）

出所：財務省『財政金融統計月報』864号，2024年4月，14頁。

め，特定の収入により国の特定の事業の管理運営に充てることが合理的である場合には，特別会計予算の必要性が求められる。特別会計改革が起こった平成15年度には特別会計は32種類あったが，整理統合され，令和6年度現在，国債整理基金，財政投融資，労働保険など13種類である。

令和6年度における特別会計の歳出総額は，436.0兆円であり，重複額等228.1兆円を除くと207.9兆円である。ここから国債償還費等89.7兆円，社会保障給付費78.4兆円，財政融資資金への繰入れ10.0兆円，地方交付税交付金等22.2兆円を控除した額は，7.7兆円であり，さらに東日本大震災からの復興に関する事業にかかる経費0.6兆円を除くと，7.1兆円となる。

最後に政府関係機関予算は，その予算について国会の議決を要するところの特別の法律によって設立された法人の予算で，資本金の全額が国によって出資されている。令和6年度現在，簡素で効率的な政府を実現するための行政改革の推進に関する法律（行政改革推進法）で定められた政策金融改革により，沖縄

振興開発金融公庫，株式会社日本政策金融公庫，株式会社国際協力銀行，独立行政法人国際協力機構有償資金協力部門の4機関がある。政府関係機関は，企業的経営によって効率性を上げるため国とは独立した法人格を与えられているが，公共性が強いため国会の議決が求められるのである。

国の予算はこの3種類の予算を総括したものとなり総計主義により全貌があきらかになっている。3種類の予算は独立しているわけではなく，一般会計と特別会計間の繰入れや，特別会計間の繰入れなどのように，相互に財源の繰り入れを行っている。その結果として，歳入と歳出が倍計上されているように見えるので，国の予算の規模を見るためには，純計で算出しなければならない。純計は，各会計の合計額から重複額を差し引いて算出される（表3-1）。さらに，地方財政計画に対しても重複額が存在する。

財政投融資計画は，機能が予算と類似している計画である。投融資活動に必要な資金調達は，税財源によらず，金融市場にて財投債の発行，政府保証債の発行，配当金等により国が調達し，財政投融資計画に基づき財政融資，産業投資，政府保証の3種類の手法によって各財投機関に供給される。財投機関は，株式会社日本政策金融公庫，株式会社日本政策投資銀行，独立行政法人住宅金融支援機構など，32の財投機関（令和6年3月現在）がある。また，財投機関は自己調達として財投機関債を発行する。これらの資金は国の政策上必要であって，

表3-1 一般会計，特別会計，政府関係機関統計（当初予算ベース）

(単位 億円)

歳入			歳出	
令和5年度予算額	令和6年度予算額		令和5年度予算額	令和6年度予算額
1,143,812	1,125,717	一般会計予算総額 （A）	1,143,812	1,125,717
4,445,979	4,406,099	特別会計予算総額 （B）	4,419,088	4,360,362
5,589,791	5,531,816	（C）=（A）+（B）	5,562,901	5,486,078
22,341	27,151	政府関係機関予算総額 （D）	26,462	30,608
5,612,132	5,558,967	（E）=（C）+（D）	5,589,362	5,516,686
3,056,824	2,921,926	うち重複額等 （F）	3,028,455	2,901,774
2,555,308	2,637,041	純計額 （G）=（E）-（F）	2,560,908	2,614,913

出所：『図説　日本の財政』（令和6年度版），財経詳報社，66頁。

第3章　予算 ｜ 47

ハイリスクかつ民間では十分に対応ができない分野，例えば，中小零細企業では，企業の信用力・担保力が不足することから，民間金融機関では十分な資金供給をすることができない場合の投融資活動に供給を行い，活用をしている。

　財政投融資は平成13年に抜本的な改革が行われている。旧財投（改革前の財政投融資）は，資金需要より多くの原資が集まって財政投融資規模を肥大化させ，効率的な運用が行われていない問題点が指摘されていた。新財投（改革後の財政投融資）ではより効率的で，市場原理と調和のとれた改革を行った。

　改革後は規模を縮小し，経済情勢に対応して資金供給してきたが，在り方と適切な運営に関して，課題が残されている。

Ⅱ　予算の種類

1．予算の種類

　予算はその構成する内容について，財政法第16条において「予算は，予算総則，歳入歳出予算，継続費，繰越明許費および国庫債務負担行為とする」と規定している。

　予算総則とは，財政運営の基礎的事項を総括記載し，歳入歳出予算，継続費，繰越明許費および国庫債務負担行為のほか，公債又は借入金発行の限度額，公共事業費の範囲，日本銀行の公債の引受けおよび借入金の借入の限度額，財務省証券の発行および一時借入金の借入の最高額，国庫債務負担行為の限度額等の予算の執行に関し必要な事項を定めている（財政法第22条）。

　歳入歳出予算とは，一会計年度における歳入と歳出を一定の基準に基づいて体系的に区分した計画である（財政法第23条）。歳入予算は，実際の歳入が予算通りとならなくてもやむを得ないが，歳出予算はその予算の範囲内にかつ定められた目的に限定して支出が許されるものであり，予算を超過することおよび目的外に支出することは許されず，両者はその性格を異にしている。

　継続費とは，数年度を要する継続事業を円滑に実施するためのもので，経費の総額および年割額を定めて，国会の議決を得るものである。この場合において，国が支出することのできる年限は5年以内とされている（財政法第14条の

2)。現在，継続費の制度は防衛省の警備艦および潜水艦の建造にのみ用いられている。

　繰越明許費とは，やむを得ない事情により，年度内に支出が終わらない見込みがあるものについては，あらかじめ国会の議決を経て，翌年度に繰り越して使用することができるものである（財政法第14条の3）。繰越明許費は会計年度独立の原則の例外であり，複雑な現実経済を考慮して，非効率とならないよう制限的に認めている。

　国庫債務負担行為とは，法律，歳出予算，継続費の総額の範囲内のほかに国が債務を負担する場合，予算を以て国会の議決を得なければならないものである（財政法第15条）。例えば，当該年度に契約，次年度以降に支出という防衛予算では，5年以内の年限で国会の議決を得る。また次年度以降に支出を実行する場合には，改めて歳出予算として国会の議決を得なければならない。

2．国会審議における分類

　国会審議から，当初予算，補正予算，暫定予算の3つに分類できる。

　当初予算とは，当該年度開始前に成立すべき本来の予算である。当初予算という言葉は法律によるものではないが，補正予算，暫定予算と対比して一般的に言われる言葉である。また本予算ともいう。その内容は3種類の予算，すなわち一般会計，特別会計，政府関係機関予算それぞれの予算が一体となって国会の審議を経て議決される。本来はその会計年度中，当初予算のみで統一して執行されるのが望ましい。

　補正予算（財政法第29条）とは，当初予算の執行中に大災害の発生，経済情勢の変化に伴い財政政策が必要となる等諸事情が生じた場合で，当初予算を追加，変更しなければならないとき，国会の議決を経て成立するものである。財政法第29条は補正予算の作成に関し，安易な理由により補正を行うことができないよう，予算作成後に生じた事由に基づき，特に緊要な予算の追加を行うことおよび予算に追加以外の変更を加える場合に限定している。補正予算は当初予算とは別個に成立するものの，成立後は両者一体となって執行される。

　暫定予算（財政法第30条）とは，4月1日の新年度までに，政局の不安定や

国会の解散等が原因となり当初予算が成立しない場合，国会の議決を経て組まれるものである。当初予算が成立しなければ，国の活動が停止してしまうため，当初予算が成立するまで，予算の空白を埋める応急処置が暫定予算である。このような性格から，暫定予算は審議が短期間で終わるように，基本的には行政運営上必要最小限度の予算とするのである。なお，当初予算の成立後は，暫定予算は効力を失い，それまでの支出も当初予算に基づいて支出されたものとして当初予算に吸収される。

3．予算の区分および科目

　膨大な予算を明確に整理するため，予算の区分が必要であり，歳入予算は各省庁による主管別，部，款，項，目に区分され，一方で歳出予算は各省庁による所管別，組織別，項，目，目の細分に区分される。項までの区分は，国会の議決が必要な議定科目であり，目および目の細分は，行政面の規制に委ねられる行政科目である。

III　予算過程

1．予算編成

　予算は内閣の専管事項であり，内閣は「予算を作成して国会に提出すること」（憲法第73条第5号），「内閣は，毎会計年度の予算を作成し，国会に提出して，その審議を受け議決を経なければならない」（憲法第86条）という予算編成権に基づき編成をし，国会に提出する（図3－2，表3－2）。予算編成の任務は財務大臣があたり，財務省主計局が各省庁からの概算要求を受けて査定作業を行う。

（1）概算要求

　概算要求とは，各省庁が財務省に対して，次年度の予算要求をすることであり，閣議了解された概算要求基準（シーリング）に基づき行われる。概算要求基準とは，概算要求に一定の枠を設けるもので，「概算要求に当たっての基本的な方針」と呼ばれる。予算額には上限を示すことが多く，概算要求基準は，予

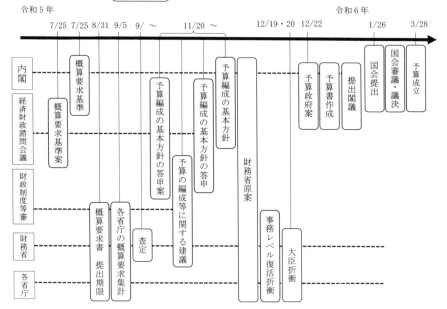

図3-2 令和6年度の予算編成（時系列）

表3-2 令和6年度の予算編成の流れ

令和5年7月25日	概算要求基準	令和6年度予算の概算要求に当たっての基本的な方針の閣議了解
令和5年8月31日	概算要求書	各省各庁が概算要求を行い、財務省は概算要求書の提出を受ける
令和5年9月5日	一般会計概算要求・要望額	財務省は各省庁からの概算要求・要望を集計する
令和5年9月～	査定	財務省主計局が概算要求に基づき査定を行う
		ヒアリング、主査による査定等
令和5年11月20日～	予算編成の基本方針	経済財政諮問会議は、令和6年度予算編成の基本方針の答申案を策定する
		財政制度等審議会が財務大臣に予算の編成等に関する建議を行う
		経済財政諮問会議において総理から諮問があり、答申すべきことを決定する
		答申を受け、令和6年度予算編成の基本方針閣議決定される
	財務省原案	財務省原案が策定される。財務省原案は閣議に提出され、各省庁に内示される。
	事務レベル復活折衝	各省庁は内示を受けて復活折衝を行う
令和5年12月19,20日	大臣折衝	
令和5年12月22日	予算政府案	政府案閣議決定
		予算書作成
		提出閣議
令和6年1月26日		国会提出
令和6年3月28日		国会審議・議決

算編成を効率的に進め，歳出の膨張を抑制する狙いがある。令和6年度概算要求総額は，114兆3,852億円であり，過去最大の要求総額となった。

また，総額を示さずに項目を枠として概算要求基準を定める場合，これは事項要求と呼ばれるが，予算編成過程において，その内容が明らかになった際に追加要求するものである。個別政策の内容が決まっておらず，国の基本戦略の改定や重要な国際交渉などを控えている際に適用される。

（2）査　定

財務省は各省庁から提出された概算要求（歳入・歳出）に対して査定を行う。査定とは，概算要求という見積を検討して必要な調整を行うことであり，財務省主計局によって行われる。主計官は担当領域に9名，総務課に2名おり，担当領域は①内閣，デジタル，復興，外務，経済協力係担当，②司法・警察，経済産業，環境係担当，③総務，地方財政，財務係担当，④文部科学係担当，⑤厚生労働係，社会保障総括担当，⑥厚生労働，こども家庭係担当，⑦農林水産係担当，⑧国土交通，公共事業総括係担当，⑨防衛係担当と分類される。主計官の下に一般的に主査と言われる主計官補佐がいる。

査定の大まかな流れとして，まずヒヤリングから行われ，主査による査定，主査から主計官への報告，主査による見直し作業，見直し局議，省議決定と進み，財務省原案が策定される。

（3）予算編成方針

予算編成の基本方針の答申案が経済財政諮問会議より策定され，これにつき内閣総理大臣からの諮問を受け，経済財政諮問会議において取りまとめ案が説明される。次いで財務大臣より財政制度等審議会の予算の編成等に関する建議があり，議に諮り答申することを決定し，予算編成の基本方針として閣議決定される。経済財政諮問会議とは，経済財政政策に関し，内閣総理大臣のリーダーシップを十全に発揮させるとともに，関係国務大臣や有識者議員等の意見を十分に政策形成に反映させることを目的とした，内閣府に設置された合議制の機関である。

（4）財務省原案と復活折衝

　財務省での予算編成作業は，最終的には財務省議にかけ，12月中旬頃に財務省原案が決まる。財務省原案は閣議へ提出されると同時に各省に内示される。各省では内示された財務省原案を受けて，復活折衝を行う。復活折衝とは内示で認められなかった事項につき，政策の重点および効率性を強調して再度要求することである。復活折衝は，官僚の事務レベルでの折衝から始まり，局長レベル，次官レベルの協議を経て，決着のつかない問題に対しては財務大臣と各省大臣間における大臣折衝が行われる。そのようにして編成された予算案は概算閣議にかけられ決定されることになる。概算閣議は通常12月末頃に行われる。

2．国会審議および成立

　内閣の予算提出の時期については，毎会計年度の予算を，前年度の1月中に国会に提出するのを常例とする（財政法第27条）と規定している。予算案の概算閣議決定が通常12月末になり，その後の予算書の作成等の膨大な作業を経て，1月の通常国会に提出される。

（1）衆議院の予算先議権

　内閣により国会に提出された予算案は，先に衆議院が予算先議権に基づき審議する（憲法60条）。まず，本会議において財務大臣により財政演説が行われ，ここで予算編成方針等の基本的な考え方が示される。そして予算は直ちに衆議院の予算委員会に付託され審議され，分科会を設けての専門的な審議および公聴会の開催も行われる。最終的には本会議において衆議院での議決が行われる。衆議院で可決された予算は，参議院に送付されてほぼ同一の手続きにより議決が行われ，予算が可決成立するのである。

（2）予算の自然成立

　衆議院で可決された予算を参議院が30日以内に議決しない場合，衆議院の議決が国会の議決となり予算が成立する。これを予算の自然成立という（憲法

第60条第2項）。さらに，参議院が衆議院と異なった議決をした場合，両院協議会が開かれ意見調整がなされる。しかし，両院協議会において意見が不一致であるならば，この場合も衆議院の議決が国会の議決となり，予算が成立する（憲法第60条第2項）。

（3）国会の予算修正権

国会は，憲法の規定により国権の最高機関であり，そのことから内閣の提案する予算に対して予算修正権を有している。本会議において衆議院は50名以上，参議院は20名以上の賛成をもって政府原案の修正を提案することができる。

3．予算の執行

（1）執　行

国会の議決により成立した予算は，税金の国庫への収納などの歳入予算の執行がされる一方で，その配賦を受けた各省庁の長（財政法第31条）が財務大臣より承認を受けるための歳出予算の執行の実施計画書につき，閣議承認を経て，各省庁，日本銀行に通知される（財政法第34条）。また，公共事業費等は支出負担行為の実施計画に関する書類を作成し，財務大臣に送付し承認を受け，各省庁，会計検査院に通知する（財政法第34条の2）。実際の支払いは国庫統一主義によって，原則すべて日本銀行の国の預金口座を通じて行われ，日本銀行を支払人とする小切手を振り出すことにより行われる。

（2）移用，流用，移替え，予備費

国会の議決による予算は，原則その変更は許されないが，執行に際して，補正予算を編成するまでもないような部分的で軽微な変更の必要性に対して，目的そのものの変更である移用，目的内での単なる移動である流用の制度があり，区分を変更することで経費の融通ができる（財政法第33条）。移替えは，予算成立後に職務権限が移動したことなどにより，目的変更を伴わない形式的な移動で，移用，流用とはその性格が異なる。予備費（財政法第24条）とは，予

算執行段階で予見し難い事態が生じ，経費不足または新たな経費が求められる場合に備えるためのものである。

4．決算手続き
（1）決　算
　当該会計年度の予算の執行が終了した後，決算手続きが行われる。翌会計年度の7月31日までに各省庁の長によって所管の決算書が財務大臣に送付される。財務大臣はそれに基づき決算書を作成し（財政法第37条，第38条），閣議決定を経て11月30日までに検査実施のため会計検査院へ送る（財政法第39条）。決算は12月中までに検査報告書を添付し内閣へ返却され，国会に提出し，審議を受ける（財政法第40条）。

（2）剰余金の処理
　決算により剰余金が生じた場合，通常であれば剰余金が生じた当該会計年度の翌会計年度の歳入予算へ繰入れられるが（財政法第41条），当該年度における新規発生剰余金から歳出予算の繰越額および地方交付税等財源充当額を控除した純剰余金の2分の1以上は国債整理基金特別会計へ繰入れられ，国債の償還に充当される（財政法第6条）。反対に歳入不足となった場合で，補正予算で対処できなかったときには，決算調整資金から不足額を繰入れることになる。

Ⅳ　予算原則の問題と課題

1．予算原則の現代における位置づけ
　予算がその機能を発揮し，役割を果たすために，根底にある理念を一般化したものが予算原則である。現代の財政規模は飛躍的に拡大し，政策課題である資源配分の調整，所得分配，景気調整は多岐にわたり，民間部門に対する公共部門のかかわり方は深くかつ複雑になっている。自由資本主義を背景に生成された伝統的予算原則は，このような複雑化した現代の予算原則としては例外措置が多くなり，古典化による修正の必要があることは認めざるを得ないが，い

まだ体系的な現代的予算原則が確立したと断言することはできない。このように現代の予算制度において，伝統的予算原則は重要なフレームワークを提供し，規範として機能しているのである。

2．伝統的予算原則

　伝統的予算原則は，完全性，単一性，明瞭性，厳密性，事前性，限定性，公開性の 7 種類が挙げられる。

　完全性の原則は，政府収入と支出のすべてが，漏れなく，完全に，総額で計上されなければならないことを要請している。総額で計上することを総計主義といい，特定の項目についての収支を相殺することを純計主義という。総計主義であると，結果だけでなく，そのプロセスも明らかにできる。

　単一性の原則は，すべての収入，支出について単一の会計で一体とすることを要請するものである。これは，特定の予算の収支を個別的に結びつけてはならないと換言できる。この観点からすると，特定の財源に充当するための目的税は望ましいとは言えないことになる。

　明瞭性の原則は，その収入および支出が国民にとって，統一的に分類，整理され，わかりやすく表記されなければならないことを要請するものである。より具体的には予算を目的別，組織別，支出対象別に分類することにより，その内容を明瞭にしようとするものである。

　厳密性の原則は，編成において，見積の収入と支出はできる限り正確であることを要請するものである。予算とは将来の見積であることから，多少の差が生じることはやむを得ないが，法的な規範性を有するからその価値を維持するためには，予算額と決算額の差をできるだけ小さくしなければならない。

　事前性の原則は，会計年度が始まる前に編成を終え，国会による議決を受け，承認されなければならないという原則である。もしこの原則が守られず，事後承認を求めるとするならば，国民の代表による財政統治，いわゆる議会制民主主義が没却されていることになる。

　限定性の原則は，財政運営を計画的に執行するための原則である。流用禁止は予算を組織間または目的別支出項目間の流用を禁止し（質的限定），超過支出

禁止は，計上された予算を超過して支出することを禁止し（量的限定），会計年度独立は2つの年度にまたがらないように限定している（時間的限定）。

公開性の原則は，国民および国会へすべての財政的事実の公開を要請するものである。それは，予算のプロセスのすべてが規則的に分かりやすく公開されること，予算に関する国会の審議過程が公開されること，予算に関して批判的意見を充分に取り入れるべきこと等である。

3．現行予算制度の問題点と改革

わが国の現行予算制度は，財政の規模が拡大し，さらに機能が多様化しており，適切に対応しきれなくなってきている。その問題点は3つあり，第1に経済政策に対応しきれない問題点があり，景気の調整のための経済政策機能において，財政支出の増減，増減税といった政策に対し予算制度が制約となり，タイムラグが生じ適切なタイミングで実施することができないことにある。第2に財政運営の効率性に関する問題点がある。会計年度独立の原則により長期計画を導入するには困難が生じること，複数の省にまたがるような公共事業の存在は，歳出予算が各省の所管別となっているため非効率が生じること，各省間での予算配分について各省ごとの前年度実績を基準とした予算編成が行われるため非効率が生じること，などが挙げられる。第3に政治的意志決定プロセスから生じる非効率の問題点がある。特定利益団体が与党に陳述するなどして，自己のグループの予算を有利に導こうとすることなどがある。

一方で，政府予算や国民経済における効率的資源配分の達成を期待する試みとして，PPBS（Planning-Programming-Budgeting-System）の存在がある。PPBS は，費用便益分析（Cost-benefit Analysis）により最適なプログラムを選択するプログラミング（Programming）を媒体とし，各省庁の数量化された目標である資源の効率的使用計画（Planning）と，選択したプログラムによる多年度計画の策定と単年度の予算編成（Budgeting）の実行とを有機的に結び付けようとするシステムである。このプログラムとは，目的を達成するための活動の集合体であり，且つ活動にあたっての資源を含んだ取り組み全体のことを言う。

PPBS そのものとしては6つの達成すべき目的があり，このシステム内部の

組立ては4つの要素から成り立ち，その要素内での分類は分析目的で3つに細分化される。PPBS が達成すべき目的は，目標や目的を再認識し明確にすること，所与の計画の結果（アウトプット）を当初の目的に照らし分析・評価すること，計画の総費用の測定を数年先までの期間にわたり行うこと，予算について単年度ではなく多年度にわたる目的と計画を策定すること，代替案を分析して，最小限な費用でより効率的な方法を見つけ出すこと，分析手続きを予算の査定の一部として確立することである。システムの組立ては，プログラミングを媒体とするにあたって重要な部分であり，プログラム別の予算編成（Program Budgeting），プログラムと資金計画書（Program and Financial Plan），プログラム趣意書（Program Memorandum），特別な課題（Special Issues）という要素から構成されている。分類については，支出対象別や業務実施過程の形態別に分類もできるが，目的別であるプログラム別分類が分析目的に適しているものと考えられるため，プログラム・カテゴリー（program categories），サブカテゴリー（subcategories），プログラム・エレメント（program elements）に分かれる。

　PPBS はこのような仕組みの中で政策目的を明確に設定し，費用便益分析を用いプログラム間で生じた代替案を選択するが，この設定と選択は政治の本質とも言える。ただ，公共財供給を目的とした政府プログラムの分析については，各パラメータを厳密に数量化することには困難を伴い，費用便益分析が政策決定において，最適解を導き出すとは言い切れないのである。

　この PPBS の理論は，実際に 1961 年に国防庁長官ロバート・S・マクナマラがアメリカの国防省に導入し，結果としての意思決定過程の改善に貢献をしたのである。このことをきっかけとして，1965 年にリンドン・B・ジョンソン大統領はアメリカ連邦政府の主要なすべての民生省庁に PPBS の導入を指令し，1968 年会計年度に導入され，1971 年通達を以って廃止されるまで適用された。また，イギリスを始めとした諸外国においても予算制度として PPBS を取り入れる試みがなされ，採用された経緯がある。

　PPBS は現実への適用から何十年も経過したが，その考え方は規範になるものとして有用であり，予算制度への経済分析の手法の導入が，予算の政治的意思決定プロセスに一石を投じるものとして，評価に値するものである。

第4章

公共支出のすがた

I　公共支出

　財政の果たすべき役割は，経済社会の問題に対処しつつ，適切な経済成長率を確保し，国民福祉の維持・向上を図ることであり，そのために必要とされる政府の貨幣支出が公共支出（公共経費）である。公共支出は国民の負担において支出されるものであることから，その内容や規模は，その時々の経済社会の課題や国民の財政需要をおおまかに示すものとなる。したがって，その国の経済・財政の状況や政府の重点施策を把握するために，経費項目の金額や変化を詳細に検討することが求められる。本節では，公共支出の歴史的変遷を概観したのちに，日本の公共支出の実情を解説する。

1．公共支出の歴史的変遷

（1）古典学派と「小さな政府」

　公共支出の内容や規模に対する考え方は一様ではなく，その時々の経済社会の状況を反映して変遷を遂げてきた。18世紀後半，西洋先進諸国では，市民革命を経て，産業革命が起こり，経済活動が拡大するにつれて，一国の富に対する考え方は，金銀や領土拡大によってもたらされるものではなく，一国の経済的な生産能力，競争力に左右されるという考え方に移り変わっていくことになる。

　この時代における工業先進国イギリスにおいて支配的であったのがスミス（Smith, A.）に代表される古典学派の考え方である。スミスは，私的利益を求め

る個人による完全なる自由競争経済下で、一国の経済全体の完全な調和と最高の生産性（効率性）が保証される経済状態が実現されるとし、私的経済活動への国家の干渉を排除するべきだとする「自由放任主義」を主張した。そして、政府の経費支出は有用ではあるが、市場経済の効率的な資源配分を損なう「不生産的」なものであるとし、軍事費、司法費、公共土木費および元首威厳維持費という4つの経費に限定されるべきであると主張した。いわゆる「小さな政府」の要請である。

（2）ワグナーの経費膨張の法則

19世紀半ばに至ると、西欧先進諸国の自由競争的経済は、生産の側面で大きな成果を上げる一方で、劣悪な労働環境や貧富の格差といった分配の側面において社会的に容認できないほどの問題をもたらすことになる。国際競争力においてイギリスに立ち遅れていたドイツでは、こうした問題の解決に対して国家の積極的な役割を求める学説が支配的になる。

この時代にドイツで発達したのがドイツ正統派である。ドイツ正統派では、シュタイン（Stein, L.）の「経費が大なるゆえに一方の国は優良であり、経費が小なるゆえにもう一方の国は不良である」という名句に代表されるように、政府の経費支出を「生産的」なものであるとみなし、社会や経済に生じたさまざまな問題に対しても政府の積極的な介入を要請することになる。

ワグナー（Wagner, A.）は、「近代国家」は文化国家であるべきであり、国民全体のための文化的・福祉的目的を追求することも政府の果たすべき役割であるとした。そして、政府の果たすべき役割は、公衆衛生・医療・教育・福祉など必然的に拡大すると同時に、より効率的かつ完全な形で遂行されるようになることから、国家によって満たされる国民の財政需要はますます増大していくことを主張した。このように近代国家の形成過程において、公共支出が永続的かつ傾向的に増大し、国民経済に対する政府活動の比重が相対的に高まっていくことを「経費膨張の法則」と呼ぶ。ただし、この時代のドイツにおける国民経済に対する公共支出の比重はそれほど大きなものではなかった。

（3）２つの世界大戦とフィスカル・ポリシー

　19世紀後半に支配的となったワグナー流の「大きな政府」観は，20世紀前半の２つの世界大戦に伴う高水準の国防支出や，1929年から始まる大恐慌とそれに伴うフィスカル・ポリシーの導入により，一層強化されることになる。

　長引く大不況と大量の失業者の存在は，価格や賃金が速やかに変化して受給を均衡化させるという古典学派の理論の破綻を意味していた。イギリスの経済学者であるケインズ（Keynes, J.M.）は，大恐慌期に発生した失業者を救済するため，政府が財政赤字を拡大して需給ギャップを調整し，失業を解消すべきであることを主張した。ケインズ経済学の登場により，景気の安定のために政府が積極的に市場に介入するフィスカル・ポリシーが重視される潮流が生まれ，戦後の各国の財政政策に組み込まれていくことになる。この時期における公共支出の規模は著しく拡大し，国民経済に対する影響力が格段に強まることになった。

　政府の経費支出は，20世紀の２つの大戦を契機に飛躍的に拡大し，終戦後も元の水準にまで縮小しなかった。この事実に着目したのが，ピーコック＝ワイズマン（Peacock, A.T. and Wiseman, J.）である。彼らは，1890年から1955年に至るイギリスの公共支出の動態を統計的に検証し，政府の経費支出は，ワグナーが強調した永続的かつ傾向的な経費膨張の過程ではなく，段階的に，より低い経費水準からより高い経費水準へと転位しながら発展していくことを発見した。このことを「転位効果」と呼ぶ。国民経済に対する公共支出の相対的比率は，平時においては経済成長とともに漸進的に上昇するが，戦時などの社会動乱の時期において転位が起こるのである。そして，社会動乱の時期が去っても元の水準に縮小することはないのである。

　このことについて，ピーコック＝ワイズマンは，平時の時は国民が望ましいとする公共支出の水準と，受け入れてもよいと考える租税負担水準との間にはギャップがあるが，戦時のような社会動乱の時期にはこの許容水準が上昇し，動乱の時期が去ってもその水準が引き下がらないためであると説明する。また，社会動乱の際に生じた国債の元利償還や社会福祉関連サービスなどの新たな公共支出も発生するという。

この仮説を第二次世界大戦後の公共支出の膨張の理由として説得的でないとして，公共財・サービスの需要と供給の側面から膨張の理由を説明したのが，ブラウン＝ジャクソン（Brown, C.V. and Jackson, P.M.）である。彼らは，大戦後の公共支出の膨張の理由として，①最終生産物としての公共財に対する需要の増大，②公共財の生産環境の変化，③人口構造の変化，④公共財の質の変化，⑤公共財の生産に必要な投入物の価格の上昇などを挙げている。

ピーコック＝ワイズマンの転位効果の仮説は説明力に乏しい部分もあり，公共支出の膨張のメカニズムは国によってさまざまなものがありうる。一方で，政府の経費支出の根底にある公共財の供給に関する意思決定や予算配分のプロセスといった政治理論に着目したことなど，彼らの転位効果説には多くの示唆が含まれている。

（4）「小さな政府」観への回帰

第二次世界大戦後の東西冷戦の勃発とともに，西側先進諸国において再分配政策を重視する「福祉国家」の建設が重要課題として浮上することになり，公共支出はさらに増大することになる。19世紀後半から20世紀後半の70年代頃までは，公共支出に対する考え方は「大きな政府」観が強化，徹底化された時期であったとみてよいだろう。

しかし，1973年の第1次石油危機以降，大きな政府は行き詰まりを見せ始めるようになる。一世を風靡したフィスカル・ポリシーは，いわゆるスタグフレーションを克服することができなかった。また，巨大化した公共支出により財政赤字が恒常化するようになり，中長期的な資本蓄積の抑制による経済発展の阻害が危惧されるようになった。さらに，民主主義制度の下で財政が肥大化し続ける官僚制的非効率性なども注目を浴びるようになる。

こうした傾向は，スタグフレーションに陥っていたイギリスやアメリカで顕著であった。1980年代に入り，イギリスのサッチャー政権やアメリカのレーガン政権は「小さな政府」を唱え，民間活力涵養のために，政府の民間経済への介入を極力排除し，規制緩和や民営化を進めるといった構造改革論へと展開することになる。日本でも，中曽根内閣による三公社（電電公社・専売公社・国

鉄）の民営化や，いわゆる「官から民へ」を旗印にした小泉内閣による郵政事業の民営化などが，この流れを汲むものと見ることができる。

このように公共支出の内容や規模は，「大きな政府」観と「小さな政府」観という2つの相対する政府観に基づき展開されてきたとみてよいだろう。その時々の経済社会の要請を受けて支配的となる考えは入れ替わりつつも，今日に至っているのである。

2．わが国の公共支出

（1）国の一般会計歳出

国や地方団体の会計区分の1つで，特別会計に属さないすべての会計のことを一般会計という。一般会計歳出の分類方法には，重点政策への財源配分を示す「主要経費別分類」，各府省別に分類する「所管別分類」などがあるが，以下では，主要経費別分類に基づき，日本の公共支出の実情をみていく。

表4−1は，国の一般会計歳出の主要経費別における金額および構成比の推移を示したものである。2024年度（当初予算）の歳出総額は112.5兆円で，その内訳は，社会保障関係費37.7兆円（歳出総額の33.5％），国債費27.0兆円（24.0％），地方交付税交付金等17.8兆円（15.8％），文教及び科学振興費5.5兆円（4.9％），公共事業関係費6.1兆円（5.4％），防衛関係費7.9兆円（7.0％），その他の経費10.6兆円（9.4％）である。その他の経費は，食料安定供給，エネルギー対策，経済協力，恩給，中小企業対策，予備費（原油価格・物価高騰対策及び賃上げ促進環境整備対応予備費含む）などである。

次に，2024年度（当初予算）の対1990年度増加率をみると，歳出総額は1.63倍に増加している。主要経費科目で，歳出総額の増加率を上回ったのは，社会保障関係費3.29倍，国債費1.89倍，防衛関係費1.86倍の3科目である。逆に下回ったのは，地方交付税交付金等1.12倍，文教及び科学振興費1.01倍，公共事業関係費0.87倍，その他の経費0.97倍である。歳出科目をみると人口の高齢化に伴う社会保障関係費の金額および歳出構成比の増嵩が際立っていることがわかる。国債費の金額は大幅に増加しているが，歳出総額に占める割合は高止まりしている。

第4章　公共支出のすがた ｜ 63

表4-1　主要経費分類による予算の推移

(単位：十億円，%)

	1990 年度		2000 年度		2010 年度		2024 年度	
	金額	構成比	金額	構成比	金額	構成比	金額	構成比
社会保障関係費	11,481	16.6	17,636	19.7	28,249	29.6	37,719	33.5
文教及び科学振興費	5,410	7.8	6,872	7.7	6,051	6.3	5,472	4.9
国債費	14,314	20.7	21,446	24.0	19,544	20.5	27,009	24.0
地方交付税交付金等	15,931	23.0	15,829	17.7	18,790	19.7	17,786	15.8
防衛関係費	4,253	6.1	4,907	5.5	4,670	4.9	7,917	7.0
公共事業関係費	6,956	10.0	11,910	13.3	5,803	6.1	6,083	5.4
その他	10,924	15.8	10,436	11.7	12,205	12.8	10,586	9.4
歳出合計	69,269	100.0	89,321	100.0	95,312	100.0	112,572	100.0
(うち一般歳出)	39,024	56.3	52,046	58.3	56,978	59.8	67,777	60.2

(注) 1990 年度，2000 年度，2010 年度は決算，2024 年度は当初予算。
出所：財務省『財務統計』の各年度より作成。

　一般会計歳出総額から，国債費と地方交付税交付金等を差し引いた金額のことを一般歳出という。一般歳出を構成する社会保障関係費，公共事業関係費，文教及び科学振興費などは，各年度において政府の裁量で歳出規模や内容を決めることができることから，一般歳出は政策的経費とも呼ばれている。1990年度以降，一般歳出は漸増傾向にあるものの，社会保障関係費以外の文教及び科学振興費，公共事業関係費などの経費の割合は低下傾向にある。また，削減が容易ではない義務的経費ともいえる社会保障関係費，国債費，地方交付税交付金等の3経費の歳出総額に占める割合は，近年，7割を超えており，財政の硬直化が進んでいるとみてよい。以下，これら3経費について，その実情を解説する。

(2) 社会保障関係費

　社会保障関係費とは，国民の生活を保障する社会保障に関連する歳出のことであり，社会保険費，少子化対策費，生活扶助等社会福祉費，少子化対策費，保健衛生対策費，雇用労働対策費に分類される。

　社会保障関係費の内訳をみると，わが国の急速な高齢化を反映して，主に高

齢者を対象とする年金給付費，医療給付費および介護給付費である「社会保険費」が約8割を占めている。2024年度（当初予算）の社会保険費は29兆3,574億円で，1990年度の7兆2,046億円の4.07倍に増加し，社会保障関係費の増加率3.29倍を大きく上回っている。2024年現在における高齢化率（総人口に占める65歳以上の割合）は29.3％であるが，国立社会保障・人口問題研究所は，2040年には35.3％に，2060年には38.1％になると推計している。高齢化に伴い，生活扶助等社会福祉費も増加傾向にあり，社会保障制度を持続可能なものにするためにも，安定的な財源を確保するとともに，限られた資源を可能な限り必要な人に重点的に投入し，さほど必要でない人への投入をできる限り節約するという「ターゲット効率性」が求められている。

（3）国債費

　国債費とは，過去に発行した国債の元利払いなどのために支出される経費のことであり，大きく分けて債務償還費，利子及割引料，国債事務取扱費から構成されている。債務償還費は公債金償還と借入金償還から構成され，利子及割引料は公債利子等，借入金利子，財務省証券利子から構成される。国債事務取扱費とは，国債の事務処理に必要な手数料および事務費のことである。

　2024年度（当初予算）における国債費（概算額）の内訳をみると，債務償還費17兆2,957億円（国債費の64.0％），利払い費9兆7,133億円（35.9％）であり，事務取扱費224億円（0.1％）である。一般会計歳出総額に占める利払い費の割合は，1986〜2000年度は10％台で推移していたが，2024年度は8.6％である。公債残高が累増しているにも関わらず利払い費の割合が低下している理由は，1980年代以降の金利が低下傾向で推移しているからである。日本国債金利（10年物）は，1980年代から7％台で推移したが，2003年度以降1％台になり，2018年7月に日銀が政策の枠組みを強化した際には0.1％程度を推移していた。

　しかしながら，2022年12月に日銀が長期金利の許容変動幅を拡大したことに伴い，2024年には長期金利が1.1％へと上昇した。金利の上昇は，利払い費の増加に伴う財政の硬直化や，クラウディングアウトなどを引き起こす可能性

第4章 公共支出のすがた | 65

がある。また，金融システムの不安定化を招来する懸念もある。

（4）地方交付税交付金等

地方交付税交付金（地方交付税）と，総務省の見解によると「本来地方の税収入とすべきであるが，団体間の財源の不均衡を調整し，すべての地方団体が一定の水準を維持しうるよう財源を保障する見地から，国税として国が代わって徴収し，一定の合理的な基準によって再配分する，いわば国が地方に代わって徴収する地方税」のことである。地方交付税は，一般的な財政需要に対する財源不足額を補填する「普通交付税」と，自然災害などによる緊急の支出をするために用いられる「特別交付税」の2つに分類される。

普通交付税の金額は，原則として各地方団体が合理的で妥当な水準の行政を行い，または標準的な施設を維持するのに必要な金額である基準財政需要額と，各団体の財政力を合理的な方法で測定した金額である基準財政収入額との差額として算定される。すなわち，地方団体の財政需要に比べて税収が少なければ，普通交付税が多くなる仕組みとなっており，地方税と代替性を有しているものである。なお，2008年度からは地方交付税による財源補填と共に，国税の所得税で控除しきれない住宅ローン減税額を住民税から控除することにより地方自治体の減収を補填する地方特例交付金が交付されている。

2024年度（当初予算）における地方交付税交付金は16兆6,655億円，地方特例交付金は1兆1,208億円計上されており，両者を合計した地方交付税交付金等は17兆7,863億である。地方交付税は，地方税の代替財源としての性格を有するため，地方税収の増減に応じて変動する傾向にある。2010年度はリーマンショックに伴う景気悪化による地方税収の減少などのために18兆7,900億円と高い金額であったが，以降は景気の好調を反映して地方税収入が増加傾向にあったため，地方交付税交付金は減少傾向で推移している。

Ⅱ　公共投資

国民経済の発展や国民生活の質的向上のために，道路，港湾，ダム，橋梁な

どといった社会資本が果たす役割は大きい。わが国では累増する公債残高の懸念もあり，予算に占める公共投資の割合は低下傾向にあるが，1990年代初頭から現在に至るまでの経済の低迷・停滞を脱却するために，公共投資にかかる期待は依然として大きい。財政が逼迫しているなか，限られた財源で真に必要な社会資本を整備することが求められているといえる。本節では，社会資本と公共投資の概念を整理し，わが国における公共投資および社会資本の現状について解説する。そして，公共投資の経済効果を説明したのちに，今後の公共投資改革の方向性についてみていく。

1．社会資本・公共投資の定義

　社会資本と公共投資の関係についてみていこう。社会資本の定義には諸説あるが，一般に，社会資本とは国民経済の発展や豊かで安全な国民生活の基盤となる外部経済効果を有した施設のことであり，民間部門の経済活動のみではまったくあるいは十分に供給されないものである。社会資本は，道路や港湾，空港等の生産機能を高める基盤施設，住宅や上下水道，公園などの国民の生活機能を高める基盤施設，そして治山・治水などの国土保全機能を高める基盤施設の3つに分類される。

　次に，公共投資とは社会資本への投資のうち基本的に事業主体が一般政府と公的企業であるものをいう。内閣府は，フローからみた社会資本の対象範囲について，予算や事業主体の視点から，図4-1のように分類している。なお，この分類は社会資本形成に関連する諸概念の概要を把握するために作成されたもので，細部については必ずしも正確ではない点に留意が必要である。

　現在，日本の社会資本に関する投資額として，基本的に事業主体が公的な機関であるものが，「公共事業関係費（国）」，「公共事業費（国）・投資的経費（地方）」，「行政投資」，「公的固定資本形成（Ig）」である。これらを「狭義の社会資本」と呼ぶ。「公共事業関係費（国）」および「公共事業費（国）・投資的経費（地方）」とは，基本的に事業主体が一般政府（国・地方）であり，国や地方の予算および決算の際に用いられるものである。ただし，これらは一部，民間に対する補助金等を含んでおり，厳密には政府機関が事業主体でない場合がある。

図4−1 社会資本形成に関連する諸概念

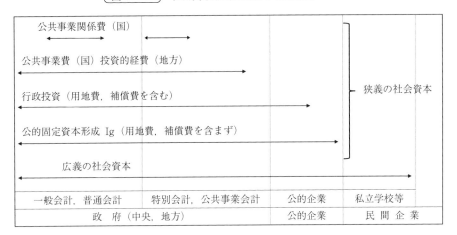

出所：内閣府政策統括官編（2018）『日本の社会資本2017（改訂版）』182頁。

　また，一般政府のみならず，公的企業などの政府関係機関が事業主体となっているものが「行政投資」と「公的固定資本形成（Ig）」である。前者は，総務省が公表している行政投資実績において「行政投資」として整理され，用地費や補償費を含むものである。後者は，内閣府が公表している国民経済計算において「公的固定資本形成（Ig）」として整理され，用地費や補償費を含まないものである。

　すなわち公共投資額とは，国民経済計算上の「公的固定資本形成（Ig）」に用地費と補償費を含むものである。社会資本のなかには，私鉄や私立学校など事業主体が民間企業のものである「広義の社会資本」も存在するが，これらは公共投資の範囲からは除かれることになる。なお，公共投資の財源としては，租税収入以外に建設国債や財投機関債の発行などで調達した資金などを活用している。これらは将来世代の負担となる。

2．公共投資および社会資本ストックの現状

　わが国の公共投資の規模についてみていく。図4−2は，一般歳出における公共事業関係費（当初＋補正）の推移を示したものである。1990年代半ばから

2000年代初頭にかけて，公共事業による景気回復に向けた取り組みが積極的に進められた結果，1998年度の公共事業関係費は過去最高の金額に達することになる。その後，累増する公債残高への懸念もあり，公共事業関係費は減少傾向で推移し，2024年度（当初予算）は6兆828億円とピーク時の半分程度と大幅に減少している。ただし，近年では，補正予算によって2兆円規模の増額がなされる傾向にある。

次に，図4−3の主要先進国における一般政府の総固定資本形成の対GDP比の推移をみてみよう。2000年代初頭まで，日本の公共投資の規模はGDPの5％前後と諸外国と比較して高い水準で推移してきた。とりわけ，総額で130兆円を超える大規模な財政出動がなされた1990年代には6％前後の水準に達している。その後，公共事業関係費の大幅な減少を反映して3％前後で推移しているが，それでも主要先進国の中で最も高い水準であることがわかる。

公共投資の結果である固定資本ストックの対GDP比をみると，フランスが69.1％，イギリスが44.7％，ドイツが45.1％，アメリカが59.3％であるのに対

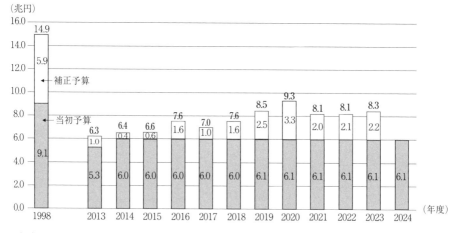

図4−2　公共事業関係費の推移（当初＋補正）

（注）1. 2024年度は当初予算。
　　　諸外国…OECD「National Accounts」等に基づいて計算した数値。
　　2. 計数はそれぞれ四捨五入によっているため，端数において合計が一致しないものがある。
出所：国土交通省。

図4−3　一般政府の総固定資本形成（対GDP比）の推移（国際比較）

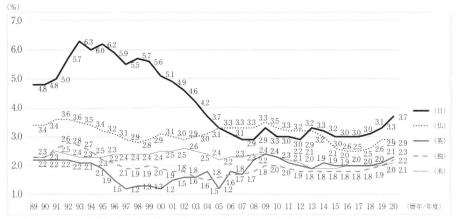

（注）1．日本…内閣府「国民経済計算」に基づいて計算した数値。
　　　諸外国…OECD「National Accounts」等に基づいて計算した数値。
　　2．日本は年度ベース，諸外国は暦年ベース
　　3．グラフ中，2004年までは旧基準（93SNAベース），2005年以降は08SNAベースのIGより研究開発投資（R&G）や防衛関連分を控除。
出所：財務省資料。

し，日本は117.6％と極めて高い値を示している。

　このように，主要先進国と比較してわが国の公共投資の規模は相対的に高い水準にあることがわかる。この要因として，社会資本の整備が諸外国と比較して不十分であったことも挙げられるが，地域政策・景気対策としての公共投資への依存度の高さとみることもできる。とりわけ，製造業やサービス業の集積がなく，農林業や建設業が主流な地域においては，地域政策・景気対策としての公共投資への期待は大きい。

3．公共投資の経済効果

（1）ストック効果とフロー効果

　公共投資の経済効果は，短期的には公共投資のフローの金額により総需要を創出させるフロー効果（総需要創出効果）と，長期的にはそのフローの蓄積によって生み出される社会資本が提供するサービスによってもたらされるストッ

ク効果（事業効果）とに分類される。

　社会資本のストック効果は、その社会資本サービスからの便益を直接的に受ける「直接効果」と、いくつかの段階を経て最終的に効果が現れる「間接効果（二次的な効果）」とに分けることができる。例えば、交通インフラの整備により、物資の流通や人の移動を円滑にし、経済効率を高めるといった生産機能を向上させる効果が前者であり、物資の流通や人の移動が円滑化したことにより新たな工場などが立地するという効果が後者である。

　また、公共投資というフローの金額それ自体が最終需要となり、国民所得を拡大するとともに、生産、雇用、消費等の経済活動を派生的に創出し、短期的に国民所得を何倍にも増大させる効果を発揮する。こうした総需要創出効果を理論的に支えるのが、国民所得の水準は、消費支出、投資支出、政府支出などから構成される総需要の大きさによって決定されるというケインズの有効需要理論である。

（2）公共投資と乗数効果

　ケインズは、不況期に有効需要が不足するときには、完全雇用を実現するために政府が積極的にこれを喚起すべきであるとした。そして、その手段として、有効需要を直接的に創出するという点から、公共投資政策が有効であると主張した。

　ケインズ政策の基本的な枠組みに沿って、公共投資が国民所得の水準に及ぼす影響についてみていこう。図4－4のように、不況期では、均衡国民所得（現実の国民所得）の水準 Y_0 が、完全雇用国民所得（非自発的失業者が存在しない理想的な国民所得）の水準 Y^* より小さくなり、E^*F のデフレ・ギャップが発生している状態になる。この時、政府支出の増加により有効需要を創出してデフレ・ギャップを埋めることが求められる。

　この時、政府は完全雇用国民所得と均衡国民所得の差（$Y^* - Y_0$）と等しいだけの有効需要を創出する必要はない。ケインズ政策が画期的であった点は、公共投資政策の活用にとどまらず、その総需要創出効果が何倍にもなって国民所得に反映される可能性を指摘したことにある。政府の追加的な支出は誰かの

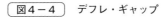

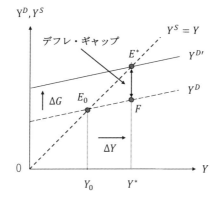

所得となるが,その所得の増加は消費支出や投資支出に結びつき,また他の誰かの所得となり,さらなる支出につながることになる。こうした経済活動が循環して,際限なく繰り返されることで,初期の政府支出の増加(ΔG)を超えるほどに国民所得が増加(ΔY)することになる。

　こうした効果のことを「乗数効果」といい,その倍率を「乗数」という。例えば,政府支出を追加的に1兆円増やしたときに,国民所得が追加的に2兆円増えれば,政府支出の乗数は2となる。当然のことながら,政府支出の乗数が大きいほど総需要創出効果は大きくなり,政府支出の乗数は限界消費性向(所得の増加分が消費に振り分けられる割合)が高いほど大きくなる。このような公共投資の総需要創出効果が,景気浮揚政策として政府が公共投資を実施することの正当性の1つとなっているのである。

(3) 公共投資に対する批判

　高度経済成長期から,わが国では景気対策の中心として大規模な公共投資が実施されてきた。こうした財政出動が絶大な効果を発揮した時代もあったが,現在では乗数効果が低下しており,公共投資の総需要創出効果は小さくなっているとされている。実際に,1990年代の不況の期間に総額140兆円にのぼる財政出動が行われたが,いずれも一時的な効果しか持たなかった。

　乗数効果の低下をもたらした要因として,最近の研究では,①消費性向の低

下（貯蓄率の増加），②税・社会保険料率の上昇，③投資性向の低下，④期待成長率の低下，⑤輸入性向の上昇が挙げられている。少子高齢化や財政赤字の拡大による将来不安，潜在成長率の低下，グローバル化の進展などがこれらの背景である。これらは日本の構造的問題であることから，簡単に転換が見込めるものではなく，乗数効果が近い将来に改善することは難しいだろう。

　公共投資の本来の役割はストック効果であり，総需要創出効果はあくまでも副次的なものと考えてよいだろう。しかしながら，これまでのわが国の公共投資政策はフロー効果への期待が大きく，必要な社会資本を整備するのではなく，造ること自体が目的となっていたことは否めない。また，地域間格差の是正のために，経済力の弱い地域に重点的に公共投資が行われてきたが，政策効果が一時的な上，当該地域における設備の近代化や産業構造の転換の遅れをもたらしたという負の側面もある。乗数効果の低下から短期的にもかつてのような政策効果が期待できなくなっていることから，事業規模の大きさだけに頼るのではなく，真に必要な社会資本の整備のための公共投資が必要となっている。

4．公共投資の改革

　わが国の財政の弾力性は極度に低下しており，持続可能な財政構造ではなくなっている。一方で，現在の社会資本ストックは高度経済成長期に集中的に整備されたことから，今後急速に老朽化することが懸念されている。また，SDGs が目指す持続可能な社会の構築のために，環境保全に対処する社会資本の整備も求められている。人口減少を伴う少子高齢化の進展が著しいわが国においては，人力に依存した社会資本の維持管理が限界を迎えているといった課題も抱えている。こうしたことから，効率的かつ効果的に公共投資を行うことの重要性がますます高まっている。

　無駄な公共投資を削減するために，公共投資への適切な評価が重要な役割を果たすことは論を俟たない。わが国では，1998 年度に公共投資の効率化や実施過程の透明性を図る手段として，事業採択後一定期間経過した後にも未着工である事業や長期にわたる事業等を対象とする「再評価システム」が導入され

た。これは，再評価により必要に応じて見直しを行うほか，事業の継続が適当と認められない場合には事業を休止・中止するという制度である。1999年度には，事業評価システムが整備され，各事業に共通して適用する費用対効果分析（公共投資による社会的便益と社会的費用を比較することによって必要性を判断する評価分析手法）の統一的運用指針が策定された。また，同年度に事業の事後評価についても施行された。費用対効果分析は分析に際しての課題も多いが，近年の研究の蓄積により徐々に改善されつつある。

　また，PFI（Private Finance Initiative）の活用も重要となる。PFIとは，民間の資金と経営能力や技術力を活用し，社会資本の整備にあたって設計，建設，資金調達，改修，更新や維持管理・運営を行う公共事業の手法のことである。民間資金・能力を積極的に活用することにより，より効率的かつ効果的に質の高いサービスを供給することが狙いである。PFIは完全な民営化と異なり行政の関与があることから，民営化の利益重視によるサービスの質の低下などの問題点を，ある程度は緩和することができるとされている。

　1999年度のPFI法の施行以降のPFI事業数と契約金額をみると，1999年度の事業数はわずか4件で契約金額は457億円程度であったが，2022年度の事業数は69件で，契約金額は過去最高の6,965億円に拡大した。また，2023年3月末時点における累計事業数は1,004件で，累計契約金額は8兆6,679億円となっている。今後もPFI事業が幅広い社会資本整備の手法として定着して発展することが期待されている。

第5章

租税の基礎理論

I 資本主義体制と租税

　シュンペーター（Schumpeter, J.）は，1918年の名著『租税国家の危機』で，国家とは何かを追求し，ひとつの答えとして特定の単一課税権を有する単位と考え，資本主義体制における租税国家の本質に迫った。

　わが国をはじめとする近代国家は，民間部門と政府部門からなる混合資本主義体制をとっていることは，第1章Ⅲで見た通りである。固有の領土を有する主権国家は，自らは富をもたらさない無産国家であり，財政民主主義に基づいて強制的に民間部門から租税を徴収する。そして，租税を財源として政府の経済活動を行い公共財を供給する。公共財は国民の暮らし向きを良くするために必要であるが，その経済的特質から民間部門の市場経済では供給できない。そこで，租税は国民に税痛（tax consciousness：都留重人訳）をもたらすが，その費用と便益を比較すると，国民の暮らし向きを良くすることに寄与している。

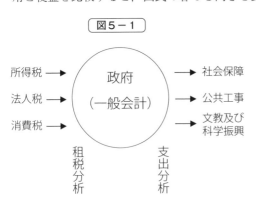

図5－1

　図5－1において，租税分析と支出分析は概ね相交わらず平行線をたどる。なぜならば，政府の一般会計の歳入面では多くの種類の租税があり，歳出面ではさらに多くの支出計画が存在し，特定の租税と特定の支出を結びつけること

は不可能だからである。したがって，両者を同時に分析することは困難である。

　租税分析の目的は，政策が財及びサービスの生産パターンにどのような影響を与えるか（配分効果）と，誰が租税負担を負うのか（分配効果）を明らかにすることにある。より正確な結果を導出するためには，用いる租税がどのように支出分析面に影響するかを考慮する必要があるが，本章において，租税分析面のみに限定して基礎理論を学ぶことは大いに有用である。

1．租税の基本機能

　租税の基本機能としての特質は，①資金調達手段，②強制的に徴収される財，③資源配分の手段，に収斂される。

　①は，民間部門と政府部門からなる混合資本主義経済において，租税は後者の資金調達手段である。近代国家はシュンペーターが言うように租税国家である。つまり，国家は無産国家であり自らは富を生み出さず，民間部門の富を租税として徴収して公共サービスの供給等の財政活動の財源としているのである。国家は多くの種類の租税を用いているが，一見政策的な側面が強い租税であっても，まず税収ありきであることに留意すべきである。

　②は，租税は財政民主主義に基づいているものの，強制的に徴収される財である。消費税を支払わなければ物を買えないし，所得税を脱税すれば法治国家として制度に基づいたペナルティーを課される。租税が有する強制性が民間部門の市場経済と決定的に異なるのは，個別反対給付としての対価が無いことである。したがって，納税者の心情を斟酌すると租税は税痛感を伴ってただ取られるものであり，誰にとっても嫌なものである。しかし，国家は，この租税を財源として道路等の公共財を供給しており，納税者はベネフィットを享受して暮らし向きが良くなっている。公共財は，集合財であるがゆえに一納税者としては自分の租税で道路が作られて，今までよりも便利になったという実感が湧かないのは致し方ないだろう。

　③は，混合資本主義経済における民間部門と政府部門の資源配分の手段である。つまり，どの程度の租税を徴収するのが国民の暮らし向きを良くするかと

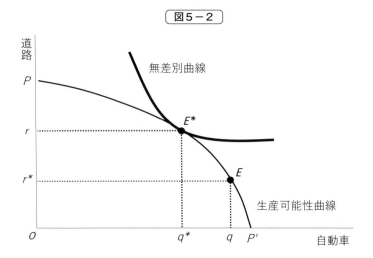

図5-2

いう効率性の命題である。図5-2において、横軸は民間部門で民間財として自動車のみが生産されると考え、縦軸は政府部門で公共財として道路のみを供給するとしよう。PP'は生産可能性曲線である。まず、極端なケースとして、経済状態が横軸の切片P'にあると考えると、無税の国家であるから国民の可処分所得は高く、すべての国民が自動車を買えるだろう。しかし、道路を作る財源がゼロだから自動車が走る道が存在しないので、こんな国に住みたい人がいる訳がない。ここで、最適な資源配分は生産可能性曲線と無差別曲線との接点E^*であるが、次に経済状況がEにあると考えれば、租税負担が軽い国家であり、自動車が生産過剰となり道路の建設費が足りないから、多くの人が車を所有できそうだが朝から晩まで渋滞だらけとなるだろう。そこで、租税によってEからE^*へ資源配分をシフトさせれば、ある程度頑張った人は自動車を買えて、通勤時には若干の渋滞がある程度に道路整備が行われる経済状況となり、人々の暮らし向きは良くなる。その方法は、自動車に個別消費税を課税して購入価格を高くするとか、所得税を重くして可処分所得を減らすなど、いくらでもある。そうすれば、民間部門の資源が政府部門に移転し、自動車の生産がqからq^*へと減少して道路の建設がr^*からrへと増加するだろう。このように、租税は資源配分に関して重要な機能を有しているのである。

2．租税の副次的機能──租税政策

　資本主義は，第二次世界大戦後の経済発展過程で確立し良好に機能している
かのように思われていたが，21世紀を迎えてフランスの経済学者ピケティ
（Piketty, T.）が『21世紀の資本』で，18世紀にまで遡る詳細なデータの分析に
より，長期的には資本収益率（r）は経済成長率（g）よりも大きくなり，資本
主義が格差社会を生み出すことを指摘した。つまり，資本と労働が極端に偏在
する格差社会を創り出してしまったのである。

　もし，現代に *Personal Income Taxation*（1938）で名高いサイモンズ（Simons, H.）
が生きていれば，極端な不平等社会を見て倫理的または美学的に許せないと嘆
いただろう。

　このような現代における新しい資本主義の行先は，人々が資本と労働をある
程度平等に所有するような姿に少しでも近づけるのが望ましいだろう。その方
法のひとつとして，高所得者に高い累進税を課税し所得再分配を強化するサイ
モンズやピケティによる租税政策の導入が有力かもしれない。

（1）所得再分配

　現代の資本主義は，民主主義に基づいた能力主義のことを指すから，個人の
生産性の寄与度に比例して所得が分配される（所得の初期分布）。個人の能力は
千差万別だから当然にして格差が生まれる。社会で所得分配の不平等が大きく
なると労使間の衝突が時にはストライキに発展し，生産性を大幅に阻害してし
まう。社会政策学派のワグナーたちは，労使間の対立を和らげることを主たる
政策目的として，累進所得税による所得再分配政策を主張したが，当時の累進
度は低く大きな効果は得られなかった。

　その後，サイモンズは極端な不平等社会を批判し，急激な累進税による所得
再分配を強く主張した。彼の学説は，全世界的に基幹税となっていく個人所得
税に大きな影響を与え，当時の最高税率は軒並み50％を超える高率であった。

　所得再分配を所得税制のみで社会保障をも完結しようとする試みに，負の所
得税（negative income tax）がある。1970年代にニュージャージー州等で導入が
試みられたことがあるが，フィージビリティーが乏しく制度として定着するに

は及ばなかった。

（2）経済安定政策

　資本主義は，景気循環を短期的または長期的に繰り返すことが知られているが，1929年のニューヨークのウォール街における株式の暴落に始まった世界恐慌は資本主義の根幹を揺るがす激震であった。この時に，それまでの経済学の常識を覆して颯爽と登場したのがケインズ（Keynes, J.M.）である。彼は，不況対策として有効需要の不足を指摘して，積極的に赤字財政に基づいたフィスカル・ポリシーを導入することによって，政府が公債を用いた民間市場への介入により景気を回復させることを主張した。

　ここで，減税政策にも景気回復作用があることを示しておこう。第2章Ⅳで学習したように，租税乗数はｃ／1－ｃであるから，限界消費性向を0.8とすれば，1兆円の減税を行えば理論的には4兆円の国民所得の増加が見込める。それは，減税による可処分所得の波及効果によって購買力が増加して民間消費を刺激するからである。

　不況による景気後退期には，供給に対して有効需要が不足するから，しばしば減税政策は，政治の場で政府支出よりも好んで用いられる傾向がある。

（3）規制的課税

　制度の規制には多種多様な政策があり，政府の直接規制による自動車の排ガス規制などがあるが，税制による規制も有力な手段である。典型例は酒やタバコに対する個別消費税であり，背景には生活必需品軽課，奢侈品重課という伝統的な考え方が存在する。たしかに，米などの食料に多額の課税をすれば生命が維持できなくなるが，酒は飲まなくても生命には関係ないから重課が正当化される。タバコの税率を引き上げれば，税収増加に寄与するだけではなく，国民の健康増進による医療費削減という副目的も達成されるように思われるが，これは錯覚であり両者は並び立たない。税率引き上げにより，禁煙者が増えれば健康増進には寄与するが，税収は減ってしまうからである。

　したがって，規制的課税をする場合には，課税の非効率をもたらすから，望

ましい社会目的達成のための最低限の導入に限るべきである。実際，規制的課税が適した財は限られており，国民に悪影響を及ぼす財の消費を減少させるためには，政府による直接規制が望ましい。同じことが，環境税にも言える。税収が増加し，公害が減って環境が良くなる概念を二重配当（double dividend）と言うが，批判的な意見もある。

（4）優遇税制

　政府が意図的に国民の資本蓄積・社会保障・環境整備など望ましい社会目的を達成するために，特定の財及びサービスを消費させたい場合，政府による直接補助金の他に減税による優遇税制の導入がある。とりわけ，個人所得税は，多くの租税特別措置による優遇税制が時限立法により次々と導入され，専門家でさえ混乱するほど複雑になり，不公平・非効率を招いている。

　シャウプ使節団として来日したことがあるサリー（Surry, S.）は，租税特別措置による失われし税収を推計して，タックス・エクスペンディチュア（tax expenditure）の概念を確立した。包括的所得税論は，すべての特別措置を廃止して課税ベースに算入し，必要な政策は直接補助金によるのが望ましいと考えている。しかし，特別措置による減税は政治の場で好んで用いられる傾向がある。なぜならば，直接補助金は国会における予算審議が必要だが，優遇税制で特定の経済活動またはグループを利することは，国会での議論が不要かつ間接的な隠れた補助金で目立たないから，国民からの批判も出づらいのである。

　優遇税制には所得控除と税額控除があるが，前者の適用が圧倒的に多い。この場合，高い税率が適用される高所得者が有利になる問題が発生するから，後者の方が望ましいという意見が多数である。また，時限立法は政治の場の駆け引きで継続される場合が多く，一度導入された優遇税制はインタレスト・グループに既得権化され，不透明で不公平税制の温床となりやすい。

II　課税の公平

　古来より，集団が形成されるとボスが強制的にメンバーから金銭を徴収する

慣習があったであろうことは想像に難くない。そしてこの慣習こそが，租税の起源かもしれない。その後，ヨーロッパ大陸において各地の領土を治めていた王たちが租税を徴収するに当たり，領民からの課税根拠を明確に示す要求が強くなってきたのである。

租税原則は，18世紀末から19世紀初頭の時代に，自由主義と民主主義に基づいた個人主義的な公正という概念が確立し，その中身は普遍性と公平性であった。その後，19世紀の後半になって，有機主義が台頭し両者を公正原則とすることに矛盾が生じ，さらに個人主義的にも不適当と考えられるようになり，とりわけ普遍性に例外または修正をする必要が生じた。ワグナーの時代の学者たちは，普遍性は公平性に包括されると承認し，租税原則としての公正は，租税配分原則としての公平の研究に収斂することになる。

ここで，公平（fairness）とは，誰にいくら課税するかの根拠を示すことであり，租税配分原則として最終的に利益説と能力説のどちらに依拠すべきかの選択論とも言えるが，それぞれに一長一短があり，すべての租税システムに適用可能な原則はいまだ見出されていない。

利益説は国から受領する便益に応じて課税すべきと考え，租税と公共サービスがリンクする。能力説は租税負担能力に応じて課税すべきとの考え方で，租税と公共サービスを切り離して考える。さらに，能力説は課税ベースの指標を所得などの尺度として客観的に捉える客観的能力と，個人の満足の度合いから主観的にアプローチして，課税による個人間の効用の犠牲を等しくしようと考える犠牲説に細分化される。現代では，国（中央政府）は原則として国民の納税額に応じた個別反対給付を一切行わず，納税者の租税負担能力のみに着目して課税しているから，一部を除いてほとんどの租税は能力説に依拠すると考えられている。能力説に基づく公平（equity）は水平的公平（同額の所得を有する者は同額の税負担をすべき）と垂直的公平（所得が増えれば増えるほどより多くの税負担をすべき）からなる。

わが国の租税体系に焦点を当てても，原則として能力説課税の適用が妥当であろう。利益説課税適用の例外としては，一部の個別消費税に受益と負担の関係が見出されたり，地方税体系の事業税は，事業者が地方公共団体から享受

する行政サービスに応じて課税すべきであるとの観点から租税負担のあり方が論じられている程度である。このように，現代財政では，個人所得税などのほとんどの国税は能力説に依拠し，地方税のごく一部は利益説に依拠すると考えられている。

理想の租税が存在しないのだから，理想の租税配分原則が存在するはずはないが，セカンド・ベストとしての公平を追求していかなければならない。その場合，利益説と能力説という2つの学説をどのように適用すべきかが重要であり，画一的な一般法則を模索するのではなく，課税目的に応じて個別に判断するのが有用だろう。

1．利益説

利益説は，政府サービスの費用を課税主体へ配分する時に，サービスの受益度に応じて配分すべきであるという説であり，イギリス，フランス，スウェーデンなどで発展した。利益説研究の歴史を紐解くと，19世紀中ごろまでの学者の多くは個人主義的国家観に依拠して，国家給付と租税負担の間に報償関係を認めた。利益説には種々の形態があるが，いずれも国家による公共サービス給付と租税負担の間に給付対反対給付という報償関係を認める点が共通した前提である。

しかし，強制獲得経済である財政および租税は，民間経済の市場原理と違って，国家が一方的にかつ強制的に運営する。したがって，本質的に報償関係を認めて租税を利益説で解釈することには矛盾があり，利益説を主張した学者たちもこの点を認めていた。つまり，個人主義思想を突き詰めれば，租税配分に関しても個人の意思によって実行されるべきであると考えなければ論理の一貫性が保てないことになる。

次に，利益説の問題点に言及しておこう。利益説に依拠して，国家の給付と国民の租税負担が等しくなる公平概念を満たす租税はいくつか考えられるが，漠然と給付と負担の関係がある程度リンクする程度である。明確に利益説に依拠するわが国の例としては，都道府県が課税する登録免許税がある。同税は，不動産の移転登記に課税されるが，税率は当該不動産の価額に一定の税率を乗

じるから，不動産の規模に対して比例課税となる。登記により，国が所有者に対して第三者対抗要件を付与するから，国家給付と国民負担が等しくなる。しかし，利益説には致命的な欠点があり，以下6点指摘しておこう。

① 公共財供給には，一般的便益と個別的便益がある。前者は，国民全体に集合的に供給される国防などの純粋公共財が該当し，非排除性があり分割不可能であるから，その便益を個人に割り当てることは不可能である。この点は，強制獲得経済である租税と，市場経済における価格の本質的な相違点である。後者は，公共施設の利用などにおいて分割可能であり，この場合の財源は手数料や使用料として受益者が負担することが多いが，名前こそ違え実質的には租税の性格を有している。

② 利益説は，租税を公共財受給に対する自発的支払と考えているが，現実の租税は強制的に徴収されるので，両者の矛盾を説明できない。

③ 多数の納税者と多種多様な公共財が存在する現代では，納税者に公共財に対する真実の選好を表明させることは無理がある。なぜならば，多数の中の自分一人が真実より過少に評価しても，公共財供給はほとんど減らず，少ない租税負担でより多くの公共財を享受するフリーライダーの存在を否定できないからである。

④ ミル（Mill, J.S.）が指摘するように，利益説で福祉的支出の説明を試みるのは理論的自滅である。たとえば，わが国における貧困者に給付する生活保護を例にとれば，自明の理である。

⑤ 公共財の多くは外部性を有し，納税者は市場メカニズムからはみ出した便益には鈍感になるだろうから，真実の選好を表明できないかもしれない。

⑥ 財政の重要な機能である経済安定を利益説では説明できない。不況時の財政政策と課税はリンクしないと一般的に考えられている。

☆利益説——学説の検討

利益説を近代的に展開し，正当化したのはヴィクセル（Wicksell, K.）である。彼の利益説は個人主義に基づいて精緻化したのが特徴で，当時の通説であった単なる国家給付と租税負

担の均衡関係ではなく，限界効用学説を用いて個人が受け取る便益と個人が支払う租税の限界価値を等しくすることにある。国家が課税の主体であることは認めるが，国民により選挙で選出された政治家が議会で課税を決定する事実に着眼して，結果として課税は個人の意思で決定されると考えた。当時，19世紀末頃はワグナー（Wagner, A.）たちにより学会においては，能力説が支配的地位を有していたにもかかわらず，ヴィクセルは理路整然と利益説の適用範囲の拡大を目論み正面突破をはかったのは特筆される。具体的には，両者の限界価値が均等でないならば，その経費も租税も共に退けられるべきであると考えた。こうすれば，利益説による課税は，常に経費総額と一定のリンクを保つことができる。利益説を実行するには，経費とその提案の可否を決める必要があるが，彼はそれを国会での議決に求めた。ここで，多数の「経費＝租税」案の審議において絶対的一致は無理であるから，4分の3以上といった制限的多数決の賛成票を得た提案が利益説に基づいて採択されることになる。

　このように，民主主義の下で，誰もが支払う租税よりも受け取る便益が大きいという形で公平な課税がほぼ実現できるであろうと考えたのである。この場合，租税は国家給付に対する反対給付と位置付けられるから，課税源泉の正当な所有関係が前提となる。批判としては，国会における政治家の個別利益の表明により個人の意思が反映されるという考えは，国会議員が経済的に適正な判断をするとは限らないから，適正に機能するかどうかという疑問が残る。また，選挙投票者の意思がどう表明されるかという問題もある。さらに，重要な予算原則のひとつであるノン・アフェクタシオン原則との矛盾をどう処理するかという問題もある。しかし，経費とそれに充当する租税を同時に国会上程するという考えは，現実の社会で利益説の実行をはかる上で大いに興味深い提案である。

2．能力説

　能力説は，政府サービスの費用を課税主体へ配分する時に，租税支払能力に応じて配分すべきであるという説であり，ドイツなどを中心として発展した。

　19世紀中期に，ドイツではそれまでの自由主義的国家観および個人主義に対して，有機主義的国家観および普遍主義が台頭してきた。このような思想背景の下で，財政学の分野でも租税配分原則の再検討が盛んに行われ，それまで主流であった利益説から能力説へ，さらには後述する犠牲説が派生してきた。

　能力説は，経済における何らかの能力に課税するもので，支払能力の指標と

して，当初は財産，所得という客観主義に求められたが，個人の欲求という主観的な要素が次第に認められるようになり，客観主義から主観主義を中心とする犠牲説へと変遷していった。能力説（客観的能力説）が，支払能力の指標を客観的に求めようとするのに対して，犠牲説（主観的能力説）は支払能力の指標を主観的に求めようとする。

　ところで，要石の租税負担能力は何をもって能力の指標とするかはっきりせず漠然とした概念である。歴史を紐とくと，古代から封建制にかけての時代では人間を，中世ヨーロッパでは財産を，18世紀ヨーロッパでは消費を望ましい指標として考えてきた。その後，総所得が望ましいと考えられていたが，租税負担能力を吟味するに当たって，個人の欲求という主観も考慮すべきであるとし，単なる総所得ではなく，総所得から所得に応じた適度な生活費を控除した自由所得に課税すべきと考えられるようになった。ちなみに，能力説のアプローチにおいて主観を中心にさらに発展させたのが犠牲説である。

　20世紀に入って，能力説の租税負担能力の指標としての所得は，資本主義の萌芽期に注目され，貨幣経済が確立すると適任者の候補になった。さらに第二次世界大戦後の資本主義経済の発展とリンクして望ましいと考えられるようになってきた。

　ここで，能力説の問題点をあげておこう。19世紀中期の能力説は，生活費を課税ベースから控除することは普遍性の原則に反すると考えられ，総所得に対する比例課税が通説であった。しかし，生命を維持するための最低生活費には租税負担能力が無いから，これを控除すべきとの考え方に普遍主義が修正されていった。一方の公平性の追求は，自由所得に対する比例課税つまりは累進課税によって，公平が達成されるとの考え方で一致していた。ここで，公平性の原則は個人主義より派生する概念であるのは明らかであるから，能力説の主張根拠である普遍主義と矛盾が生じることになるが，前述したように当時の学者たちは魅力的な妥協を試みて折り合いをつけたのである。

☆能力説——学説の検討
　井藤半彌が提唱した最小社会価値説は，最小犠牲説における個人間比較を批判し，社会価

値の犠牲を最小にすべきであるとの考え方に基づいている。これは，能力説を精緻化したものともいえる説で，1928 年にピグー（Pigou, A.）が発表した課税による個人の犠牲（厚生損失）を最小にする最小犠牲説の考え方をベースに独自の概念を付加して，課税による社会価値の犠牲を最小にすべきという考えである。

　具体的には，課税面では社会価値の小さいものから順次課税し，政府支出面では逆に社会価値の大きなものから順に支出すべきであると考える。租税配分に関しては，消費財に関する原則と，生産財に関する原則がある。前者は，社会価値の小さい消費に相応の課税をすることを要求する。所得および消費が増加すれば次第に社会価値の小さい消費に充当されると考えられるから，高所得および多額の消費に対して累進課税することとなる。また，タバコ等は社会価値が小さい財と考えられるし，キャピタル・ゲインなどは社会価値が小さい消費に充当されがちと考えられる。したがって，これらの財および所得には重課される。後者は，生産活動に対する課税の影響を考慮するもので，社会価値の大きい生産活動には軽課または免税措置を，社会価値の小さい生産活動には重課するものである。結果として，累進税が正当化され，社会価値の大小を課税の基本としている。

　社会最小価値説は，能力説を精緻化した説得力のある学説であるが，社会価値の判定そのものが困難であり，問題点を残している。問題の価値の序列に関して井藤半彌は，それは社会政策における与件であり，租税論で議論することではないとしたが，この点では，グード（Goode, R.）が能力説擁護論として，「租税負担能力（担税力）とは，支払う者が不当な苦しみを受けず，あるいは，社会的に重要と認められている目的が著しく妨げられないで支払うことのできる能力である」と主張するのと一脈相通ずるものがある。このように，井藤半彌は能力説の欠点とされる租税と経費とが無関係であるとの非難を一掃して，両者を連携することにより新たなる小宇宙を創造した。

3．犠牲説

　能力説（客観的能力説）が，租税支払能力の指標を所得などに客観的に求めたのに対して，犠牲説（主観的能力説）は経済理論において限界概念が確立してから，同概念を応用して主観的に課税による犠牲を個人間で公平にしようと考えた。犠牲説がなした学術貢献は，租税配分の公平を追求した結果として累進課税を正当化したことである。

犠牲説は，課税による犠牲をどのように解釈するかによって，異なった租税負担が生じる。つまり，所与の税額を配分するに当たって異なった累進課税が導かれるのである。次にその解釈の類型を見てみよう。

(1) 均等量犠牲説

図5-3において，横軸は所得，縦軸は所得の限界効用である。今，所得の増加に伴って限界効用が減少することは一般に認められているところであるから，所得の限界効用曲線MUは，図のように右下がりに引ける。簡便化するために，低所得者と高所得者2人の社会で，所与の税額を配分することを考える。低所得者の所得をOL^*，高所得者の所得をOH^*とすると，均等量犠牲説では，課税による厚生の損失量を等しくすると考えるから，低所得者はaL^*，高所得者はdH^*の租税を支払えば，厚生の損失量は等しくなる。図において，厚生の損失量は，それぞれ，$abcL^*$と$defH^*$のグレーの面積で表され，両者の面積が等しくなるからである。結果として，累進税が正当化されることになる。

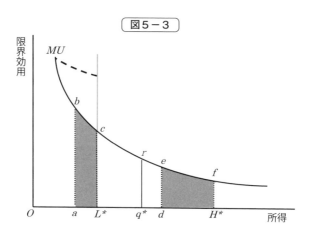

図5-3

(2) 均等比例量犠牲説

前述した均等量犠牲説は，単純に課税によって犠牲となる厚生の損失量を均等化しただけである。それに対して，均等比例量犠牲説は，課税前に有する総

効用に対して，課税によって犠牲となる厚生の損失の割合が等しくなることを要請するものであり，右下がりの MU 曲線の存在を前提に数学的に考えれば，累進の度合は均等量犠牲説よりも強くなる。

（3）最小犠牲説（限界犠牲均等説）

前述した2つの類型が，課税によって犠牲となる厚生の損失量に着目したのに対して，最小犠牲説は課税点における所得の限界効用の犠牲が等しくなることを要請するものである。最小犠牲説はピグーたちが提唱したものであり，個人間の効用比較可能性を条件に，一定額以上の所得を完全に，つまりは強制的に課税して全額没収する考え方であり，かたや，一定額に満たない低所得者の税負担はゼロとなるから，累進の度合は3つの類型で最大となるが，あまりにも極端な説である。図では，最小犠牲説による課税点は q^* で示されており，課税によって失われる限界効用は q^*r となる。低所得者と高所得者の限界効用曲線が同一であるという極端な仮定をおけば，「$L^* < q < H^*$」の関係が成立するから，低所得者の税負担はゼロであり，高所得者のみが q^*H^* を負担することになる。このように，最小犠牲説は問題点が多く，公平な租税配分を期待することは悲観的であろう。

ここで，犠牲説の問題点をあげておこう。一見，経済理論に基づいて精緻に見える犠牲説が成立するためには，次の2点の前提条件が必要である。①効用は測定でき，個人間で比較可能である。②所得に対して限界効用逓減の法則が成立し，すべての納税者に対して同一に適用可能な限界効用表が所与である。

①は主観的能力説と言われるゆえんであり，例えば同じ1杯のビールを飲んでも，その効用は主観的で測定不能，つまりは比較できない。図5−3において低所得者は，所得の増加に伴う，限界効用の逓減率が低いと考えられるから，MU 曲線は点線となる。②に関しても，すべての人に適用可能な限界効用表など存在するはずはない。これらの批判からは，犠牲説そのものが否定されよう。

以上は，極めてラディカルな批判であって，所得が増加すれば限界効用が減少することは万人が認めるところである。ただし，限界効用曲線の形状は十人十色であろう。もし，ある国で代表的個人の限界効用曲線が描ければ，どの程

度の累進度が望ましいのかのひとつのエビデンスにはなり得るだろう。このように，犠牲説は，その成立条件から非現実的であるが，累進税を正当化していることに関しては疑う余地がない。

4．水平的公平と垂直的公平

　所得税が租税配分原則を能力説に依拠することは現代の通説であり，具体的な公平概念は水平的公平と垂直的公平からなる。とりわけ，水平的公平は税制改革を考える時に，かならず満たさなければならない概念である。垂直的公平は累進税を正当化し，所得再分配に寄与しているが，どの程度の所得再分配を行うべきかは予算規模と累進税率構造に依存するから，社会学や政治学を含めた総合的な価値判断の世界である。

（1）水平的公平

　水平的公平は，個人所得税を例に取ると，同額の自由所得を有する者は同額

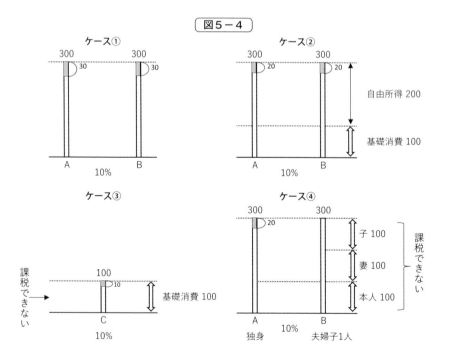

図5-4

第5章　租税の基礎理論 ｜ 89

の税負担をすべきであることを要請する。図5-4において4つのケースを比較検討していこう。ケース①は，AとBという2人の新入社員がいて，初年度の給与が2人とも年収300万円で，所得税率は簡便に10％としよう。そうすると，2人とも300万円×10％＝30万円の税負担になり，もっともシンプルなケースとして水平的公平を満たしている。

ケース②は，基礎消費（生命を維持するために1年間絶対に必要な衣食住等の最低限の消費）という概念を導入し，仮にその金額を100万円と仮定しよう。そうすると，2人の年収300万円の内，基礎消費部分100万円は租税負担能力を有しないということになる。つまり，AもBも300万円の年収があるが，最初の100万円は自分の生命を維持するために租税負担能力がない。したがって，残りの自由所得200万円のみに租税負担能力が見い出せることになる。これが財政学の考え方で，近代財政で確立された訳ではなく，中世のドイツ財政学の時代からこの基礎消費部分に租税負担能力がないことは認められていた。ただし，この基礎消費をどの程度とすべきかは社会学的研究分野であり，わが国では38万円（令和6年現在）であるが，各国の風土を勘案した諸事情によって当然の如く異なる。結果として，2人とも自由所得200万円×税率10％＝20万円の負担をすることになり，同額の所得300万円を有する2人は同額の税負担20万円を負担し水平的公平を満たすことになる。実際の税制における基礎消費の取扱いは，各国の個人所得課税において，税負担能力を有しない基礎控除に関して非課税措置を導入しており，多種多様な名称および計算方法でなんらかの控除を設けている。

ケース③は，Cは低所得者であり基礎控除100万円と同額の年収しかない。ここで，Cに100万円×10％＝10万円の課税をすると可処分所得が90万円になってしまい，Cは生きていけなくなるので，結果として課税はゼロとなる。もし，Cが失業して所得ゼロの場合は，やはり生きていけないから課税どころか，逆に100万円の失業給付等（負の所得税）を給付するのが近代国家のあり方であり，わが国も憲法でナショナル・ミニマムの生活水準を保証している。

ケース④が一番複雑で少し熟考を要する。AとBは入社2年目に入って2

人とも昨年と同額の年収300万円としよう。Ａの税負担はケース②により20万円であるが，Ｂはゼロだった。その理由は，Ｂは妻と子の3人家族になったからである。Ｂの年収300万円から家族3人の基礎消費（100万円×3人＝300万円）を控除すると自由所得はゼロであるから税負担もゼロである。ここでは，同額の所得を有するのにＡは20万，Ｂはゼロで一見すると水平的公平を満たしていないように思われるが，課税単位を家族（独身者世帯のケースも含む）と考えれば，年収300万円の家族がそれぞれ有する同額の自由所得に同率10％の課税をすることによって水平的公平を満たしているという議論も理路整然と正当化されよう。

（2）垂直的公平

　垂直的公平は，所得が増えれば増えるほどより多くの税負担をすべきであることを要請する。垂直的公平を達成するための課税テクニックが累進税であり，所得が増えれば増えるほどより高い税率が適用される。つまり，垂直的公平から累進税が正当化され，結果として財政の重要な機能のひとつである所得再分配機能が達成される。

　図5－5は，垂直的公平・累進税と所得再分配の関係をイメージ概念で表したものである。ある会社の給与に応じた代表的な社員として，新入社員Ａは年収300万円，上司の課長Ｂは900万円，社長Ｃは2,000万円として，この3人を比較してみよう。ちなみに，太い実線は所得の初期分布を表し，資本主義経済における民間部門での自由な経済活動の結果を示している。ここで，政府部門が強制的に累進課税する訳だが，仮にＡは10％，Ｂは20％，Ｃは30％とすれば，課税額はそれぞれ30万円，180万円，600万円となり垂直的公平の条件を満たすことになる。ここで，一般的によく誤解されているのは比例税（定率税・単一税）であり，例えば，Ａ・Ｂ・Ｃに一律10％課税するとすれば，それぞれ，30万円，90万円，200万円の税負担となり，税額だけ一見すると，垂直的公平が達成されているように見えるが誤りである。垂直的公平のより多くの税負担という概念は，実は相対的にという意味であって，絶対的にという意味ではない。つまり，絶対額すなわち納税額では満たすが，相対的には全員

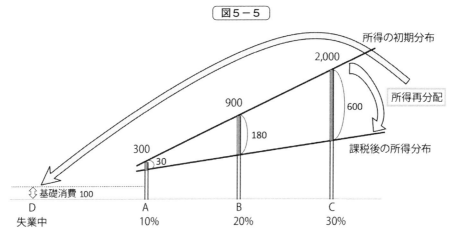

図5-5

(注) 棒グラフの尺度は数値と比例していない。

が所得に対して10％の同一割合しか負担していない。したがって、より多くの税負担をすべきというのは、所得に対する税負担割合が相対的に増加することを意味する。累進税と比例税は混同しやすいので注意が必要であるが、比例税体系においても課税最低限を設定すれば累進税体系になることは良く知られているので留意されたい。

このように、高所得者になる程により大きな税負担割合を負う訳だが、財政の機能が働き、所得再分配が行われる。図のDは失業中で、生命を維持するための基礎消費として100万円の給付を受けているが、その財源はまさしく高所得者層が累進税によって負担していることになる。

III 課税の効率

1．租税の転嫁と帰着

わが国の消費税が最終消費者によって負担されていることは一般に良く知られているだろう。しかし、消費税法によって納税義務者は特定されており、誰が租税を国家に支払うかは単純かつ明確である。しかし、実質的に租税負担を誰が負うかに関しては熟慮が必要である。つまり、誰が支払うのかと誰が負担

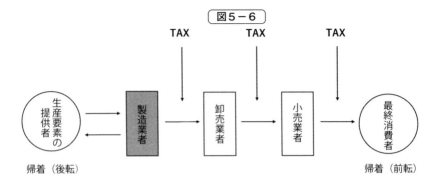

するかは異なる問題なのである。ここで，すべての租税は結果として最終的に人々の実質可処分所得を減少させるので，帰着理論は所得の分配効果を分析することを目的としている。

　図5-6において，一般消費税を例にとれば，川の流れのように財及びサービスの流れに沿って税負担は転嫁していく。この形態を前転（forward shfting）と言い，転嫁が行きつく終着点において実質的な租税負担を負う最終消費者に帰着すると言う。

　また，租税の種類によっては川の流れに逆らって生産要素の所有者に後転（backward shfting）することもある。一般的に，消費課税は前転し，個人所得税は転嫁しない，そして法人課税は未だ謎であると考えられている。

　租税の転嫁と帰着に関しては，現在もなお未解決な問題が多い。前述したように，法人税の帰着概念は謎であり，マスグレイヴ（Musgrave, R.A.）たちによるK-Mモデルでは短期的には100％以上完全に転嫁し，ハーバーガー（Harberger, A.C.）は長期的には資本が負担すると主張した。つまり謎であり，論者によってその見解は大きく異なる。それでは，帰着分析の手法として一般的に幅広く用いられている，均衡予算帰着と差別的帰着に焦点を当てることにしよう。

（1）均衡予算帰着

　均衡予算帰着は，支出計画を賄う租税の分配効果に言及し，所与の支出政策における機会費用がいかにして租税によって分配されるかを分析する。

図5−7において、この概念を示してみよう。今、単純化のために民間部門では2財しか生産しないと仮定して、我々の生活の基本である衣食住の前二者を例に横軸を衣料、縦軸を食料とすると、PP が生産可能性曲線となる。衣食同源と考えれば、課税されない

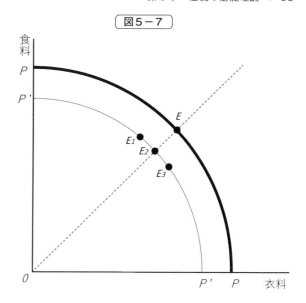

自由市場での初期均衡は原点からの45度線上の E となる。ここで、政府が公共財供給を行うことを考えれば、その財源としての租税に生産資源が用いられるから、民間部門の衣料と食料の生産に利用可能な資源は減少することになる。結果として、民間部門の生産可能性曲線は $P'P'$ となる。この時、衣料に対して個別消費税を課税すれば最終均衡は E_1 となるだろう。E_1 が45度線より左にシフトしている理由は、課税により衣料の消費が減少し、人々はより食料を消費するようになるからである。

均衡予算帰着は、租税と支出計画における個人所得の分配を、E と E_1 を比較することによって分析する。ここで、課税後の E_1 における E より減少した個人所得を人々の間で誰がどれだけ負担するかは示せないが、支出計画のコスト（租税）を民間部門に負担させる総合効果を考察する上で有用である。しかし欠点もあり、支出計画の変更は消費者の需要に影響を与えるから、租税の帰着は支出計画の変更に依存することになる。つまり、$P'P'$ は支出計画に依存するから、衣料に対する個別消費税の均衡予算帰着という独立した概念は存在しない。なぜならば、図5−1で見たように、政府の一般会計は多くの税目による税収があり、支出計画はさらに多く存在するから、特定の税収と特定の支

出を結びつけることは不可能だからである。

　均衡予算帰着は，このような困難な欠点を有しているものの，多くの場合に有用であり，とりわけ租税と支出計画の両方を同時に考察する必要がある際に包括的な見解を導き出せるのである。

（2）差別的帰着

　差別的帰着は，政府支出が一定であると仮定し，ひとつの租税を他の租税に代替する時の分配効果を比較するものである。図5－7において，E_1における衣料に対する個別消費税を所得税に代替すれば均衡点は45度線上のE_2にシフトするだろう。なぜならば，所得税によって可処分所得が減少するだけだから衣食同源が復活すると考えられる。また，食料に個別消費税を課税すれば均衡点は45度線の右側のE_3にシフトするだろう。なぜならば，課税により食料の消費が減少し，衣料の消費が増加するからである。

　差別的帰着は，支出不変の条件下で，ひとつの租税を他の租税に代替する効果を分析するので，支出計画の影響を考慮する必要性を回避することができる。しかし，個別消費税の差別的帰着という独立した概念は存在しない。なぜならば，その効果は代替する租税に依存するからである。つまり，個別消費税を所得税に代替する差別的帰着は存在するのである。一般的に，差別的帰着分析において代替する租税の指標は，比例所得税が用いられる場合が多い。

　均衡予算帰着と差別的帰着は，曖昧さや問題点を有しているものの，2つの主要な帰着概念であり，租税負担の本質に言及する際に重要である。研究目的が税制改革であれば差別的帰着が，所得分配における政府分析であれば均衡予算帰着がそれぞれ有用な手法となろう。

2．効率の概念

　望ましい課税のもうひとつの柱である課税の効率は，経済学固有の考え方であり，効率的な市場において課税が資源配分を歪めないことを要請する。

　図5－8の3つの円形の図は，相互に代替財であるバターとマーガリン市場に対する課税による市場の資源配分の歪みを示している。

図5-8

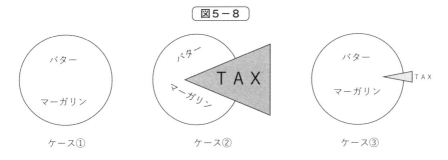

　ケース①の課税なしでは、消費者は自由な経済活動を行うから、バターとマーガリン市場は完全な円になり、効率的な市場を歪めていない。ケース②では、マーガリンのみを狙い撃ちするように個別消費税を課税した影響で、市場において、バターとマーガリンの間にTAX（くさび）が大きく打ち込まれており、スズメバチに刺され、円が裂けるように歪んでしまい非効率となる。ケース③はバターにもマーガリンにも同率の課税をする一般消費税のケースであり、市場に刺さったTAX（くさび）は蚊に刺された程度に小さく、あまり影響は与えないので、完全な円とは言えないまでも、歪みはほんの少しだけで比較的効率的と言える。

　図5-9は、シンプルなモデルを使った課税による消費者行動の変化を示している。左の縦の図の概念はX国において、所得階層を10分位に分けて、それぞれの代表的10世帯を、所得階層別に世帯1はr（rich：高所得）、世帯5と6はm（middle：中所得）、世帯10はp（poor：低所得）と分類している。つまり、最も高所得が世帯1、最も低所得が世帯10であり、各世帯のバターとマーガリンの消費者行動を見ながら課税の効率を考えていこう。

　まず、時代的に半世紀以上前にはマーガリンはなく、乳製品としてのバターしかなかった。つまり、酪農家は独占の利潤を得ていたと言える。そして、人工的なマーガリンが初めて登場したが、今とは違って安く、まずくて栄養がないということを前提として考える。また、わかりやすくするために、バターが100円、マーガリンは半額の50円とする。

　ケース①では、マーガリンがないので当然、10世帯ともバターを買うこと

になる。次に、ケース②では、代替材としてのマーガリンが市場に参入するが、課税がない状態を考えると、10世帯のうちの世

X国の代表的世帯　　　　　**図5−9**

```
r   1
    2
    3
m   4
    5
    6
    7
p   8
    9
   10
```

	ケース①	ケース②	ケース③	ケース④
バター (単価：100円)	10	5	5 }7 ↘2	5
マーガリン (単価：50円)	—	5 ⇢	3	5

帯6から世帯10、つまり所得が平均より低い5世帯は安いマーガリンを買い、所得が平均より高い世帯1から世帯5は、高くても美味しく栄養のあるバターを買うと仮定しよう。このとき、各世帯は政府から何ら強制されないから、何にも左右されず、完全なる自由意思に基づいて消費者行動を行うことになる。このような市場を効率的と言う。ケース③では50%のマーガリン税（個別消費税）が課税された場合を考えると、マーガリンは75円（50円＋マーガリン税25円）となる。このとき、10世帯の人々は、自由意思によって消費者行動を変えるかどうかを考えるだろう。もともとバターを買っていた高所得の5世帯は、相変わらずバターを買うだろうが、マーガリンを買っていた5世帯の消費者行動には変化が起こるかもしれない。低所得の3世帯は、安いことを理由に引き続きマーガリンを買い続けるかもしれない。しかし、世帯6と世帯7は、租税で値上がりしたまずくて栄養がないマーガリンを買うぐらいなら、手を伸ばして美味しくて栄養のあるバターを買うことを選択するかもしれない。つまり、マーガリンにかかる租税を回避するためにバターを買おうと、選択を変更する可能性が考えられる。このように、マーガリン税（個別消費税）は市場に対するくさびとなって、マーガリンの消費を阻害し、5対5であった選択を7対3へと市場の資源配分を歪めてしまい非効率を招いてしまう。ケース④では、10%の一般消費税を課税する。バターにもマーガリンにも同率で課税されるから値上がり率は同じである。この時の、各世帯の消費者行動を考察すると、ケース②が示すように課税がない時と比較して行動をあまり変えないと考えても無理はないかもしれない。

次に、図5-10を使って効率性の程度に関して説明する。図において上方向に向かうほど効率的で、下方向に向かうほど非効率となることを示している。理論上、完全に非効率な課税は存在し、0％のところを禁止的課税と言い、財及びサービスをまったく消費しない状態を指す。先ほどのマーガリン税を例にとって考えると、政府がマーガリン税を100％まで引き上げれば、マーガリンは100円（50円＋税50円）で、非課税のバター100円と同額になる。この場合、10世帯すべてが、美味しくて栄養のあるバターを買うのは自明の理である。つまり、税率を100％にすることで、X国においてマーガリンを消費する世帯は皆無となり、効率性0％の禁止的課税となる。

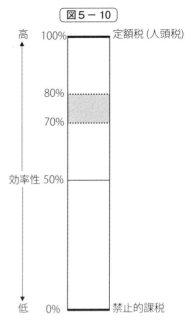

図5-10

また対極の100％効率的な租税も理論上存在し、それは、定額税（lampsum tax）であり、その典型例が人頭税（poll tax）である。課税の効率概念は、言い換えると、どの程度、租税回避行動を起こすかということである。人頭税は、人ひとり当たりシンプルに定額の課税をするので、行動パターン、消費パターン、勤労パターンのいかなる変化の努力をしても租税回避は不可能であり、結果として100％効率的になる。

ところで、グラフの70％から80％付近のグレーゾーンを見ると、完全に効率的ではないが、比較的効率的である。例えば、わが国の所得税や消費税の効率性がこのゾーンにあるとすると、税率を引き上げるにつれて、効率性は低下していくことが分かっている。つまり、税率が高くなるほど、人々は租税回避するために働く意欲をなくしたり（代替効果）、消費行動を控えたりするようになり、税率を引き上げると、税率の2乗に比例して市場の効率性が損なわれることが分かっている。

租税負担は，最終的に人間の意思決定に依存する。財及びサービスに課税されていても，消費するかどうか判断するのは人間である。例えば，消費税を払いたくない人は，生きるために最低限の財及びサービスのみを消費し，また，所得税を払いたくない人は働く量を減らす（代替効果）ことによって，意図的に租税回避することができる。このように，租税は人間が行動パターン，消費パターン，勤労パターンを変える租税回避行動を起こす度合いが強い租税ほど効率性が低いと言える。

では，近代税制において最も望ましい課税方法とは何なのか。それは，財政学が伝統的に主張し続けていることであるが，公平と効率のバランスをとり，広く浅く課税（広い課税ベースに低税率）することである。理論的には所与の税収を得るために，課税ベースを広げる方が税率を引き上げるよりも，公平にも効率にも資するのである。

3．厚生コストのミクロ経済分析
（1）余剰分析

個別消費税（excise tax）とは，特定の財及びサービスを狙い撃ちするような課税であり，従量税（per unit tax）と，従価税（advalorem tax）の2形態があるが，税負担は転嫁して効率性を損なうことが知られている。

今，マーガリンに個別消費税を課税することを考えよう。図5－11で，横軸は数量，縦軸は価格である。マーガリン産業は限界費用が一定であるという仮定を置くと，供給曲線Sは横軸に平行になる。課税がない時の均衡は，需要曲線Dと供給曲線Sの交点Eであり，産出量はqで価格はp（仮に

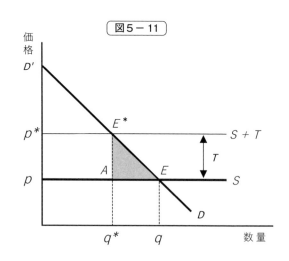

図5－11

100 円としよう）である。ここで，マーガリンに 10％の従価税を適用すると，供給曲線 S は垂直方向に 10 円（100 円 × 10％）シフトし，$S + T$ となる。新しい均衡点は E^* となり，産出量は q から q^* へと減少し，価格は 100 円から 110 円へと上昇する。限界費用が一定なので，税額はすべて消費者に前転する。均衡点 E^* では，企業は製品 1 個当たり 110 円を受け取るが，内 10 円は租税である。結果として，企業の課税後価格は 100 円であり，課税前と同額だから税負担をまったく負わないことがわかる。この時，政府に入る総税収は，長方形 pp^*E^*A の面積で示される。

　転嫁とは市場が租税によって調整されるプロセスであり，図 5 − 11 では，納税義務者は企業であるが，実際の税負担は，より高い価格を通して消費者に転嫁している。租税が市場価格を変化させない時は，転嫁は生じない。このように，転嫁は，市場に課税した時に，どのように反応して市場価格がどう変化するかによって決定される。

　図 5 − 11 は，部分均衡分析であり，租税が市場に与える影響のみを直接的に分析しているが，ある市場に租税が影響を与えれば他の市場に波及する相互依存から生じる 2 次的効果を無視している。例えば，課税によってマーガリンの価格が上昇すればバターへの需要が増え，結果としてバターの価格も上昇するかもしれない。なぜならば，マーガリンとバターは代替財だからである。このように，2 次的効果はマーガリンに対する個別消費税の帰着に影響するかもしれないが，一般的にはその重要性は十分に低いと考えられており，無視しても概ね近似的には十分な正確性を有していると言えよう。

　ここで，図 5 − 11 を応用して効率性の分析をしてみよう。初期均衡 E では，消費者余剰は三角形 $pD'E$ の面積で表される。マーガリンに個別消費税を課税すると，均衡は E^* にシフトする。課税後の消費者余剰は三角形 $p^*D'E^*$ へと減少するが，長方形 pp^*E^*A は消費者余剰が租税として政府に移転するだけだから，課税により実質的に減少した消費者余剰は三角形 AE^*E だけであり，これこそが課税によって生じた厚生コスト（welfare cost）であり，超過負担（excess burden），死重損失（dead weight loss）とも言う。具体的には，マーガリンにのみ課税することにより消費者が租税回避行動を起こしたために，市場の

資源の誤配分による歪みがもたらした課税の非効率である。課税の非効率の度合いは、消失した三角形（ハーバーガーの三角形）の面積を計算することにより推計でき、Wを厚生コスト、ηを需要弾力性、tを税率、pを価格、qを数量とすれば、下記の①式のように需要の価格弾力性に比例し、税率の二乗に比例することが分かっている。

$$W = 1/2\,\eta\,t^2 pq \quad \cdots\cdots①式$$

　このように、租税は所与の税収を調達するために、より大きな負担を生じさせてしまうが、しばしば税収（直接コスト）に対して厚生コスト（間接コスト）として超過的な追加コスト面が強調され、両者を明確に区分することが重要である。ところで、課税による厚生コストは人間の目には見えないが、いったい消費者余剰はどこに消えてしまったのだろうか。課税が無ければマーガリンを買った人が、課税されると買わなくなる。その人は、毎朝トーストにマーガリンを塗って食べる満足した食習慣を失い、その人の効用水準は厚生コストの分だけ低下することになる。

　また、理解を深めるために極端なケースを考えよう。図5 − 11において、掃除機に個別消費税を課税すると応用すれば、税率を引き上げて禁止的課税をすれば、掃除機は1台も売れなくなるが、政府の税収もゼロになる。しかし、課税の結果として市場の資源の誤配分による歪みがもたらした課税の非効率という明確な負担が生じ、掃除機が売れなくなった分、他の財が過剰に生産されるようになる。もし、課税が無ければ消費者は掃除機を購入して、他の財の消費を減らしたいので、消費者が暮らし向きを悪くすることでその負担を負う。つまり、掃除機が無いから、昔ながらの雑巾がけをしなければならない。それは、課税が原因であるが、政府に入る税収はゼロである。したがって、税収と厚生コストは根本的に相違した概念であり、両者を明確に区分しなければならない。課税は、消費者と生産者が決定する市場価格にくさびを打ち込む。そして、三角形$AE^{*}E$は、個別消費税が生み出した市場の資源の誤配分による歪みがもたらした課税の非効率による厚生コストなのである。

☆一般ケースの余剰分析

それでは限界費用が増加する一般産業のケースについて見てみよう。この場合、供給曲線 S は右肩上がりとなる。初期均衡 E において T の課税を行うと供給曲線は左上方にシフトして $S+T$ となる。新たな均衡点は E^* となり、数量は q から q^* へと減少し、価格は p から p^* へと上昇する。ここで、余剰分析を行うと、消費者は p^* を支払うが、生産者は p_1 しか受け取れないので、政府に入る税収 $p_1 p^* E^* A$ は、消費者だけではなく生産者も負担することになる。このように、租税が消費者と生産者にどのように転嫁するかは、需要と供給の価格弾力性に依存するのである。そして、厚生コストの大きさを示す三角形 AE^*E も、それぞれが弾力性に応じて負担することになる。

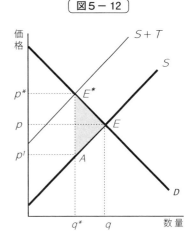

図5－12

ここで、①式は限界費用が一定であるという条件の仮定での結果であり、一般のケースでは、厚生コストは供給および需要両方の価格弾力性に依存するのでまったく異なったものとなり次の②式として表される。

$$W = 1/2 \left(\frac{\eta \varepsilon}{\eta + \varepsilon} \right) t^2 pq \quad \cdots\cdots ② 式$$

ここで、②式における ε は供給の価格弾力性であるが、ε を供給の価格弾力性が極めて高いと考えて限りなく無限に近づけていけば、$\eta \varepsilon / \eta + \varepsilon$ の値は、極限値において η に近似する。この結果から、限界費用を一定と仮定する①式は、多くのケースにおいて合理的な近似であると考えられ、分析のフレーム・ワークにおいてしばしば用いられる。

(2) 無差別曲線による分析

厚生コストの本質を、ひとりの消費者の厚生レベルに焦点を当てることによって、さらに深く掘り下げて見よう。図5－13で、横軸は衣料、縦軸は食料で、課税が無い時の予算制約線は AA' であり、無差別曲線 U_1 と接する E_1

が初期均衡である。q_1 の衣料を消費し、Q_1 の食料を消費する。ここで、衣料にのみ個別消費税を課税すれば、予算制約線は A 点を起点に回転し AD' となる。個別消費税の均衡点は AD' と U_3 が接する E_3 である。q_3 の衣料を消費し、Q_3 の食料を消費する。税収は E_3F (仮に10万円としよう) となる。

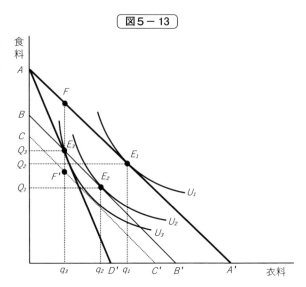

図5−13

ここで、個別消費税による厚生コストを特定するために、同額の税収をあげる他の租税に代替して、消費者の暮らし向きを良くすることを考えよう。10万円の定額税 (lamp-sum tax) は、納税者の消費パターンには影響せず独立している。通常、政府は定額税を用いないが、厚生コストがゼロなので本分析において個別消費税に代替するベンチ・マークとして有用である。定額税は衣料と食料の市場価格に一切影響を与えないから100%効率的である。定額税による予算制約線は AA' から平行に左下方向の BB' にシフトする。無差別曲線 U_2 と接する E_2 が均衡点となり、q_2 の衣料と Q_2 の食料を消費する。定額税は、E_3F だけ消費者の所得を減少させるが、衣料と食料の相対価格には影響を与えない。ここで、特筆すべきは定額税は E_3 を通るから個別消費税と同額の税収をあげているのに、消費者の暮らし向きが良くなったことである。つまり、無差別曲線 U_2 の方が U_3 より原点から遠いので、厚生水準が高いのである。そして、U_2 と U_3 の厚生水準の差が、個別消費税がもたらした厚生コストである。

次に、厚生コストの大きさを計算してみれば、U_3 に接した予算制約線 CC' は個別消費税と同じ厚生水準の定額税であるから、定額税は $F'F$ の税収をあげ、個別消費税の税収は E_3F なので、その差額の E_3F' は個別消費税の厚生コ

ストの大きさを示すことになる。

より，考察を深め，図5-11における三角形の面積が厚生コストの大きさを示したことと比較すると，どちらの図も課税による市場の誤配分による資源配分の歪みを，異なった視点から示している。

ここで，図5-14は個別消費税の課税による効果を示している。均衡点はE_1か

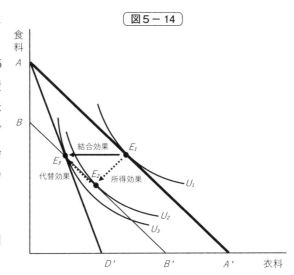

図5-14

らE_3へとシフトしたが，そのプロセスは第1段階としてE_1からE_2へとシフト（所得効果）し，第2段階としてE_2からE_3へとシフト（代替効果）した結合効果である。

4．最適課税

定額税（人頭税）は厚生コストがゼロな完全に効率的な租税であるが，それ以外の租税には程度の差こそあれ厚生コストが生じ非効率であることは，前節までで学習した通りである。ここで，大きな疑問が生じるだろう。第1に，定額税をなぜ基幹税として導入しないのか，第2に定額税を基幹税にできないのであれば，厚生コストの小さい比較的効率的な租税を導入できないのか，ということである。

第1は，後述する公平とのトレード・オフの問題から除外される。第2は，個別消費税（わが国では，廃止された物品税）に限ってシンプルに議論することは有用である。租税論はセカンドベスト・セオリーである。つまり，現実の市場はパレート効率的な条件をすべて満たすことは稀であるから，何らかの歪みが生じている市場を前提に望ましい租税を考えるのである。ここで，最適課税と

は，所与の社会厚生関数を最大化する租税構造を指す。

5．ラムゼー・ルール

　厚生経済学を確立したピグー（Pigou, A.）の弟子で，ケンブリッジ大学のラムゼー（Ramsey, F.）は恩師のピグーが提示した問題に対して，シンプルなモデルで画期的な解を導いた。彼の前提は，課税の公平を無視して効率だけに着目し，政府は定額税を用いることはできず，消費課税のみで税収を調達する命題である。言い換えれば，市場の誤配分による資源の歪みを最小化するような租税体系の探求である。選択肢は２つある。第１は，すべての商品に同率の課税をする一般消費税であり，第２は多種多様な財に差別的に課税する個別消費税である。ラムゼーは，厚生コストを最小化する個別消費税の組み合わせに関して，限界費用が一定の産業（水平的な供給曲線）を仮定すれば，需要の価格弾力性の逆数に比例することを示した。これを，逆弾力性の命題（ラムゼーのパラドックス）と言い，最適課税を考える上でもっともシンプルな初期モデルである。

　具体的には，弾力性の低い財（例えば食料品）は生活必需品であり，逆数に比例して課税すれば重課となり，弾力性の高い財（例えば宝石）は奢侈品であり，逆数に比例して課税すれば軽課となる。つまり，伝統的な租税論の，生活必需品軽課，奢侈品重課と真逆の結果となる。

　図５−15において，ケース①は食料品，ケース②は宝石であり，両者に同率の課税をしている。厚生コストの三角形の面積は税率（高さ）が同じだから，一見して明らかに食料品に課税した方が厚生コストが小さいのがわかる。ラムゼー・ルールでは追加的な課税において生じる厚生コストを同じにすることを求めるから，ケース③，ケース④のように三角形の面積を同じにするためには，それぞれに差別的課税をすることになる。

　ところで，ラムゼー・ルールでは，所与の税収を個別消費税で厚生コストを最小化して課税することになり，すべての財の需要を同率で減少させるから，低所得者に大きな負担を負わせる逆進的な課税となる。最適課税論の効率性のみを追求した考え方は，伝統的に人間の価値観，倫理観とマッチした生活必需品軽課，奢侈品重課と相反し，容易に受け入れ難いと思われる。それでも，基

幹税とするのが望ましいのかと言えば，効率性は税制を評価するための一規範にすぎないし，幅広く公正妥当と受け入れられている垂直的公平とコンフリクトしてしまい，所得再分配にも寄与しないから机上の空論でしかなく現実税制への示唆は皆無だから答えはノーである。ただし，ラムゼーの消費課税に関する原始モデルは課税の効率を理解する一助にはなろう。

最適課税論は，1971年の論文でノーベル経済学賞を受賞したマーリーズ（Mirriees, J.）による先駆的業績によって，飛躍的にデベロップされることになる。税制における世界的な基幹税は所得課税である。つまり，最適所得税こそ

図5－15

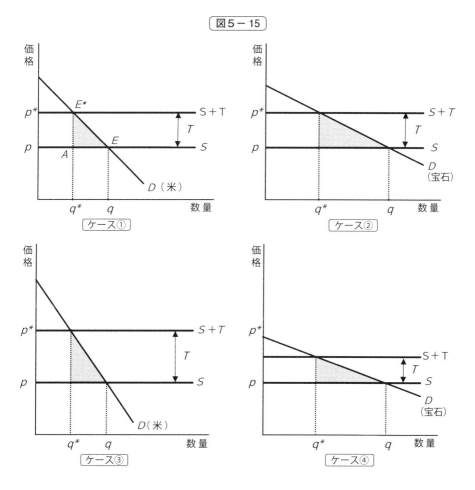

が本流である。所得の種類を労働所得と資本所得に分類し，ラムゼー・ルールを短絡的に適用すれば，静学的には資本所得の方が価格弾力性が高いと考えられるから軽課すべきとなる。この結果も，伝統的にワグナーたちによる社会政策学派が唱えた労働所得軽課，資本所得重課と真逆であり容易に受け入れ難いが，唯一，二元的所得税を擁護するかもしれない。

　その後，最適所得税論は，動学的な研究が盛んに行われており，マーリーズの先駆的業績をデベロップして，本来は私的な情報であるはずの家計の異質性や人的資本投資を考慮した上で，セカンド・ベストの配分を目指し，将来の能力に関する不確実性をも考慮する画期的な展開となっている。

　しかし，税制改革を考える時に最適課税は両刃の剣でもある。近年は効率面のみだけではなく，垂直的公平とのトレード・オフも分析のフレーム・ワークに組み込むなど発展を続けているが，現実の税制へのフィージビリティーは乏しく，政策に反映する道のりは遠いだろう。

Ⅳ　望ましい税制のあり方

1．課税ベース

　税制改革を考える時に，公平と効率のバランスをとるためには広い課税ベースが必要である。今，4つの課税ベースに対して極端な3つの仮定を置くとしよう。第1にライフ・サイクルにおいて税率不変の比例税を用いる。第2に課税ベースからの一切の控除を認めない。第3にライフ・サイクルにおいて稼得した所得すべてを消費し貯蓄を残さない。この条件の下で次の4つの課税ベースはライフ・サイクルにおいて等価となることが知られている。

① 　個人所得税：個人が稼得するすべての所得に課税
② 　付加価値税：多段階の一般消費税であり，財及びサービスの流れに沿って企業および個人事業の各課税段階において付加価値のみに課税
③ 　小売売上税：単段階の一般消費税であり，財及びサービスの流れに沿って累積されたすべての価値を最終の小売り段階で課税

④　支出税：個人における財及びサービスの総支出に課税

　これら4つの課税ベースにおいて，①は全世界で基幹税となっているし，②はEUの基幹税であり，わが国の消費税の理論ベースでもある。③はアメリカにおける州レベルの基幹税であり，④は理論的フィージビリティーはあるが導入している国はない。また，②と③の名目的な納税義務者は企業または個人であるが，実質的な租税負担は前転し，最終消費者に帰着することが知られている。

　4つの課税ベースで，もっとも問題があるのが個人所得税である。毎年，租税特別措置が導入され複雑になる一方だし，税率も頻繁に変わる傾向がある。基幹税でありながら問題だらけの不公平税制の代表と言っていいだろう。

2．課税方法の種類と分類

　図5－16は，課税方法の種類および分類を体系的に整理したものである。国家の税収構造を議論するときに，まず直間比率が問題となる。伝統的な財政学では，フィジオクラート（重農主義者）が主張して以来，直接税と間接税の区

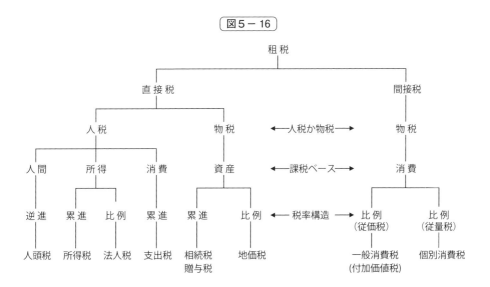

図5－16

別に関して転嫁するか否かで行われ,転嫁を期待して課税するのが間接税,そうでないものが直接税と分類するのが今日でも一般的である。

人税は租税の実質的負担者を個人として課税し,物税は財及びサービスに課税するが最終的に租税を負担するのは個人であることに留意すべきである。

課税ベースは,所得,消費,資産の3分類に分けられる。図においてあえて人間を付け加えたのは,人頭税の存在を強調するためである。人頭税（poll tax）の歴史を紐解けば古代から封建制にかけての時代には多くの国で導入されていたが,所得の状況を無視して一律に課税するので逆進性の強い不公平税制であるし,低所得者からの徴税は過酷を極めた。

税率構造に関しては直接税は,累進,比例,逆進の3パターンからなり,消費課税は原則として比例であるが,わが国の消費税のように価格による従価税と,酒税のような数量による従量税に分けられる。それぞれの具体的な税目の詳細に関しては,本テキスト該当ページを参照されたい。

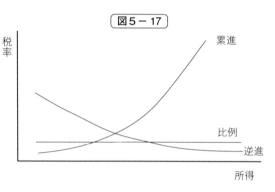

3．税率構造

図5-17のように,税率構造は累進税,比例税,逆進税の3つからなる。累進所得税は,租税配分原則を能力説に依拠したときの垂直的公平から正当化されることを学んだ。比例所得税は,理論分析において差別的帰着のベンチ・マークとして用いられるが,とりわけ低税率で課税するタイプはフラット・タックス（flat tax）と呼び,ホール＝ラブシュカ型が有名である。

比例所得税は,課税最低限を設けると累進になることが知られており,課税最低限を大きくすると累進度も高くなる。したがって,通常の累進所得税においても課税最低限は必ず存在するので名目的な累進度よりも実質的に累進度を

増加させる要素となっている。逆進に関しては、一般消費税が有名だが、所得が増えれば増えるほど税負担割合は減っていくので、垂直的公平に反するから何らかの緩和措置が必要となる。

☆垂直的公平と累進税の今後

垂直的公平を理論的に精緻に突き詰めると、どの程度の累進度にするかは所与として、所得の割合の変化（所得の対数の変化）と同率で限界税率が上昇することが求められる。そして、片対数グラフで示すと、横軸に所得の片対数、縦軸に限界税率を取れば、通常の階段状のグラフが一次関数（リニア）になり直線になる。この場合、解として限界税率が無限に存在することになり一見してフィージビリティーは乏しいが、現在のAIおよびICTの環境下では十分に実行可能かもしれない。具体的なテクニックとしては、累進税率を関数化することになるが現代ではコンピューターが瞬時に計算するから簡素の条件も満たすだろう。

しかし、クリアーできない大きな問題がある。税制は財政民主主義によって決定されるので、国民のコンセンサスを得る必要があり、そのためには税率を明確に示す必要がある。したがって、関数型累進税率では難解であるから国民が受け入れることは困難であろう。

現実の税制では、むろん非現実的であり、恣意的に課税のための累進税率表を作る必要がある。このように、原理と現実の乖離は大きく、そのバランスを取るのは難しいが、現代のセカンド・ベストとしては、図5－18で示したような最高税率を50％とした5％刻みの10

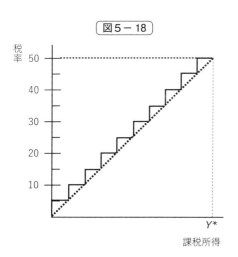

図5－18

課税所得

ブラケットが望ましいだろう。横軸の課税所得Y^*は国家予算に基づいて所与である。縦軸の税率を最高50％とする客観的根拠は乏しいが、カーター報告（1966）が心理的な壁（psychological barrier）という表現を用いているように、最高限界税率を50％に抑えることによって、納税者は課税後少なくとも総ゲインの半分以上が可処分所得として保障されるわけで、租税心理学の観点から高

い限界税率が労働と余暇の選択において代替効果をもたらし多くのディス・インセンティブ効果が生じることを抑制できると考えるのは妥当かもしれない。しかし，50％の最高限界税率がどの程度のディス・インセンティブ効果を抑制するかについて，理論的分析を行っていないので，人間の主観の域を出ず客観性を有していない。

最高限界税率の決定は，課税ベースおよび税収制約に依存するが，公平のみを重視するのであれば，広い課税ベースに低税率課税が望ましいが，課税ベースにも多くの制約がある中で最高限界税率を50％に抑えることは魅力的な妥協かもしれない。

実際，わが国でも平成11年の税制改革において，所得税に個人住民税も加えた個人所得課税全体の最高税率を50％としており，短絡的ではあるが，租税負担を半分以下までにすることは代替効果を減少させるし，国民の納税意識を考えても妥当であると思われる。

累進税を少しでも理想に近似させれば，限界税率が階段状に上昇することから生じる代替効果も軽減されるし，インフレ時のブラケット・クリープの問題も解消される。電卓さえなかった時代の先行研究に，数学的造詣が深くシャウプ勧告で所得税を執筆したヴィッカリー（1947）がこの点を指摘したうえで税率区分の細かい構造を提案したし，カーター報告（1966）も，ほぼ同様の趣旨の税率構造を提案している。

4．課税単位

租税論を論じる時に，課税単位の問題は軽視しがちであるが，所得課税における基本的構成要素であり，体系的な理論的研究がなされてきた。

図5－19のように，まず，個人単位か家族単位かに大別される。家族単位は一般的に夫婦と扶養する子から構成されるが，家族の所得を合算して累進課税する方法と，いわゆるN分N乗方式に分けられる。前者は，家族が有する自由所得に累進課税する方法をカーター報告が勧告しており，独身者と夫婦への能力説の適用に関する基本的かつ有用な示唆を与えている。しかし，欠点も

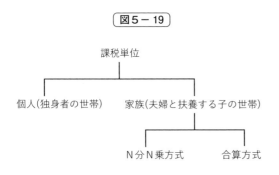

図5－19

あり，例えば同額の所得を有する男女が結婚すれば単純に所得が合算され，より高い累進税となり税負担の増加（マリッジ・ペナルティー）が生じてしまう。これを緩和する方式が後者であり，一般的には2分2乗方式が用いられている。これは，夫婦の所得をいったん合算し2で除した後に累進税を適用した税額を2倍するというものである。結果として，合算方式に比べれば夫婦の税額を軽課することになり，同額の所得を有する男女のケースでは結婚してもある程度の中立性を保てる。また，夫のみが片稼ぎの夫婦世帯では独身の時よりも税額が軽課されることになり，結婚の優遇措置（マリッジ・ベネフィット）とも言えようが，専業主婦の帰属所得に課税すると考えれば正当化できる部分もある。

　令和6年現在，わが国とイギリス，イタリアが個人単位であり，アメリカとドイツは個人単位と家族単位における2分2乗方式の選択制である。唯一，フランスは首尾一貫して少子化対策からN分N乗方式を導入している。各国で導入されている課税単位制度は，国家の風土が税制に根付いていると言えよう。

5．簡素——税務行政費用と納税協力費用

　税制改革を考えるときに，まず公平ありき，次いで効率となるが，しばしば簡素も求められる。歴史を紐解くとスミスやワグナーが徴税費を最小にすべきという趣旨を述べている。税制が複雑になると，税務行政費用および納税協力費用が増加するのは自明の理である。現代の税制において，複雑な課税の代表は個人所得税である。どの国も，経済背景の変化の下で政権が交代するたびに租税特別措置が次々に導入され既得権益化していって年々複雑化している。

　税務行政費用に関しては，各国が公表しているが，納税協力費用に光が当たることはほとんどなく，その実態も明らかになっていない。また，簡素性はキャッシュ・フローのロスは伴わないが非効率から生じる厚生コストにも影響することも留意すべきであろう。

（1）税務行政費用

　課税庁が徴税に有するコストは，政府の税収を減少させるから明らかに課税によって生じるコストである。具体的には，納税者からの申告書を受領した

112

ら，税額計算を検算し，申告内容に問題があれば調査し，納税されなければ督
促する。このように課税庁の業務は多岐にわたり，多くの国税公務員が業務に
携わっている。ちなみに，わが国の令和6年度の国税庁の予算は6,170億円
（税収69.6兆円に対して1.12％）となっている。

（2）納税協力費用
　上述した国税庁の予算には，個人や法人の納税義務者が申告するために費や
す重要なコストが含まれていない。具体的には，日々の取引を記帳し，年度末
には決算手続きをし，その内容が正しいか監査をし，さらに複雑な申告書を作
成するために税理士に依頼し，銀行に納税に行かなければならない。複雑な税
制に対応するためのこれらの納税協力費用は極めて高額となりがちである。ま
た，貨幣支出としては認識されないが，納税のために要する膨大な時間も機会
費用として換算すれば高額になるだろうから，より大きな負担が生じているこ
とは明白である。1984年にスレムロッド（Slemrod, J.）とソルム（Sorum, N.）た
ちは，この時間コストを市場賃金に換算して，米国の連邦個人所得税において
税収の5〜7％になると推計した。IRS（米国内国歳入庁）のすべての連邦税に
対する税務行政費用がわずか総税収の0.5％程度であることと比較すると，こ
の研究は納税協力費用の方が税務行政費用よりも，相対的にかなり大きいであ
ろうことを示唆している。
　したがって，納税協力費用を減らす改革が求められる。そのためには，簡素
ありきで，わが国の消費税におけるインボイス導入の動きは逆行していると言
わざるを得ない。

　☆課税で生じる総費用
　図5−20で，課税で生じる総費用はまず直接費用と間接費用に分けられる。前者は政府
に入る税収そのものであり政府支出のコストとして認識され，後者はさらにキャッシュ・フ
ローの有無に分類される。キャッシュ・フローありの税務行政費用は徴税費とも言い，政府
部門が徴税のために支出する税務署員の人件費等のさまざまな費用である。例えば，わが国
では平成15年度の当初予算額による試算として，税収100円当たり1.78円と公表している。

第5章 租税の基礎理論 | 113

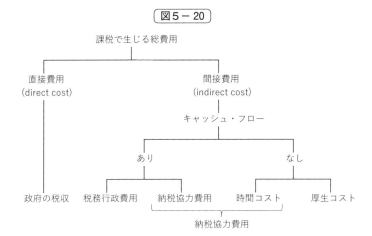

図5－20

納税協力費は，民間部門が納税のために帳簿を備えたり決算を行ったりする費用であり，税収に対してある程度推計した研究があるが，実態は不透明と言わざるを得ない。キャッシュ・フローなしの厚生コストは，課税による資源の誤配分による市場の歪みによって，人々の暮らし向きが悪くなる（厚生水準が下がる・効用が低下する）ことを意味する。課税の非効率の度合いを示す厚生コストの大きさも，課税財の弾力性と税率から推計できることから，税制改革において熟慮する必要があろう。

結果として，課税で生じる総費用は図5－20におけるすべての費用を合算した概念であることが重要である。

6．公平と効率のトレード・オフ

100％効率的な人頭税をなぜ基幹税として導入しないのかという問いには，課税の公平が関わっている。つまり，セカンド・ベストにおける望ましい課税の要件である公平と効率は，一方を追求すると他方を損なう二律背反の性質を有しておりトレード・オフの関係がある。例えば，図5－9のX国において，人頭税を国家の基幹税にすると，課税の公平を著しく損なうことがわかる。高所得の1番の人にも，低所得の10番の人にも同じ税額を課せば，垂直的公平を完全に損なう事態になるのは自明の理である。

税制改革を考える時に，まず水平的公平ありきで，これは絶対条件である。

垂直的公平の程度は価値判断の世界だが，累進度を大きくすれば所得再分配に寄与するが，限界税率が高くなり，厚生コスト（welfare cost）は税率の二乗に比例して大きくなっていく。

近代国家における良税とは，公平と効率のバランスのとれた租税である。所与の税収を徴収するためには，幅広い課税ベースに低税率で課税することが望ましい。なぜならば，税率を低くできれば公平および効率に寄与するからである。そのためには，租税特別措置を極力廃止して課税ベースを広くし，累進税も緩やかにするのが望ましいが，税率が低すぎると所得再分配効果およびビルト・イン・スタビライザーを損ねてしまう。そこで，公平と効率に加えて，財政の機能面も配慮した課税ベースと税率設定が求められる。

☆課税の効率と中立の相違点

財政学は，政治的な経済学であり，有限な資源をいかにして効率的に配分するかは経済学の命題そのものである。したがって，租税論における効率の概念とは，混合資本主義経済における民間部門と政府部門の資源配分を指し，社会的厚生関数の効用水準を最大化するように配分することである。

中立の概念はシンプルで，課税が市場に影響を与えないことである。この点では，狭義の概念では効率と中立はおおむね同義と解しても差し支えないケースもあろう。

しかし，現実経済では，課税前の市場そのものが非効率であることが常である。その原因は，政府の規制や独占・寡占が自由な競争市場を阻害しているからである。非効率な市場に課税することで，市場を効率的に導くことが可能な租税政策が存在する。例えば，特定の財の消費を奨励する優遇税制や，公害対策としての環境税などである。租税政策は，市場に影響を与えるので中立とは言えないが，国民の暮らし向きを良くするので効率的であり、この点で効率と中立の概念は明らかに相違する。

ところで，わが国の財務省は租税原則として公平・中立・簡素をあげているが，その理由は，効率は経済学固有の概念であり，法律および行政の分野においては学術的に明確なタームの定義がないからである。

また，効率的な課税に関して，幅広く一般的には政府が大きな税収を徴収しやすい租税と思われているとすれば，それはミス・リードである。効率性の議論とは，ミクロ経済分析面

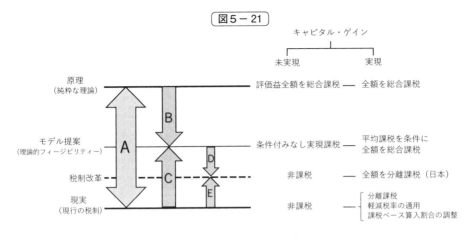

では，課税により市場の資源の誤配分に歪みをもたらす厚生コストの概念である。さらに，租税政策面では経済成長を促すように積極的にインセンティブを与えることを意図した課税の概念である。

7．原理と現実の乖離

図5-21は，税制の原理と現実の乖離概念を段階別に詳細に示している。Aは，純粋な理論と現行の税制の乖離であり，純粋な理論はフィージビリティーがゼロな机上の空論である。Aはさらに2つに分けられ，Bは純粋な理論とモデル提案の乖離，Cは現行の税制とモデル提案の乖離である。Cはさらに2つに分けられ，Dはモデル提案と税制改革との乖離，Eは現行の税制と税制改革との乖離である。最後には，魅力的な妥協案としてDとEが示すように両者が税制改革に歩み寄る必要がある。

ここで，モデル提案の概念に触れておこう。税制には，原理と現実の間に大きな乖離があるが，その中位に位置付けられるのが，わが国の税制のルーツであるシャウプ勧告やカナダのカーター報告のような理論的フィージビリティーを追求した税制改革の勧告案である。原理とは租税論の純粋な理論を指し，現実の税制では実行不可能なことが多い。したがって，現実では原理から大幅に後退した現行の税制が実行されることになるから問題が山積する。それに対し

て，理論的フィージビリティーを追求したモデル提案は，あくまで税制の実行可能性に関する理論上の考え方であり，やはりハードルが高いので原理と現実の中位に位置することになるから，実際に課税するためには，さらなる実行可能性の現実面を考慮しなければならない。結果として，現行の税制は，純粋な理論どころか，モデル提案からも大きく乖離することを余儀なくされ，多くの不公平，非効率を生み出しているのである。

　さて，所得課税における各段階のキャピタル・ゲイン課税の考え方を具体例として示そう。図5－21の右側において，純粋な理論では，未実現の評価益全額と実現の評価益全額を総合課税すべきである。モデル提案では，税務行政上の困難さから，原理的には正しい未実現の発生ベース課税をあきらめて，所得決定のための実現ベース課税に後退せざるを得ないものの，条件付きみなし実現課税を模索している。例えば，恣意的なルールの適用例として上場株式に対して5年ごとにみなし実現を行うことは，長期の非課税キャピタル・ゲインを減少させる効果があるし，ロックイン・エフェクトの抑制にもなり，流動性や租税回避問題を解決する一助となるので，ある程度の理論的フィージビリティーを有していると言えるかもしれない。

　また，実現ベースのキャピタル・ゲインは100％完全課税すべきだが，課税の集中問題が深刻な不公平をもたらすのを防止する目的で平均課税の導入を考慮するのが望ましいが，その実行には税務行政上の困難を伴うので，ある程度の理論的フィージビリティーがあるという程度である。

　次に，現行の税制は，未実現は非課税であり，実現も，分離課税，軽減税率の適用，課税割合の調整など多種多様な軽課措置を導入している。わが国を例にとれば，税制改革を考えるに当たって，最終的には現行の税制とモデル提案との調整過程として，実現の全額を分離課税する税制改革を行った経緯があり，魅力的な妥協と言えよう。

— 第6章 —

税制改革案の影響

　租税論の分野では，歴史の節目で税制に大きな影響を与えた報告書が全世界でリリースされ注目を浴びてきた。例えば，わが国のシャウプ勧告（1949），カナダのカーター報告（1966），スウェーデンのロディン報告（1976），アメリカのブループリント（1977），イギリスのミード報告（1978），アメリカの財務省報告（1984）などである。

　これらの報告書には大きく分けて2つの流れがある。シャウプ，カーター，財務省報告は包括的所得税を主張し，ロディン，ブループリント，ミードは支出税を主張した。このように，当時の包括的所得税と支出税の論争は国際財政学会を二分するものだった。

　20世紀の税制改革案で卓越した双璧は，カーター報告とミード報告である。加えて，わが国に焦点を当てたシャウプ勧告の3報告を見てみよう。

I　シャウプ勧告——わが国税制のルーツ

　シャウプ勧告（1949）の原書は，全4巻からなり，藁半紙のような粗末な紙を真っ黒な厚紙で袋とじにしただけの簡易製本である。したがって，背表紙は真っ黒で何も書いてなく，表表紙は，英語タイトル，日本語タイトル，巻数，そして下の方に GHQ と SCAP が併記されている。この点に関しては，わが国では一般的に GHQ（General Head Quarters）と呼ばれているが，SCAP（the Supreme Commander for the Allied Powers）と併記して世界的には，GHQ ／ SCAP と呼ばれているからである。本の中身は，見開きの左ページが英語で右ページが縦書きの日本語になっている。

シャウプ勧告は，GHQ の最高司令官の要請で，昭和24年5月10日に来日したコロンビア大学の財政学教授シャウプ（Shoup, C.）を使節団長とする，ヴィッカリー（Vickrey, W.），サリー（Surry, S.）たち総勢7名が，同年8月26日に帰国するまでのわずか4カ月弱の間に，世界で最も優れた税制を日本に導入することを理念に作成したものである。国，地方公共団体，学者との懇談に加えて全国各地の視察を行い，極めて短時間で膨大な報告書をまとめ上げたことは特筆されよう。そして，昭和24年8月27日にリリースされた正式名称はシャウプ使節団日本税制報告書（*Report on Japanese Taxation by the Shoup Mission*）である。さらに，シャウプたちはシャウプ税制導入後の税務行政を視察する目的で昭和25年7月に再来日した。そして，視察の結果を反映させた上で当初報告を補完するために9月に新聞発表用としてシャウプ第二次勧告を公表したのである。

ドッジ使節団は，戦後のハイパーインフレに苦しんでいた日本経済を再建するために，緊縮政策として経済安定9原則を出した。それを受けて財政再建を目指すための抜本的な税制改革として策定されたのがシャウプ勧告であり，第二次世界大戦後の特殊な環境下の日本の税制改革に焦点を当てたために，限定的な意味合いが強かった。したがって，国際学会で全世界の専門家が注目することはあまりなかったことが惜しまれる。また，シャウプ・ミッションに井藤半彌が日本の税制の第一人者として使節団の公式なアドバイザー（official advisers to the missions）として参加していたことはあまり知られていない。シャウプは井藤半彌を高く評価したと伝え聞いている。

その後約半世紀を経て，シャウプ勧告において所得税の執筆を担当したヴィッカリーは1996年にノーベル経済学賞を受賞したが，同年12月のスウェーデン王立アカデミーの授賞式に出席することなく帰らぬ人となった。彼は，代表的著作である *Agenda for Progressive Taxation*（1947）において，累進税に関して不必要に小さくなく滑らかに大きくなるような一様な税率区分を主張しているが，ミッションにおける所得税改革にその知見が大きく寄与しただろう。また，申告納税制度の導入における青色申告の語源には所説あるが，ミッションにおいて，正直な色は青（honest color is blue）と言う発言がきっかけとなったという説は有力だと思われる。

第6章　税制改革案の影響　|　119

表6－1　シャウプ勧告の主な内容

1　国税関係
　(1)　所得税の見直し
　　①　課税単位の変更（同居親族合算課税 → 所得稼得者単位課税）
　　②　包括的な課税ベースの構成（キャピタル・ゲインの全額課税，利子の源泉選
　　　択課税廃止）
　　③　最高税率の引下げ（20～85％，14段階 → 20～55％，8段階）
　(2)　法人税の見直し
　　①　単一税率の導入〔法人普通所得（35％）・超過所得（10～20％）→ 35％単一
　　　税率〕
　　②　所得税との二重課税の調整の促進〔配当税額控除（15％ → 25％），留保利益
　　　に利子付加税〕
　(3)　事業用固定資産の再評価
　　　時価で再評価し，再評価益に対しては6％で課税
　(4)　相続税・贈与税の見直し
　　①　両税の一本化（累積課税方式の採用，遺産取得課税への移行）
　　②　税率の引上げ（10～60％，19段階 → 25～90％，14段階）
　(5)　富裕税の創設
　　　500万超の純資産に対し，0.5～3％の累進税率で課税
　(6)　間接税の見直し
　　　織物消費税の廃止，取引高税の条件付（歳出削減）廃止，物品税の税率引下げ等
　(7)　申告納税制度の整備等
　　　青色申告制度の導入，協議団の創設等

2　地方税関係
　(1)　住民税の見直し
　　①　課税団体を市町村に限定し，総額を充実
　　②　均等割以外の住民税の課税標準を所得に限定等
　(2)　地租，家屋税の見直し（固定資産税の創設）
　　①　課税団体を市町村に限定し，総額を充実
　　②　課税標準を賃貸価格の年額から資本価格へ
　　③　課税客体を償却資産に拡大
　(3)　事業税の見直し（付加価値税の創設）
　　①　課税団体を都道府県に限定
　　②　課税標準の改正（所得 → 付加価値）
　　③　税　　率（上限8％）
　(4)　その他の地方税
　　　特別所得税の廃止（付加価値税に吸収），酒消費税の廃止（国税に移譲），船舶税
　　　等の廃止，入場税の税率引下げ，鉱区税等の課税団体の区分の明確化等

出所：『図説　日本の税制』（令和5年度版），45頁。

サリーは，1984 年に 73 歳で亡くなるまでハーバード大学教授を務め，約 40
年を経た 2022 年に彼の回顧録が出版されたが，自らの IRS（内国歳入庁）との
長期間にわたる密接な関係の足跡を書き残している。彼は，タックス・エクス
ペンディチュア概念を確立したことで名高いが，コロンビア大学のロースクー
ル時代からシャウプの知遇を得て，各大学や政府の要職を歴任し，ビットカー
（Bittker, B.I.）と並んで 20 世紀アメリカを代表する租税法学者である。

　シャウプも 2000 年 3 月 23 日に 97 歳の長い生涯を閉じた。彼は，主著『財
政学』の第 2 章において，財政を考えるうえで基本となる独自の見解として，
社会的利害関係が一致するコンセンサス基準（consensuscriteria）と社会的利害
関係は衝突するが調和のとれた解決策としてのコンフリクト基準（conflict
criteria）を理路整然と定義している。この基準を課税に適用すると，前者から
は狭義の水平的公平および厚生コストを解消すべく課税の効率が導かれる。後
者からは家族構成等を考慮に入れた広義の水平的公平および垂直的公平が導か
れる。

　シャウプ勧告はカーター報告（1966 年，カナダの税制改革案）同様，包括的所得
税を課税理念とした抜本的な税制改革案である。同勧告の基本的特徴は課税の
公平を考慮したうえで中立性および税収調達機能に言及したことにあり，財政
民主主義の観点から申告所得税を基幹税とすべく勧告した。表 6 - 1 は同勧告
の主な内容をまとめたものであり，税目ごとに重要点を概観してみよう。

　所得税に関しては，(1) ②の包括的な課税ベースの構成が特筆される。キャ
ピタル・ゲインの全額課税等を骨子とする課税ベースの包括化により，以前の
20 ～ 85％（14 ブラケット）から 20 ～ 55％（8 ブラケット）へと税率の大幅な引き
下げが可能となった。これらの税率構造の改革には課税ベースの包括化に加え
て（5）の富裕税（高所得者層への資産税）の創設が大きく寄与していることを付
け加えておく。課税ベースを広くし税率を引き下げれば公平に加えて厚生損失
が減少するから中立（課税による経済への悪影響）も改善される。

　法人税に関しては，それまでの特別措置を廃止し税率を 35％の単一税率と
すべく勧告した。シャウプ勧告では，法人擬制説の立場を明確にし (2) ②の
所得税との二重課税の調整を勧告した。具体的には，配当部分には概算率

25％による受取配当税額控除方式を適用し，留保所得に関しては利子付加税を勧告した。利子付加税は，理論的には個人レベルにおける株式のキャピタル・ゲイン全額課税とリンクして機能する統合方法であり，まだ不完全ではあるが配当および留保の完全統合を目指した画期的な勧告であった。

次いで，（3）事業用固定資産の再評価が重要である。戦後期の高率のインフレにより大幅に減価した固定資産の実質価値を維持するため，インフレがほぼ落ち着いた昭和25年の水準でインフレ調整し，評価益に対して6％の課税を勧告した。

相続，贈与に関しては従来の遺産総額を課税ベースとする遺産税方式に代えて，遺産を受領する者に対して累積的に課税する方法を勧告している。累積課税方式導入の目的は，従来の相続と贈与を分けて課税することによって生じた租税回避行動のループ・ホールを封じることおよび税率の大幅な引き上げによって富の集中を防止し再分配を促進することであった。

地方税体系に関しても，住民税の見直しに加え，市町村レベルの財源として地租，家屋税に代えて固定資産税の導入を勧告，道府県レベルでは事業税に代えて付加価値税を勧告した。近年，地方分権論議が盛んであるが，シャウプ勧告はすでにわが国の行政主体たる国，道府県，市町村の3つの政府に独立した財源を勧告しており先駆的な考え方であった。

シャウプ勧告に基づく税制は，昭和25年にほぼ勧告どおりに成立した。同勧告は，理論的には一貫性のある望ましい租税体系を目指したものであったが，実際の税務行政面での困難さに加えて，戦後の経済復興を背景としたわが国の経済事情に適合しづらい面もあり，成立直後から修正が始まり，昭和20年代末には主要勧告のほとんどが骨抜きになってしまった。具体例を挙げると，とりわけキャピタル・ゲイン課税の観点から重要であった資産の再評価が強制から任意へと変更されたり，利子の実質的な非課税扱いなどにより，シャウプ勧告が主張した包括的所得税による発生所得への課税が大幅に後退した。さらに昭和28年に富裕税が廃止，地方税体系においても，道府県レベルでの主要財源として事業税の代替税として勧告された付加価値税に至っては一度も実施されないまま廃止された。

シャウプ勧告が失敗した原因は，戦後期のわが国の経済状態に適合しなかっ
たことに加え，当時の日本の税務行政能力ではシャウプ勧告を実施するのが過
度に負担であったからだといわれている。しかし，同勧告は理想の税制を目指
した包括的所得税を基幹税とする税制改革案であり，やはり包括的所得税のモ
デル提案を行ったカナダのカーター報告や，支出税を勧告したイギリスのミー
ド報告とならんで，税制改革の基本理念を網羅した傑作であることは疑う余地
がないであろう。

II　カーター報告──包括的所得税のモデル提案と
カナダ税制改革（1971）

1. 概　要

カーター報告（1966）の原書は，本文がダブルスペース・タイプで打たれ，
青い表紙にルーズリーフ方式で綴じられたものであり，簡易製本による部数限
定版であった。その後，出版される予定であったが，前保守党政権からラディ
カルなカーター報告を押し付けられた自由党のピアソン首相は，窮地に立たさ
れ出版を許可しなかった。しかし，カーター報告の影響は大きく，1971年の
抜本的税制改革に結実した事実は，学問の原理が政治の現実に勝利したと言え
るかも知れず，財政の「政」は政治の「政」であることを改めて考えさせる。

委員会のチェアの名を冠したカーター報告の正式名称は『王立税制委員会報
告書』（*Report of the Royal Commission on Taxation*）である。カナダ政府が税制改
革案を委員会に諮問したのは，①経済状態の不況を税制改革によって打破す
る，②当時の税制は半世紀前からの即席の産物であった，ことが理由である。
その政策目的は，①水平的公平と垂直的公平の達成，②効率的な資源配分の達
成，③インフレーションの回避および完全雇用の達成，④自由な社会の実現お
よび強固かつ独立した連邦制度の実現の4点であり，能力説に基づいた所得課
税体系によって公平を達成することであった。

委員会はチェアのカーター（Carter, K. LeM.）を筆頭に6名からなり，委員の
ほかに，カナダ，アメリカ，イギリスの主要大学の研究者，カナダ租税協会等
の研究機関，欧米主要国の政府も加わって，その税制改革案はまさに全世界的

な叡智の結集であった。

　カーター報告は，4年の歳月を経て1966年に政府に引き渡され，翌1967年2月にリリースされた。それは全6巻に索引を加えて，2,695ページから構成され，なかでも最も重要なのは，所得課税の課税ベース包括化と個人所得税と法人税の完全統合に関する勧告である。

2．勧告の特徴

（1）能力説と課税の公平

　カーター報告は，租税配分原則を能力説に依拠することを明確に打ち出し，租税負担能力の指標を自由所得（discretionary income）に求めた。自由所得とは，課税単位の総経済力から，他の課税単位に対して相対的に適切な生活水準を維持するための拘束所得を引いたものであり，所得から生活水準を維持するための基礎消費を控除した概念である。そして，課税単位である家族の租税負担能力の指標として自由所得に累進課税することによって，水平的公平および垂直的公平を達成しようと考えた。

（2）包括的課税ベース

　カーター報告の包括的所得課税ベースの定義は，「課税される年に，課税単位が消費又は処分した財及びサービスの市場価値に，課税単位が保有している資産の市場価値の年々の変動を加えたもの」であり，サイモンズ（Simons, H.）とまったく同義である。

　包括的課税ベースは源泉を重視するのではなく，意図や形式または消費や貯蓄にとらわれず原則としてすべての経済力の増加を包括的課税ベースに算入することになる。そして，税務行政上実行可能な課税ベースとするためには，再定式化して修正しなければならず，6つの純ゲイン概念として論じている。

（3）課税単位

　カーター報告が選択した課税単位は，自由所得を有する経済単位としての独身者および家族（夫婦と子供）である。独身者と夫婦の能力説の適用に関して，

①独身者より夫婦の方が拘束所得が多いから，総所得が同一であれば，ひとりの独身者よりも夫婦のほうが少ない租税を支払うべき，②夫婦が一緒に生活することにより実現する経済性によって拘束所得が減少するから，一組の夫婦の方が，その夫婦の半分の所得を各々が有する二人の独身者よりも多い租税を支払うべきである，との考え方を示し課税単位に関する有用な示唆を与えた。

（4）税率構造

カーター報告の租税配分原則を能力説に依拠した税率構造の特徴をもっとも端的に表しているのは，仮説的税率表である。家族の自由所得に比例課税（50％）することにより公平が達成されるとしたカーター報告は，自由所得率の概念を導入することにより結果として累進構造を達成した。

公平概念をより精緻に実行するには，所得の変化割合と限界税率の上昇を等しくすべきである。しかし，そのためには数学的に無限の税率階層が存在することになり，実行不可能である。そこで，実際に勧告された税率表は，仮説的税率表を出発点として目的，制約条件，仮定に基づき修正される。そして，課税単位たる独身者と夫婦に自由所得の相違を考慮して別々の税率表が適用される。税率構造は最高限界税率を50％とした税率区分の細かい累進構造であり，子供を有する夫婦には別途，税額控除が適用される。

（5）課税ベース包括化

①　キャピタル・ゲイン

非課税であったキャピタル・ゲインの全額課税を勧告した。キャピタル・ロスは全額控除される。課税のタイミングはフィージビリティーを考慮して発生ベースから実現ベースへと後退したが，永遠の課税延期は絶対に許せないとし，贈与・相続時およびカナダでの居住をやめた場合に，みなし実現が行われるとした。また，累進課税による税負担を考慮して平均課税を導入し，キャピタル・ゲイン課税で問題となるインフレ調整は，一切勧告を行わなかった。

②　贈与・相続

贈与・相続による資産移転は，全額包括的課税ベースに算入して課税され，

贈与税および遺産税は廃止される。この場合，課税単位たる家族間の資産移転には課税されない。夫婦間については，財産の形成は同世代である夫婦の共同作業であるからだとし，親から子への資産移転は子が自由所得を有しないからであるが，将来，子が独立して自分自身の新たな課税単位を形成した時に，みなし実現が行われる。

③　現物給付

現物給付は，受領者の経済力を増加させるから課税ベースに算入すべきである。しかし，多くのケースでは困難な市場価値の評価問題を有する。つまり，税務行政が各個人の流儀や選好を決定できないし，現物給付の客観的評価を決定することもできないからである。勧告では，一貫性も客観性も有し得ない評価といった恣意的な水準の採用が必要であると考え，公平の観点から現物給付への相対的課税の必要性を説いている。

④　帰属所得

帰属所得は，純粋な家事労働などと帰属家賃に大別できるが，いずれも所得課税は困難である。ここで，公平の観点からは，前者は非現実的であるとしても，後者には課税することが必要である。帰属家賃の所得からの除外は，持家住宅に対する租税優遇措置であり，除外するなら借家人の家賃の一部の控除を検討すべきとの問題点を指摘している。しかし，勧告では，純粋な帰属所得に加えて，帰属家賃も純ゲインの金額の正確かつ公平な決定の税務行政上の困難さを理由に課税ベースから除外した。

⑤　租税特別措置

鉱山や石油のような天然資源業が数多く存在し，多くの租税特別措置が導入されていたが，これらの廃止を打ち出した。しかし，医療，寄付，教育に対して望ましい社会目的を達成するためには，租税特別措置の維持もやむをえないと考えた。その理論的背景は，特別な拘束所得に関する租税負担能力が乏しいからである。ただし，租税特別措置の導入は公平を損なう危険性があるから，能力説の適用からの乖離を最小にしなければならない。

⑥　フリンジ・ベネフィット

雇用者（会社）が従業員に提供する社宅，社員食堂，保険などの非貨幣給付

への課税を明確にしたが，従業員の課税ベースに算入する代わりに雇用者に特別税を課税する代替案も示した。それは，雇用者が従業員に対して，現金形態の課税所得か，非課税の非貨幣給付のどちらを給付するかに関わらず，雇用者は同一の支出負担をするからである。

⑦　年金と貯蓄

所得の繰延に対する課税の問題点は，税制が将来使用するための貯蓄に与える影響である。登録退職年金基金の課税ベースから控除することは原則として認められないが，個人貯蓄の奨励は社会および経済政策の観点からやむを得ない場合もあることを示唆した。厳しい制限の下で社会的目標，税務行政問題，経済効果の３つを勘案した上で，登録退職年金基金の拠出金を除外することは，重要な例外として望ましい社会目的達成のために支出税的な取扱いをした。

⑧　政府移転支出

財政の機能は，課税と政府支出の２つの側面を有するが，後者の典型例として国民の集合的な欲求を満足させるような公共サービスがある。その他に，政府移転支出として個人への家族手当，老齢年金，失業保険，労働者補償などの現金給付は課税すべきと考え，包括的所得税論者も賛成意見が大勢を占めている。

（6）個人所得税と法人税の完全統合

カーター報告は，法人擬制説の立場から個人所得税と法人税を完全統合すべきだと考え，配当・留保を問わず法人所得をすべて個人に帰属させ課税し，租税の最終的負担者を自然人とした。その骨子は，配当・留保を問わず法人所得を個人株主に割り当てることを前提とし，法人段階で50％（個人所得税の最高限界税率と同率）の法人税を課税するが，これはあくまで個人株主に対する源泉徴収と考える。次いで，個人段階で配当・留保がグロス・アップされ包括的課税ベースに算入され，個人所得税が課税される。最後に，源泉徴収された法人税が個人所得税から全額税額控除されるのである。

カーター報告の統合の優位性に関する議論は，次の３点に要約できる。第1

に，留保および配当を完全に統合することにより，恣意的な配当性向を排除でき，留保を通しての租税回避を防ぐことができること。第2に，株主の現実の納税に関して，現金のフローのない留保の配分においても，法人税率と個人所得税の最高限界税率を50％と等しくしたことにより，キャッシュ・フローの問題が起こらないこと。第三に，すべての法人源泉所得が，個人レベルで累進税率で課税されることになる。したがって，能力説に基づいた所得税体系によって公平を達成することが可能となった。

3．税制改革（1971）への影響

　カーター報告のリリースを受けて，カナダ政府は1969年11月に税制改革白書を発表し，1970年の末には下院委員会報告書が発表された。これらの流れを受けて1971年6月18日に下院に税制改革が提案され，下院および上院の審議を経て成立し，翌1972年から施行された。

　課税ベース包括化に関しては，カナダの主要な天然資源産業などへの租税優遇措置が抜本的に改正されるなどしたが，次の2点が大きな改革である。第1に，課税ベース包括化の勧告でもっとも重要なキャピタル・ゲイン課税は，原則として実現ゲインの2分の1が課税ベースに算入され，通常の累進税率で総合課税されるようになった。贈与・死亡・カナダから移住のケースでは，みなし実現課税が行われ経済力の増加として包括的課税ベースに算入される。贈与・相続を別建ての資産移転課税をしないで，贈与税および遺産税が廃止されたことの意義は特筆される。第2に表6－2で税制改革の推移を示すように，個人所得税と法人税の完全統合に関しては，留保の統合が見送られたのは当然であり，配当に関してのみ現行の不完全な受取配当税額控除方式に代わって，個人株主の受取配当に対して3分の1のグロス・アップ方式が導入された。結果として，配当の二重課税を100％除去するには至っていないが，課税の公平に向けて一歩前進したと言えよう。このように，カーター報告は包括的所得税のモデル提案として，現実の税制改革に強い影響を与えたと評価できよう。

表6－2

(現行法)	受取配当税額控除方式（受取配当の20％の税額控除を適用）
(カーター報告)	配当及び留保に対して完全統合を適用
(税制改革白書)	同族会社は条件付きでパートナーシップ方式を選択できる
	同族会社からの受取配当に対して全額グロス・アップ方式を適用
	上場会社からの受取配当に対して2分の1グロス・アップ方式を適用
(1971年税制改革)	受取配当に対して3分の1グロス・アップ方式を適用

出所：栗林隆（2005），236頁。

III　ミード報告——支出税の新展開

1. 概　要

　ミード報告の原書（1978）は，黒い表紙に英国のコインがあしらわれている装丁で，553ページからなるソフトカバー製本の分厚い一冊である。ミード（Meade, J.）は，ケンブリッジ大学名誉教授で，知的急進主義者として機会の平等を推奨していた。英国の民間シンクタンクIFS（The Institute for Fiscal Studies）は，彼をチェアとして抜本的な税制改革案を依頼した。作成中の1977年にノーベル経済学賞を受賞したことが，報告のリリースに花を添えたことは言うまでもない。

　ミードは，委員長まえがきで，報告における個人的見解の位置づけを次のように述べている。

　　経済は停滞しており，生活水準の復活とより高い生産性に依存した経済厚生の向上を図らなければならない。同時に近代社会は，貧困の撲滅と，富や特権の受け入れ難い機会の不平等を無くすことを求めている。これらに効果的な行動は，効率と平等の2つの目的において，ある程度避けられないトレード・オフが生じるかもしれないが，適切な社会・政治・経済政策・制度を選択すれば最小限にできる。その成果において，税制の構造が

ひとつの重要な要素である。

そして，上記の目的達成のための適切な税制の構造は次の３つの組み合わせだろうと指摘している。

① 貧困を撲滅するための，社会厚生の新たな発展形態による効果的かつ満足な生活水準の達成

② 富，とりわけ相続財産において，資産の所有を広く分散させることを効果的に奨励するような課税の調整

③ 直接税の基本的改革において，人々が経済システムに投入する貯蓄や投資よりも，経済システムから取り出す高いレベルの消費に課税すべき

委員会は，チェアのミードを筆頭に最終的に大学教授等の租税専門家 11 名からなる。

委員会へ委嘱されてから，３年後に完成した報告の内容は，４部構成となっており，第１部は序論，第２部は現行制度の反省，第３部は直接税制度の急進的再構成，第４部は要約と結論，である。報告のエッセンスは６点あるが，もっとも重要なのは，所得税とキャピタル・ゲイン税を廃止して支出税へ移行することである。

２．改革案の骨子

ミード委員会は，現行の所得課税に関して，純粋な所得税と純粋な消費税が混在していると批判している。その理由は，所得税に多種多様な租税特別措置が導入されている点に起因し，とりわけ，キャピタル・ゲイン課税の軽課に問題が山積していた。つまり，通常所得との境界線が曖昧なので通常所得をキャピタル・ゲインに転換するループ・ホールが税収の大きなロスをもたらしていた。この点に関しては，古典的（1951）にセルツァー（Seltzer, L.H.）が，原理として課税すべき純粋キャピタル・ゲインを定義したが，現実では通常所得との境界線が曖昧なグレーゾーンであることを指摘している。

委員会が言及した純粋な所得税とは包括的所得税であり，①発生ベースでの未実現キャピタル・ゲインに課税できない，②帰属家賃が非課税，③フリン

ジ・ベネフィットなどの現物所得を課税ベースから除外することが多い，などの欠点があった。そこで，委員会はこれらの欠点を克服すべき所得税の課税ベースを提案したのである。

ミード報告が適切だと考えた所得概念は，個人の１年間の消費額であり，年末において同一水準の消費額を将来にわたって持続可能とする資産と期待を残存させるもの，である。この概念は，同一水準の消費額を期待すべく現在価値であるから，キャピタル・ゲインは課税ベースから除外される。しかし，この概念は将来の消費水準に依存するためにフィージビリティーがほとんどない。つまり，納税者が予測する将来の稼得力に依存して所得の多寡が決定されるのに対して，この概念では，納税者の将来の稼得力の相違に対応できないからである。

このように，包括的所得税の欠点を補うべき委員会が考えた所得概念は非現実的なものであった。そこで，委員会は課税ベースそのものを所得から消費に置き換えるという画期的な発想に至ったのである。

ミード報告が支出税を提唱する根拠は，納税者が社会資源を消費目的のために用いる使用権に対して累進課税することであるが，やや短絡的かもしれない。なぜならば，唐突に社会資源の消費に焦点を当てただけで，課税ベースの選択において所得よりも消費の方が租税負担能力の指標として望ましい理由の検討がなされていないからである。

ミード報告が支出税を提唱した理由は，投資機会の中立性の視点から課税の公平よりも効率を優先したからである。

ここで，支出税の１年間の課税ベースは次式で示される。

$$C = G - E + S - P - (B_1 - B_0) - (D_0 - D_1) - T$$

右辺の，G は粗稼得額（現物収入と帰属収入を含む），E は G を得るための費用，S は資産の売却収入，P は当期の資産取得額，B は現金残高，D は負債，添字０と１は課税期間の期首と期末を示す。課税ベース C を求めるためには，所得のフローに加えて資産・負債のストックも必要となるから，所得税の課税ベースと比較してはるかに複雑計算になる。

支出税を批判する強い反対論に，稼得した所得を貯蓄したり投資した場合に

は非課税であるが，貯蓄の払い戻しおよび資産の売却収入を消費した場合に課税されることが挙げられる。委員会は，この対策として資産を登録資産と非登録資産に分ける提案をしたが，後者は資産と消費の性質を２時点間で混在して併せ持つことになり，支出税に所得税の概念を混入したもので支出税の課税ベースの複雑性に拍車を掛けた結果となった。

ミード報告は，所得税から支出税への移行期において過度的措置として比例税率と累進税率を併用する２段階税率の支出税を提案した。具体的には，現行の付加価値税を利用して基本となる比例税率を適用し，一定額を超過する消費に付加税率としての累進税を適用する。しかし，この措置は間接税による直接税の代替であるし，所得と資産の使用面のみに課税することになるから，消費による経済刺激の効果を熟慮する必要がある。

3．支出税の新展開

消費課税は，もっとも古い税目のひとつであり，個別消費税と一般消費税に収斂される。前者は，特定の財及びサービスを狙い撃ちするように課税し，後者は，すべての財及びサービスに均一に課税する。これらの消費課税は，消費者一人一人が個々にその都度消費するたびに個別に課税されるから，逆進性という欠陥を伴う。さらに，各人の消費総額の多寡を無視して定率で課税するから，能力説に依拠した垂直的公平概念から正当化される累進課税思想から逸脱している。これらの欠陥は，消費課税が物税であることに原因があるので，個人を消費主体として経済力を斟酌する人税として課税すれば，従来の消費課税が有する欠陥を緩和することが期待できる。

支出税の思想は，1651 年のホッブス（Hobbes, T.）の『リヴァイアサン』が起源であるとされているが，その後多くの学者，ミル（Mill, J.S.），フィッシャー（Fisher, I.），カルドア（Kaldor, N.）たちが提唱した。この租税は，spendings tax と称されてきたが，カルドア（1955）の主著を井藤半彌が総合消費税と訳出してから，expenditure tax が一般的に用いられるようになった。

ミル以来，フィッシャー，カルドアなど著名な経済学者に消費課税賛成者が多く現れた。しかし，昔からの個別消費税とは違って，消費総額を課税ベース

とする人税を考える時に，納税者の1年間の総消費額をどのように計算するかは大きな壁であった。

　ここで，フィッシャーは，キャピタル・ゲイン課税に反対の立場から，所得税が社会の潜在的な富を喪失させたと批判し，支出税の実現に尽力するために，画期的な発想の転換をした。彼は，所得税の課税ベースは，Y（所得）$= C$（消費）$+ S$（貯蓄）で表されてきたが，この式を変形して，$C = Y - S$と単純に書き換えるだけで，魔法のように所得から貯蓄分を差し引くだけで総消費額が求められることを示した。これで，支出税の課税ベース算定が可能になったので，実施へ向けての第一歩を踏み出したと言える。

　政治の場でも支出税導入に向けて変化が生じた。アメリカ財務省は，戦争景気によるインフレ防止の観点から1942年にフィッシャー方式の支出税を提案したが，新税提案は上院財政委員会で否決された。

　カルドアは，ホッブスが主張した所得よりも消費への課税に強い影響を受け，支出税の課税根拠とし，イギリスにおいて1952年の税制委員会で支出税を提案したが，否決された。その後，彼はインドおよびスリランカの税制改革で実際に支出税を導入したが，それぞれ短期間の実施で廃止に追い込まれた。このエビデンスは，税制史を紐解いてみると唯一無二である。

　所得税の欠点は，帰属所得，現物所得を課税ベースから除外せざるを得ないことと，発生ベースの未実現キャピタル・ゲインに課税できないことである。支出税論者は，帰属所得や現物所得は他の消費に回されるから支出税で課税できるし，また，支出税ではキャピタル・ゲイン概念そのものが存在しないと主張する。

　所得税から支出税への移行に際しては，現実に多くの問題が生じてくる。第1に，長期の高齢化社会を想定すれば，勤労世代の所得税時代に課税後の手取り額を貯蓄しているから，支出税に移行した場合，退職後に貯蓄から引き出して消費すると，ライフ・サイクルにおいて所得税と支出税の二重課税問題が起きる。これを防止するためには，貯蓄と投資への累積課税を記録しておく必要があり，ミード報告の登録勘定の提案はその有力な解決策である。

　また，税収面では，支出税は所得税よりも課税ベースが狭いから，税収中立

改革では，税率を高くせざるを得ず，貯蓄と投資に対して中立的であったとしても，結果として，資源配分の歪みを助長して非効率を招くかもしれない。

　その後，支出税は，1978年にイギリスでミード委員会が採用するように答申したが議会で否決され，現実の税制改革には結実しなかった。しかし，ミード報告は所得税の欠点を克服しようとした支出税構想の集大成であり，学術的に大きく貢献したことは疑う余地が無いだろう。

　アメリカでは，1995年に連邦議会上院にUSA Tax（Unlimited Savings Allowance Tax）法案が提案されことがあるが，やはりハードルは高かった。本提案を直訳すると無制限貯蓄控除税となるが，その理論ベースは支出税である。課税ベースに関してフィッシャーが所得から貯蓄を控除した概念としてキャッシュ・フローによる算定法を提唱してから，現代支出税の研究で名高いアンドリュース（Andrews, W.）がさらにデベロップして，原理としての理論的フィージビリティーはある程度得られたように思われるが，現実にはまだまだ多くの難問が山積している。

　現実面で欠点だらけの所得税と，原理面で純粋な支出税を比較すると，支出税に軍配が上がるかも知れない。しかし，両者の短絡的な比較には無理があり，アンドリュースが提唱した前納勘定方式を用いても，現実における支出税のフィージビリティーは限りなく低く，導入される日は今後も来ないだろう。したがって，直接税としての基幹税は引き続き所得税が担うことになるが，税制改革を考える時に，表裏一体に位置する支出税の考え方を参考にするのは大いに有用だろう。

第7章

わが国の税制

I　租税制度の変遷

1．明治期から昭和初期までの税制

　江戸時代まで遡れば，農民に対する年貢を中心に商工業者には運上金，冥加金といった現在でいえば事業税および免許税に相当する諸税が存在し，各藩ごとに工夫を凝らした多種，多元な租税が混在していた。明治維新を機に，日本の近代税制の夜明けが始まるが，当初は江戸時代の慣習が残り雑然としていた。しかし，廃藩置県を節目として新政権は税収を安定すべく改革に着手し，明治6年に地租改正条例を公布した。新制度では，これまでの耕作者ではなく土地の所有者を納税義務者とし貨幣で納税することを明確にした。表7-1は

表7-1　地租，酒税，所得税の国税収入に占める割合（%）

	明治3年	明治6年	明治8年	明治10年	明治15年	明治20年
地　　　租	88.1	93.2	85.0	82.3	64.0	63.6
酒　　　税		1.5	4.3	6.4	24.1	19.7
所　得　税						0.8

	明治30年	明治40年	大正2年	大正10年	昭和5年	昭和10年
地　　　租	37.6	22.6	15.9	7.4	6.2	4.8
酒　　　税	30.8	20.8	19.9	17.6	19.8	17.4
所　得　税	2.1	7.2	7.6	20.1	18.2	18.9

出所：『図説　日本の税制』（令和5年度版），35，37，39頁のデータより作成。

明治から昭和初期にかけてわが国の税収の柱になった地租，酒税，所得税の3
税に関して，国税収入に占める割合を表にしたものである。地租は明治初期の
税収の柱であり，明治6年には93.2％に達し，わが国の租税は地租のみの単一
課税であると言っても過言ではないほどの地位を占めており，明治10年の
82.3％まで高率で推移していた。

　地租収入はその後だんだんと衰退していき，明治30年には37.6％と大幅に
ダウンし，大正時代に入ると10％以下にまで低下し，昭和に入って国税たる
地位を失うのである。地租に代わって税収の柱となったのは酒税であり，地租
が93.2％を占めていた明治6年にはわずか1.5％にすぎなかったが，明治30年
には30.8％を占めるに至り，明治32年に地租収入を抜いてから，税収の大き
な柱となった。

　このように地租と酒税が税収の要石であったなか，明治20年に所得税が創
設された。導入当初，明治20年の所得税収入は0.8％とごく軽微であり，10
年後の明治30年でも2.1％，さらに10年後の明治40年でも7.2％にしかすぎ
なかった。導入当初の所得税はごく少数の高額所得者のみに単純累進税率で課
税されていたが，明治32年の改正で納税者が約3倍に増加し，さらに法人に
も課税されるようになった。その後，大正2年の改正で14段階の超過累進税
率が導入され，大正9年の改正では主として課税ベースの拡大が図られ，つい
に最大の税収をあげるようになり，大正10年には，20.1％を占めるまでになっ
た。

　昭和15年には，所得税を中心とした大改正が行われ，所得税は個人所得の
みに限定され，法人所得には法人税として所得税から分離した独立の租税が課
されるようになった。所得税は分類所得税と総合所得税の併用方式となり，前
者は労働所得軽課，資産所得重課という伝統的ドイツ財政学における租税理論
の観点から，所得を勤労，事業，配当・利子，不動産，山林，退職の6種類に
分けて，その所得源泉の特徴に鑑み差別的に課税されるようになった。後者
は，各種所得の合計が5,000円を超過する場合に，超過額にのみ10％から
65％の累進税が課された。昭和15年の改正では基礎控除の大幅な引き下げ等
により，勤労所得の免税点が低くなり，一般大衆に幅広く課税されるようにな

り，納税者の急増とともに税収もうなぎ登りとなった。また，源泉徴収制度も導入された。

2．戦後期から昭和後期の税制

　戦争と税制は大きく関係がある。有事の戦費調達のために十分な議論もせずに拙速に税制改革を繰り返してきた歴史は全世界で見られる。図7－1は，第二次世界大戦の勃発に始まり，わが国の太平洋戦争開戦から戦後までの政治と税制の動きを，政権を担っていた首相のもとで時系列にまとめたものである。戦火の渦中にあったわが国では，昭和20年8月15日にポツダム宣言を受諾すべく意思表示として，いわゆる玉音放送が行われ敗戦を迎えた。昭和20年9月2日にはポツダム宣言に正式に調印し日本の戦後が始まり，日本で占領政策を実施したのが連合国軍最高司令部（GHQ）である。

　シャウプ勧告は，GHQの最高司令官の要請で，昭和24年5月に来日したコロンビア大学のシャウプ（Shoup, C.）をチェアとする使節団7名がまとめたものであり，勧告の具体的な内容に関しては，第6章Iを参照されたい。

　シャウプ勧告に基づく税制は，占領下にあった翌昭和25年4月に概ねそのまま成立したが，シャウプたちは昭和25年7月に再来日し9月に新聞発表用としてシャウプ第二次勧告を公表している。

　ところで，シャウプ税制は成立直後から改革に向けての微修正が始まったが，とりわけ，サンフランシスコ平和条約の発効によりわが国の主権が回復したことを受けて，昭和28年と29年に大きな改革が断行され，シャウプ税制の骨子は失われていき崩壊に至ることになる。

　しかし，包括的所得税に基づく抜本的税制改革案は理論的フィージビリティーも高く評価され，シャウプ勧告がわが国の近代税制のルーツであったことは疑う余地はない。

　昭和30年代頃から，経済は好況に転じ高度成長時代の幕開けとなった。毎年10％を超える実質成長率を達成したが，この間の税制改革は経済成長と密接にリンクしていた。第1に，成長の結果として大規模な税収の自然増に恵まれたことを背景に毎年のように所得税等の減税が行われた。第2に，租税特別

第7章 わが国の税制

図7-1

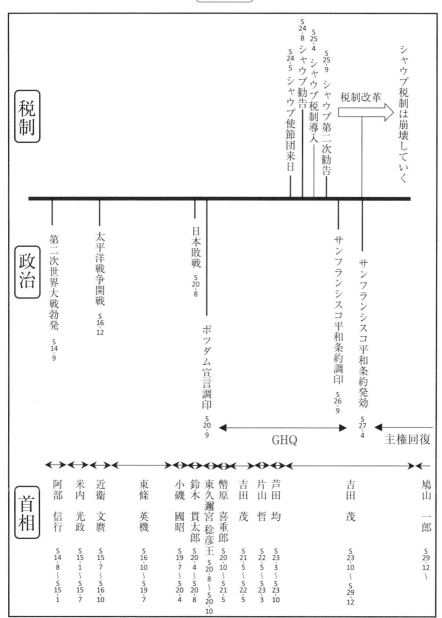

措置が拡充され，資本蓄積や輸出を促進するための優遇税制が大規模に導入された。

　昭和48年10月の第一次を契機に二度のオイル・ショックに見舞われ，資源に乏しく原油をほとんど海外からの輸入に依存していたわが国は，経済のおおきな構造転換を余儀なくされる。スタグフレーションによる不況を経験し，実質成長率も10％から５％に下落し，高度成長の終焉を迎え安定経済へと移行することになる。この時期には，財政赤字増加と経済のグローバル化が税制改革に大きな影響を与え，不況対策としての所得税減税や優遇税制の見直し等を含む多種多様な政策税制が導入された。

　昭和50年代に入って，大幅な歳入欠陥を補填するための赤字国債の発行を余儀なくされたことを受けて，税制は財政再建に舵を切り，間接税の増税，法人税率の引き上げ，優遇税制の整理・合理化が行われた。

　直間比率の極めて高かったわが国では，その税収構造の欠陥が浮き彫りになり，法人税等の直接税は景気の影響を強く受けるため，安定した税源としての大型間接税の導入が模索されるようになったのである。わが国における大型間接税導入論は昭和40年前後の長期間にわたって，大蔵省・税制調査会で検討が行われた。

　大平政権において一般消費税の導入を模索したが総選挙中に頓挫してしまった。次いで，中曽根政権は売上税法案の立法化を図ったが，国会で一度も審議されないままに廃案になってしまった。最終的に，付加価値税を理論ベースとしたわが国の消費税は竹下政権において産声をあげることになり，平成元年4月1日から当初税率３％で導入されたが，多くの特例を設けたために欠点だらけの船出となったものの，大型間接税の導入は政府および大蔵省にとって20年来の悲願であった。

3．抜本的税制改革

　わが国の税制のルーツがシャウプ勧告であることはすでに概観したが，昭和62年9月および昭和63年12月の二度にわたって抜本的な税制改革が行われた。基本的な課税理念は望ましい税制の主要要素である公平，効率（中立）に

第7章　わが国の税制 ｜ 139

簡素を加えて，所得，消費，資産の3つの課税ベースにバランス良く課税しよ
うというものである。

　抜本的税制改革の概要は表7－2のとおりであるが，やはり特筆すべきは消
費税の導入である。これまでわが国では多種多様な個別消費税（物品税）が課
税されていたが，その多くを整理して一般消費税（消費税）が導入された意義
は大きい。消費税による税収増を財源に所得税，法人税，相続税等が減税さ
れ，わが国の税制は新しい局面を迎えた。そもそも，大型の一般消費税の導入
は，シャウプ勧告において道府県レベルでの付加価値税の導入が勧告されて以
来，大きな政策課題であった。とりわけ，所得税中心主義を背景に諸外国に比
べて直間比率が高かったわが国は，中曽根内閣時代，売上税として日の目をみ
そうになったが政治的プロセスで成立せず，次期の竹下内閣において現行の消
費税が成立した。わが国の消費税は，消費課税の理論上最も望ましいとされる
付加価値税をかなり変形したものであり欠点が多い。しかし，高齢化社会の到
来を背景に，勤労世代にのみ税負担を求める所得税から退職者にも幅広く税負
担を求める消費税の導入は，抜本的税制改革と呼ぶにふさわしい大改革であっ
たといえよう。

　表7－2を具体的に検討していこう。昭和62年9月の改正で，所得税の累
進税率構造が10.5〜70％の15段階から10.5〜60％の12段階へと緩和され，
さらに翌年昭和63年12月の改正で10〜50％の5段階へと大幅に簡素化され
た。税率区分の簡素化は，幅広い課税ベースに低税率で課税するのが望ましい
との包括的所得税の理念に沿ったものである。昭和62年9月にはマル優が原
則廃止され利子課税制度が見直されたり，昭和63年12月にはそれまで非課税
であった株式等の譲渡益の原則課税などが打ち出され，課税ベースを広げる措
置がとられている。

　先に述べたように，一連の抜本的税制改革のエッセンスは消費税の導入によ
り，所得税，法人税，相続税の減税が行われた点である。所得税に関しては，
配偶者特別控除の新設に加えて人的控除の引き上げが行われ，税率の引き下げ
との相乗効果で過去最高の大幅な減税となった。法人税に関しても，税率が
42％から37.5％へと段階的に引き下げられ，配当軽課が廃止された。わが国で

（表7－2）　抜本的税制改革の概要

	税 制 改 革 の 概 要
昭和62年 9月改正	○　所 得 税 ・税率構造の緩和（10.5〜70％，15段階 ⇨ 10.5〜60％，12段階），配偶者特別控除の創設等による所得税の減税 ・利子課税制度の見直し（マル優等の原則廃止，源泉分離課税の導入）
昭和63年 12月改正	○　所 得 税 ・税率構造の簡素化（10〜50％，5段階），人的控除の引上げ ・株式等の譲渡益の原則課税化 ・資産所得の合算課税制度の廃止 ・社会保険診療報酬の所得計算の特例の適正化 ○　法 人 税 ・税率の引下げ（42％ ⇨ 40％ ⇨ 37.5％） ・配当軽課税率の廃止 ・法人間の受取配当の益金不参入割合の引下げ ・外国税額控除制度の見直し ・土地取得に係る借入金利子の損金算入制限 ○　相続・贈与税 ・諸控除の引上げ ・税率適用区分の拡大及び最高税率の引下げ（75％ ⇨ 70％） ・配偶者の負担軽減措置の拡充 ・法定相続人の数に算入する養子の制限 ・相続開始前3年以内に取得した土地等についての課税価格計算の特例の創設 ○　間接税制度 ・物品税，トランプ類税，砂糖消費税，入場税及び通行税の廃止（国税） ・電気税，ガス税及び木材引取税の廃止　　　　　　（地方税） ・消費税（税率3％，多段階累積排除型）の創設 ・酒税　従価税・級別制度の廃止，酒類間の税負担格差の縮小及び税率調整 ・たばこ消費税　名称の変更（新名；たばこ税），従量課税への一本化及び税率引下げ ○　そ の 他 ・有価証券取引税の税率引下げ ・印紙税　物品小切手等の5文書を課税対象から除外

出所：『図説　日本の税制』（令和5年度版），49頁。

第7章　わが国の税制 ｜ 141

は，所得税と法人税の二重課税の調整に関して，所得税における配当税額控除と法人税における配当軽課を併用していたが，これにより配当税額控除のみによる概算的な調整にとどまることになった。

　相続税の減税も特筆される。それまでの税制では都心部にささやかなマイホームを保有する程度のサラリーマンでも地価の高騰を背景に相続税の心配をしなければならなかったが，基礎控除がこれまでの 2,000 万円 ＋（400 万円×法定相続人数）から 5,000 万円 ＋（1,000 万円×法定相続人数）へと大幅に引き上げられたことなどにより，課税最低限が大幅にアップし，抽象的な表現だが，ささやかなサラリーマンは相続税の心配がなくなったといえよう。

　最後に，消費税の導入によって，それまで多種雑多に存在していた間接税が大幅に整理されたことも重要である。

II　現行の税制

1．概　要

　わが国の政治・行政構造は国（中央政府）と都道府県・市町村（地方政府）から構成されているが，その財政活動を支えるのは租税である。わが国の税制は，税目も多く複雑な体系から構成されており，表7−3は国税と地方税における税目の概要を，課税ベースごとに分類したものである。これらの諸税の分類方法としては，国が課税するか地方政府が課税するかといった課税主体による分類，租税負担が転嫁するかどうかといった観点から直接税か間接税かといった分類，所得・消費・資産といった課税ベースからの分類，納税者が個人か法人かといった納税義務者による分類，さらには人税か物税かといった課税客体による分類などがある。

　わが国の財政制度上，まず国税は歳入予算として見積計上され，地方税は地方財政計画において見積計上される。租税は政府支出と違って実際に徴収してみないと税額が確定しないので，予算段階においては見積にすぎない。その後，執行，決算の手続きを経て初めて確定するのである。令和6年度の予算によれば，国税と地方税を合わせた租税総額は 118 兆 5,845 億円であり，その状

表7－3 国税・地方税の概要（令和6年4月1日現在）

	国　　税	地　方　税	
		道 府 県 税	市 町 村 税
所 得 課 税	所得税 法人税 復興特別所得税 特別法人事業税 地方法人税 森林環境税	個人住民税 法人住民税 個人事業税 法人事業税	個人住民税 法人住民税
消 費 課 税	消費税 酒　税 たばこ税 たばこ特別税 航空機燃料税 揮発油税 地方揮発油税 石油ガス税 石油石炭税 関　税 自動車重量税 とん税 特別とん税 電源開発促進税 国際観光旅客税	地方消費税 地方たばこ税 軽油引取税 自動車税 ゴルフ場利用税 狩猟税 鉱区税	地方たばこ税 軽自動車税 入湯税 鉱産税
資産課税等	相続税・贈与税 印紙税 登録免許税	固定資産税 不動産取得税 法定外普通税 法定外目的税	固定資産税 特別土地保有税 事業所税 都市計画税 法定外普通税 法定外目的税 水利地益税

出所：財務省資料より作成。

第7章 わが国の税制 | 143

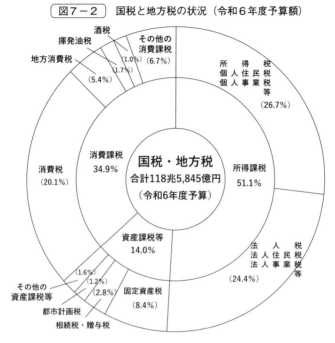

出所：財務省資料より作成。

況を円グラフ化したものが図7－2である。租税総額のうち，国税が61.83%，地方税が38.17%であり財源は国税に偏っている。直間比率は，直接税65.1%に対し間接税34.9%であり地方税をも含めたわが国全体の税制では，まだまだ直接税のウェイトがかなり高いことに気付く。課税ベース別にみてみると，所得課税において最大の税収をあげているのは所得税等の26.7%であり，これに所得税・法人税・事業税を加えると51.1%を占め，直間比率を高める要因となっていることが良くわかる。消費課税において最大の税収をあげているのは，消費税および地方消費税の25.5%である。ちなみに現行の10%の消費税のうち7.8%が国税（消費税），2.2%が地方税（地方消費税）である。資産課税において最大の税収をあげているのは固定資産税の8.4%であり，相続税・贈与税が租税総額に占める割合はかなり低いといえる。

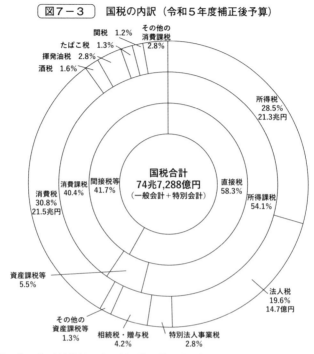

図7-3　国税の内訳（令和5年度補正後予算）

（注）所得税は復興特別所得税，法人税は復興特別法人税及び地方法人税をそれぞれ含む。
出所：財務省資料より作成。

2．国税体系

　令和6年度予算額を用いて，国税の傾向を検討してみよう。図7-3において所得課税が54.1％を占め，消費課税が40.4％，資産課税はわずか5.5％にとどまっている。それぞれの税目は表7-3に分類されているとおりであるが，近代租税論にあっては，望ましい租税体系の要件として公平と効率のトレードオフを考慮しつつ，所得，消費，資産の3つの課税ベースにバランス良く課税するのが通説である。この観点からは，国税レベルにおいては資産課税がやや不充分との指摘があるかもしれない。

　各課税ベースごとに基幹税をみていくと，所得税の28.5％，法人税等の19.6％，消費税の30.8％となっている。資産課税にあっては，相続税・贈与税の4.2％と低水準で推移している。なお，資産課税のうち，地価税は平成4年

第7章　わが国の税制 ｜ 145

に導入された。当時，地価税導入を諮問した政府税調では，従来からの市町村民税たる固定資産税では課税ベースが土地の時価の3割程度と低いので資産課税として不充分であるから，国税たる地価税で資産課税をさらに補完しようとの議論もなされたようであるが，主としてバブル期の地価高騰の沈静化と宅地供給を政策目的として導入された。新税の導入には，なにをおいても税収調達機能を重視すべきであるが，地価税は法人税法上損金に算入されるため，法人税収を減少させるし，課税ベースである路線価の全国整備や税務職員の増員等に多額の税務行政費用を要するうえに，土地を多く保有する大企業は多額の納税協力費用を強いられ，経済関連団体を中心に廃止が求められていた。地価税導入後，毎年地価は下落し続け，わが国の経済状態が長期的な不況であることなどを背景に地価税は平成9年度の課税を最後に凍結された。

　また，直接税，間接税の観点から分類すれば前者に分類されるのは，所得税，法人税，相続税・贈与税，地価税のみであり，他のすべての税目は間接税である。図7－3において，総税収に占める直接税は58.3％，間接税は41.7％であり，国税レベルではいわゆる直間比率は均衡しつつある。平成元年の消費税導入以前は，わが国は直接税のウェイトが著しく高く，大型間接税の導入によって直間比率を是正するのが当時の税制改革の潮流であった。

3．地方税体系

　令和4年度予算額を用いて，地方税の傾向を検討してみよう。地方税はまず課税主体によって道府県税と市町村税に分けられるが，図7－4が道府県税，図7－5が市町村税を示し，税収は8：9で市町村ベースの方が多い。

　道府県税20兆7,352億円のうち，最大の税収をあげているのは，道府県民税の33.4％であり，次いで事業税の26.5％となっているが，両者とも所得課税である。消費課税では地方消費税（消費税10％のうちの2.2％）が30.9％と健闘しているが，資産課税は道府県税レベルにあっては低水準である。

　市町村税23兆3,170億円のうち，最大の税収をあげているのは，市町村民税の45.5％であり，地方においても所得課税が基幹税となっている。また，資産課税である固定資産税が41.5％をあげており，反面消費課税が低水準なのが

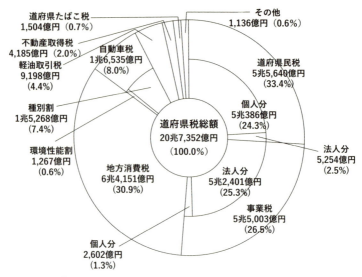

図7-4 道府県税収入額の状況（令和4年度予算額）

出所：『地方財政白書』（令和6年度版）。

特徴である。

　表7-3において，地方税体系を概観しよう。地方税はまず課税主体によって道府県税と市町村税に分けられた後，所得・消費・資産の課税ベースごとに分類される。さらに表には記していないが，一般財源か特定財源かという意味で普通税と目的税に分類される。例えば，令和元年に廃止された自動車取得税は，目的税に分類されていたが，それは自動車取得に租税負担能力を見出して課税しており，道路に関する支出に使途が特定されていた。財政理論上，ノン・アフェクタシオン原則の観点から，特定の税収と特定の支出を結びつけると，財政硬直化が生じ，非効率になるから目的税は望ましくない。特定の税源と特定の支出を結び付けることは非効率を招くからである。しかし，近年，政治のフィールドで消費税を福祉目的税化しようとの議論が盛んになされるように，特定の税源を福祉などの特定の支出と結び付けることによって，将来予想される税率アップによる負担増を国民の租税心理に訴えて，緩和しようとの試みも指摘できよう。

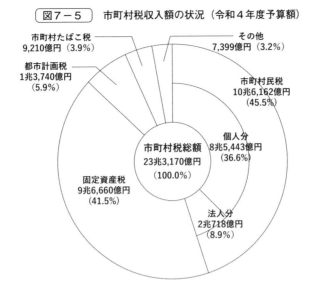

図7−5 市町村税収入額の状況（令和4年度予算額）

出所：『地方財政白書』（令和6年度版）。

　地方税体系において，最大の税収をあげている主要な税目を概観しておこう。道府県民税と市町村民税をあわせて，一般的には住民税と呼んでいるが両税でそれぞれ，33.4％，45.5％を占めている。住民税の納税義務者は個人および法人であるが，ここでは個人住民税を例にとろう。個人住民税は平成19年より，所得税から3兆円の税源移譲がなされたが，前年の国税たる所得税の課税ベースに，道府県民税と市町村民税をあわせて一律10％で所得割として課税している。これに所得税の最高限界税率45％を加えると，個人への所得課税の限界税率は55％となる。所得課税の代替効果を考えたとき，理論的に明確な論証はないし各人によって代替効果の程度もさまざまであるが，追加的所得への課税を最高55％にとどめることは租税心理上も妥当であろう。住民税には，所得割の他に均等割があり，税額は道府県民税が一律1,000円，市町村民税が一律3,000円である。均等割は住民1人当たりいくらといった人頭税（poll tax）である。人頭税は理論上100％効率的であるが，反面不公平度が高い。イギリスのサッチャー政権においてコミュニティ・チャージと呼ばれる人頭税が導入され，その不公平度ゆえに失敗に終わった経緯は記憶に新しいが，

わが国の住民税における均等割は，税額が僅少であるがためにほとんど問題になったことがない。

III　わが国税制への適用と課題

1．ガソリン税──道路財源目的税の功罪

　一昔前，地方都市で道路はガソリン税で建設されている旨の横断幕があったが，正式な税目は揮発油税である。かつて，ガソリン税はその使途が道路特定財源に限定された目的税であり，暫定税率によって長年にわたって重課されてきた。自動車が道路を走る距離に比例してガソリンを消費するから，道路の使用という受益に対してガソリン税の支払いという負担の報償関係において，利益説課税からおおまかな説明ができるかもしれない。

　しかし，ガソリン税には問題点がある。第1に，財政学の伝統的なノン・アフェクタシオン原則によれば，特定の税収と特定の支出を結びつける目的税は財政硬直化を招き非効率となるから望ましくない。第2に，特定の財及びサービスを狙い撃ちするように課税する個別消費税であり，すべての財及びサービスに均等に課税する一般消費税と比較して，課税の効率性を損なう。第3に，ガソリン税の他に消費税も課税され二重課税となっているから公平を損ねる。このように見てくると，ガソリン税は理論的には悪税の代表格である。

　ガソリンに対して暫定税率による重課がなされていた理由は，いわゆる族議員が道路特定財源という旗印のもと，巨額の財源を差配し地元選挙区に道路建設を誘致するためである。このような，モラル・ハザードが政治の場で特定のインタレスト・グループのみを優遇し，財政運営に著しい非効率をもたらしている。

　昭和49年のオイル・ショックによって景気が失速し大幅な税収減による歳入不足を生じたわが国の財政は，緊急避難措置として財政特例法による赤字国債の発行を余儀なくされたが，増税策の一環として白羽の矢が立ったのがガソリン税であり，昭和50年から本則税率の28.7円（揮発油税24.3円＋地方道路税4.4円）に加えて暫定税率適用による重課が始まった。以後，30年以上の長期にわ

たり税率の引き上げを繰り返しながら維持延長され，昭和58年には53.8円（揮発油税48.6円＋地方道路税5.2円）になった。たしかに，ガソリン税は道路特定財源としてインフラ整備に貢献してきたのは事実だが，今やその役目は終わったと言えよう。

　上述した問題点に対して，純粋な理論に立脚すれば，ガソリン税は廃止して消費税として一本化すべきである。または，個別消費税として存続させる場合は消費税を非課税として二重課税を回避し，暫定税率による重課は廃止すべきである。

　ガソリン税は，平成21年3月31日まで国と地方の道路特定財源となっていたが，当該措置は廃止され，地方の道路整備コストも効率性を重視して一般財源で賄うようになった。健全財政に向けてのささやかな一歩かもしれない。

2．地価税──バブル経済時の租税政策

　わが国では，昭和末期から平成初期にかけて生じたバブル経済において，土地神話に基づき地価が急騰した。銀行も土地購入を奨励し積極的に融資したため，バブルに拍車がかかり，崩壊後に巨額の不良債権を抱えることになる。地価税は租税政策として平成4年から導入され，その政策目的は高騰した地価の鎮静化と宅地供給の拡大であった。政府・大蔵省は，地価税導入のために全国の路線価を整備する必要から多額の税務行政費用を要した。地価税は，大企業が主たる納税者となったため，租税政策そのものの趣旨に関する批判もあったが，理論的には，土地に関する固定資産税との二重課税が問題視された。この点に関しては固定資産税だけでは資産課税が不十分であるとの考え方が背景にあったものの，政策的側面から悪税との批判が強かった。

　特筆すべきは，政府・大蔵省が地価税導入に際して税収規模を第一に考えていたことである。つまり，租税の基本的機能としてまず税収ありきで，副次的効果として政策面が存在することを肝に銘じる必要がある。

　因みに，バブル崩壊により地価は市場経済において下落し，本税の政策目的が失われたのでわずか5年間の導入で地価税法は凍結され課税停止となって幕を閉じた。

3．外形標準課税──利益説に基づく事業税への導入

　バブル崩壊後の失われた10年の不況において，銀行は巨額の不良債権を抱え，本来の収益力を示す業務粗利益は順調に推移していたにもかかわらず，貸倒損失により最終損益が赤字となり，事業税を1円も払わない事態が長期的に続いていた。

　東京都が平成12年4月に東京都の銀行に対して，事業税の課税標準等の特例に関する条例を定めた。具体的には，資金量5兆円以上の銀行業を営む法人に対する業務粗利益を課税標準とし3％の税率で課税する措置を講じた。同条例の理論的背景には，租税配分原則を利益説に依拠することがある。銀行が東京で営業できるのは，東京都が供給する警視庁による治安維持サービスに負うところが大きいから，銀行がその対価として事業税を負担することは利益説に依拠すれば正当性も説得力もある。

　東京都の条例に対して銀行側は，事業税は所得課税を常態とする能力説課税であることを主張し，違憲かつ違法であるとして条例の無効確認と租税の還付および営業損害等の賠償を求め東京都を提訴した。当該裁判は，高等裁判所において事業税の利益説課税による事業の常況の存在を部分的に認めたものの，違法と判断され迷走した。東京都も銀行側も，司法判断が長引いた場合の還付加算金や延滞金等のリスクを懸念し，最高裁判所において和解交渉が行われ，一定の条件のもとで平成15年10月に和解が成立した。

　この一連の係争は，事業税の外形標準課税に一石を投じたものとして位置づけられよう。事業税は所得を課税ベースとしていたので，バブル崩壊の後遺症による長期的な不況による税収の伸び悩みが常態化し，地方財政の悪化をもたらしていた。そのため，平成15年度の税制改正において，資本金1億円以上の条件を満たす法人に対して外形標準課税が導入された。都道府県は，赤字の大法人に課税できるようになったため，景気にあまり左右されずに安定的な税収を見込むことができるようになり，一歩前進したと言えよう。

4．税制改革の動向

　望ましい税制のあり方は，時代の要請と共に日々変化している。したがっ

第 7 章　わが国の税制　｜　151

て，半永久的に通用する理想の税制は存在せず，税制改革は継続的に必要である。わが国の税収構造は所得税・法人税・消費税の 3 基幹税で総税収の約 8 割を賄っているが，令和 6 年度当初予算のプライマリー・バランスは約 8.8 兆円の赤字であり，財政再建の観点から増税は不可欠である。それでは， 3 基幹税の動向を見てみよう。

　所得税は高所得者層を狙い撃ちにした給与所得控除の縮減と税率引き上げによる増税が図られてきたが，令和 2 年からその傾向はいよいよ顕著になった。高所得者に対する増税は，税収不足を背景に垂直的公平の観点から累進税は正当化されるし，所得再分配にも寄与しているが，強い代替効果が懸念される。また，令和 7 年度に向けた税制改革論議で 103 万円の壁が問題になり，給与所得控除および基礎控除等の引き上げが検討されている。

　法人税は，企業の国際競争力の観点から減税傾向がトレンドである。平成 30 年から本則税率は 23.4％から 23.2％に引き下げられ，中小企業者等の年 800 万円以下の所得金額に対しては，平成 24 年に 18％から 15％に景気の不透明感を背景に経営基盤強化目的として引き下げられ，令和 6 年現在に至っている。

　消費税は，紆余曲折を経て令和元年 10 月 1 日より税率が 8％から 10％に引き上げられた。逆進性の緩和対策として複数税率を導入したのが特徴である。また，令和 5 年 10 月 1 日よりインボイスが導入され，付加価値税の理論に基づいて望ましい税制となり，わが国の消費税の最大の欠点であった益税問題の是正が期待されるが市場の混乱を招くかも知れない。

　税制改革全体を総括すると，巨額の財政赤字を背景に増税は不可避である。所得税は高所得者に対するさらなる増税が頭打ちだし，法人税は減税となると，増税可能なのは消費税しかない。しかし，消費税率を引き上げると景気に悪影響を及ぼすのが常であるから，引き上げには経済の安定成長が不可欠であり，舵取りは容易ではない。

　税制改革を考える時に，まず公平ありきである。そのためには，広く浅く（幅広い課税ベースに低税率）課税すべき原点を忘れてはならない。

第8章

個人所得課税

　世界で最初に所得税が導入されたのはイギリスにおいてであり，1799年に時の首相ウィリアム・ピット（Pitt, W.）がナポレオン戦争の戦費調達のために導入したものである。以来，所得税は紆余曲折を経たが，現在は主要国においていまだ基幹税としての地位を保っている。所得税が現在の租税システムのなかで主要な位置を占めるようになったのは，資本主義の発展過程において所得が租税負担能力の指標として公平だと考えられるようになってきたからである。また，所得税が勤労意欲に与える影響も比較的少ないし，税負担はほぼ本人に帰着するから相対的に効率な租税だと考えられてきたからである。

　税収面からアプローチしても，所得税の地位は揺るがない。令和6年度当初予算では，所得税が国税の28.5％を占め，これに法人税の19.6％を加えると，所得課税全体で国税の48.1％を占める。このように，租税の基本的な税収調達機能の視点からも，所得税の重要性は揺るがないのである。

I　所得とは何か

　所得課税を考える場合，まず所得（income）とは何かを考えるのが重要である。所得税が主たる税収源として幅広く受け入れられているのは，所得が個人の租税負担能力を測定する最良の基準だからである。一般的な概念では，所得とは懐に入ってくるものすべてと解されるかもしれないが，ここで考察すべきは課税目的の所得（課税ベース）である。所得が租税負担能力を的確に示すための信頼性を得るためには，課税目的の定義が重要になってくる。しかし，いかなる定義をしようとも若干の恣意性が必要であり，歴史を紐とくと，源泉説と

経済力増加説のおおよそ2つの潮流がある。

1. 源泉説

　源泉説は周期説とも呼ばれ、給与に代表されるように、周期的かつ反復的に継続する収入だけを課税所得とする考え方である。したがって、例えば宝くじの賞金などのように非周期的な収入は除外される。源泉説は、農業が主たる産業であった頃、果樹は決して切り倒さず、毎年周期的に継続して実を結ぶ果実のみを収穫するという考え方がルーツだといわれる。表8-1はわが国の所得の種類を簡潔に整理したものである。わが国の所得の種類は源泉面に着目して

表8-1　わが国の所得の種類

種　類	内　　容	所得概念		所得の種類	
		源泉説	経済力増加説	労働所得	資産所得
①利子所得	預貯金、国債などの利子の所得	○	○	×	○
②配当所得	株式、出資の配当などの所得	○	○	×	○
③事業所得	商工業、農業など事業をしている場合の所得	○	○	○	×
④不動産所得	土地、建物などを貸している場合の所得	○	○	×	○
⑤給与所得	給料、賃金、ボーナスなどの所得	○	○	○	×
⑥退職所得	退職手当、一時恩給などの所得	×	○	○	×
⑦譲渡所得	土地、建物、ゴルフ会員権などを売った場合の所得	×	○	×	○
⑧山林所得	山林の立木などを売った場合の所得	×	○	×	○
⑨一時所得	クイズの賞金、生命保険契約の満期返戻金など、一時的な所得	×	○	×	○
⑩雑所得	恩給、年金などの所得　　　　　　営業でない賃金の利子など、上記所得に当てはまらない所得	△	○	×	○

（注）△は一部が該当。
出所：『図説　日本の税制』（令和5年度版）。93頁に加筆して作成。

10種類に分類されており，源泉説の面からアプローチすると，①利子，②配当，③事業，④不動産，⑤給与に加えて⑩雑のうち年金などの一部が該当しよう。

2．経済力増加説

　経済力増加説は，現在の所得課税の規範論ともいうべき学説であって，最も広く受け入れられており，通常シャンツ＝ヘイグ＝サイモンズ概念と呼ばれている。ドイツでは1832年のヘルマン（Hermann, F.）の所得概念を発端に約60年間にわたって所得概念論争があり，これに終止符を打ったのがシャンツ（Schanz, G.）である。シャンツの学説は経済力を増加させるすべての所得要素を課税ベースに算入するもので，宝くじの賞金なども含む画期的なものであった。サイモンズ（Simons, H.）は，シャンツが種を撒き育てた芽を，丹誠こめて花を開かせ，同時期にヘイグ（Haig, R.）も同じような花を育てたと解されている。

　シャンツ＝ヘイグ＝サイモンズ概念のエッセンスは，1年間の消費に資産の純増を加えたものであって，源泉面を一切考慮せず消費か貯蓄かといったような形式にもとらわれず，原則としてすべての経済力の増加を算入することにある。表8－1に経済力増加説からアプローチすれば，10種類の所得すべてが該当することになる。

II　課税方法

1．所得の種類

　課税ベースが決まれば，次に考えるべきは課税方法である。課税方法を考えるにあたって，まず所得の種類を簡単に整理しておこう。所得は大きく分けると労働所得と資産所得（資本を投下した資産から得られる所得）に二分される。労働所得は給与に代表されるように文字どおり汗水たらして働いて得る収入であり，資産所得とは，例えば宝くじの賞金のように，たなぼた的に汗をかかずに得る収入のことである。表8－1において，労働所得に該当するのは，③事業，⑤給与，⑥退職であり，他は資産所得である。

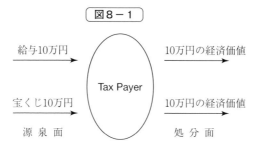

2. 分類所得税

　分類所得税は主としてイギリスで発展した課税方法で，図8－1において納税者（Tax Payer）の左側の所得の源泉面に着目する。つまり，同じ10万円であっても給与（労働所得）と宝くじ（資産所得）では，課税の観点から価値が違うと考える。すなわち，課税の公平概念において所得の源泉面による租税負担能力を考慮するわけで，伝統的なドイツ財政学の時代から労働所得軽課，資産所得重課が主張されている。その理由として，労働所得は労働の対価として得る生活の糧であり生活必需財を購入する原資であるから軽課すべきであり，一方，資産所得は非労働的収入であるから，労働所得よりも租税負担能力が高いと考えるわけである。

　イギリスでは，スケジュール制度（Schedular System）が導入されており，所得の種類を源泉に応じて5つのスケジュールに区分して課税している。日本では，さらに細かく表8－1のように10種類に区分して課税している。

3. 包括的所得税

　包括的所得税は，図8－1において納税者の右側の所得の処分面に着目する。つまり，給与（労働所得）にせよ宝くじ（資産所得）にせよ，10万円は10万円であって経済力（購買力によって市場を支配する力）は同じであるから，すべての経済力の増加に包括的に課税すべきことを要請する。結果として労働所得にも資産所得にも同額の課税をすることになる。

　包括的所得税は，経済力増加説に立脚したものであるが，シャンツ＝ヘイグ

＝サイモンズ概念が現実の税制で実現すれば理想である。しかし，ファースト・ベストたる理想の税制が存在しないのと同様に，同概念の実行可能性には，多くの問題点が山積しており実際に課税するのは困難である。したがって，一般的には評価および税務行政の観点から課税が困難な帰属所得，未実現キャピタル・ゲインなどが除外されている。

　ここで，再び表8－1に着目すると，所得の源泉面に着目して10種類に分類している点は理論的に分類所得税によるアプローチである。また，土地建物等の譲渡所得の特例など一部の分離課税の例外を除いて，10種類の所得すべてを課税ベースに算入し総合課税する点は理論的に包括的所得税によるアプローチである。結果として，わが国の税制は分類所得税と包括的所得税のそれぞれの課税方法をあわせ持った特徴を有しているといえよう。

III　税率構造

　所得税の税率構造は一般的に累進税率構造となっている。表8－2は，わが国の税率構造の変遷を示している。昭和44年には10％から75％まで16段階のブラケット（税率区分）であったのが，昭和59年には15段階になり，62年

表8－2　所得税の主な税率改正の推移

年　　度	最低税率	最高税率	ブラケット数	摘　　　要
昭和25年	20	55	8	シャウプ勧告
昭和28年	15	65	11	富裕税廃止
昭和44年	10	75	16	長期税制答申
昭和59年	10.5	70	15	最高税率の引下げ
昭和62年	10.5	60	12	最高税率の引下げ
平成元年	10	50	5	抜本改革
平成7年	10	50	5	累進度の緩和
平成11年	10	37	4	最高税率の引下げ
平成19年	5	40	6	三位一体の改革
平成27年	5	45	7	最高税率の引上げ

出所：財務省資料より作成。

には 12 段階, 63 年には 6 段階, 平成元年には 10％から 50％までの 5 段階となった。これらの一連の流れは, 課税ベースを広くし税率を引き下げる世界的な傾向に則したものであり, 理論的にもより公平かつ効率が達成される方向である。平成元年改正における大幅な税率引き下げおよびブラケット数の減少に伴う税収不足は同年 4 月に導入された消費税で代替する考え方であり, 直間比率の見直しを含めた抜本的な税制改革であった。

また, 平成 7 年には税率は同じであるが適用されるブラケットがよりゆるやかになる減税が行われ, 11 年には 10％から 37％まで 4 段階の累進となり, 住民税の 13％を加えても個人に対する所得課税の最高限界税率がやっと 50％となった。

平成 19 年より, 小泉政権による三位一体の改革が本格的に実行され, これに伴い国税である所得税から地方税の住民税へ, 約 3 兆円の税源が移譲された。全所得階層で税負担を一定とする前提で, 住民税を 10％の比例税率とし, 所得税を 5 ～ 40％の 6 段階としたが, 課税の簡素化に逆行した点が惜しまれる。平成 27 年より, 課税所得 4,000 万円超の税率が 45％に引き上げられ, ブラケット数が 7 になった。その背景には, 所得税に対する高所得者層の増税があり, 平成 25 年より給与が 1,500 万円を超える場合には給与所得控除に 245 万円の上限を設けて課税ベースを広くした経緯があった。

累進となっていることを正当化する理論に, 租税配分原則を能力説に依拠することが挙げられよう。能力説によれば, 所得が多ければ多いほど, より大きな割合の租税負担能力を有すると考えるからである。また, 所得税は通常累進税率構造を有することにより, 垂直的公平および所得再分配に貢献しているのである。

図 8 - 2 は平成 27 年の税率改正による累進税率構造をグラフ化したものである。階段状のグラフをみてみると, 累進税を英語で progressive-tax または graduate-tax というのがよく理解できる。図で, 課税所得 195 万円以下までは最初のブラケット (税率区分) 5 ％であり, 195 万円超, 330 万円以下が 10％のブラケットである。ちなみに, 例えば課税所得が 300 万円であっても最初の 195 万円にはあくまでも 5 ％のブラケットが適用されることに留意しなければ

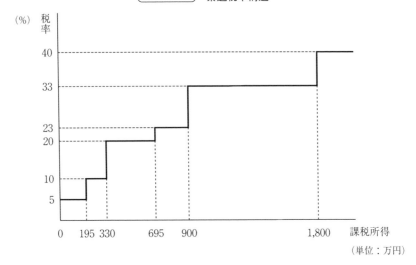

ならない。したがって、税額は 1,950,000 円 × 5 ％ +（3,000,000 円 − 1,950,000 円）× 10％ = 202,500 円となる。

IV 税額の算出

わが国の所得税を例にとって、令和6年分の典型的なサラリーマンの最終的に負担すべき税額がどのようにして算出されるのかをみてみよう。同時に、各プロセスにおける財政学の視点から理論的検討を加えていく。

〔設例：令和6年分の税制による〕
家族構成　本　　人（45歳，サラリーマン）
　　　　　妻　　　（40歳，専業主婦）
　　　　　長　　男（21歳，大学生）
　　　　　長　　女（17歳，高校生）

第8章 個人所得課税 | 159

1. 収　入

　800万円，令和6年分（課税期間は暦年，毎年1月1日〜12月31日）に会社から受け取った給与および賞与の税込合計額である。実際に毎月受け取る給与は税込総額から，所得税，住民税，社会保険等が控除され，差引手取額となる。

2. 給与所得控除

　給与収入800万円に対して給与所得控除190万円が適用され，差引給与所得（給与として課税される所得）は610万円となる。ここで，給与所得控除とは表8−3のように，各給与収入に対して概算的に適用されるもので，本設例では，550,000円

表8−3 　給与所得控除制度（令和6年分）

給与等の収入金額	給与所得控除額
162.5万円以下	55万円
162.5万円超180万円以下	その収入金額×40%
180万円超360万円以下	その収入金額×30%
360万円超660万円以下	その収入金額×20%
660万円超850万円以下	その収入金額×10%
850万円超	195万円

＋175,000円×40％＋1,800,000円×30％＋3,000,000円×20％＋1,400,000円×10％＝1,900,000円となり，一般的にはサラリーマンの必要経費的な控除と解されている。近年における数次の改正で，給与所得控除は高所得者の控除に上限を設ける縮減傾向へと大きく舵を切った。この措置により，高所得者は増税となり所得再分配に寄与するものの，代替効果が大きく税制の評価は難しい。しかし，税収不足の現状で所得税増税の余地は垂直的公平の観点から高所得者にしか求められず，税率を引き上げずに課税ベースを拡大するのは望ましい考え方である。

　具体的には，平成25年分から給与1,500万円超のサラリーマンは245万円の控除で打ち切りとなった。さらに，28年分から1,200万円超で230万円，29年分から1,000万円超で220万円，令和2年分には抜本的改正があり850万円超で195万円の打ち切りとなり，控除率表も表8−3に示したように改正された。結果として，高所得者は控除の大幅な縮小に伴って増税，中所得者および低所得者は控除が10万円縮小されたが，基礎控除の10万円増額と相殺され，税負担は概ね変わらない。

また，給与所得控除に代えて特定支出（通勤費，転居費，研修費，資格取得費，帰宅旅費）の実額によることも認められてきたが，コンプライアンス・コスト（納税協力費用，領収書を集計したり申告書を作成したりする費用）が高いわりに，実際の節税の効果が少ないために，ほとんど利用されなかった。そして，25年からは特定支出に勤務必要経費（65万円上限）も追加され，さらに，28年より特定支出が給与所得控除額の2分の1を超える場合には，確定申告を通じて給与所得控除後の金額からその越える部分の金額を追加控除できるような優遇措置が講じられたものの，利用者は前述した理由で少数に留まっている。

給与は，汗水たらして働いた対価である。先に述べたように，わが国では所得を源泉面から10種類に分類しており，給与所得控除は給与という所得源泉に着目し租税負担能力を考慮して適用される控除である。

3．所得控除

所得控除とは税率を乗ずる前の課税ベースから控除することであり，わが国では表8－4のように，令和6年分において15種類の所得控除が認められている。所得控除が認められる理論的根拠は，医療費や社会保険など特定の支出に関しては租税負担能力が乏しいと考えられるからである。また，人的控除に関しても，基礎消費部分は最低限生命を維持するための所得であるとの考え方から，租税負担能力がないとの考え方であり，まず納税者本人に基礎控除48万円が適用される。次いで，扶養家族（配偶者を含む）が増えれば増えるほど基礎消費が増大するから，原則として1人につき38万円の控除が適用される。さらに，扶養する子の年齢が19歳以上23歳未満

（表8－4）所得控除の種類
（令和6年分）

| 雑　　損　　控　　除 |
| 医　療　費　控　除 |
| 社　会　保　険　料　控　除 |
| 小規模企業共済等掛金控除 |
| 生　命　保　険　料　控　除 |
| 地　震　保　険　料　控　除 |
| 寄　付　金　控　除 |
| 障　害　者　控　除 |
| 寡婦（寡夫）控除 |
| ひ　と　り　親　控　除 |
| 勤　労　学　生　控　除 |
| 配　偶　者　控　除 |
| 配　偶　者　特　別　控　除 |
| 扶　　養　　控　　除 |
| 基　　礎　　控　　除 |

の場合には特定扶養親族として別途25万円が加算される。この措置は，義務

第8章　個人所得課税 | 161

教育終了後の就学年齢に当たる子供を有する納税義務者は，教育費負担が重いことに勘案してのことである。これ以外にも，同居老親が70歳以上の場合には別途控除額が加算されるなど，本人および扶養親族の状態によって，租税負担能力の観点からさまざまなウェイト付けがされている。なお，配偶者特別控除は，配偶者の給与（パート）が2,016千円未満まで段階的に適用される。

　本設例での所得控除は以下のとおりであると仮定しよう。

所得控除　医療費控除　　　10万円（現実に支払った医療費20万円−10万円）

　　　　　社会保険料控除　90万円（健康保険料・厚生年金・雇用保険の本人負担分概算）

　　　　　配偶者控除　　　38万円

　　　　　扶養控除　　　　63万円 + 38万円 = 101万円

　　　　　基礎控除　　　　48万円

　上記の所得控除を合計すると287万円となる。したがって，給与所得6,100,000円 − 2,870,000円 = 3,230,000円が課税所得となる。

4．税額の計算

　これまでのプロセスで，課税所得323万円が算出された。これに，図8−2の累進税率構造が適用されるわけで，税額は1,950,000円 × 5％ +（3,230,000円 − 1,950,000円）× 10％ = 225,500円となる。ここで税率概念に触れておこう。実効税率は225,500円／8,000,000円 = 2.8％，平均税率は225,500円／3,230,000円 = 6.9％，限界税率は課税所得323万円が直面するブラケット10％である。ここで実効税率（税額／総収入）に着目すると，2.8％とそれほど税負担が重くないことに気づく。

　実際，給与収入があっても家族構成などによっては，税額がゼロになることもあり，これを課税最低限というが，表8−5は，夫婦子2人の標準世帯（本設例）の場合，3,550千円まで税金がまったく課税されないことを示している。なぜならば，給与所得控除1,145千円に各種所得控除の合計額を加算すると，給与収入と等しくなり課税ベースがゼロとなってしまうからである。さらに，子が2人とも大学生で特定扶養親族に該当するケースを考えれば課税最低限は

3,914千円となり，国税庁の平成30年分民
間給与実態統計調査結果の4,410千円を若
干は下回っているとはいえ，税額がゼロと
なってしまう。たしかに，大学教育は外部
性を有し価値財とも考えられるし，租税負
担能力を勘案して教育費の重い負担を軽減
しようとの考え方は誤りとはいえないだろ
う。しかし，生活水準の問題とも関係する
が，所得があるのに税負担をまったく負わ
ないのは公平の観点から問題があろう。

(表8-5) 給与所得者の課税最低限
（令和6年分）

区　　　分	夫婦子2人 特定扶養1人
課　税　最　低　限	3,550千円
内訳 給与所得控除	1,145
基　礎　控　除	480
配　偶　者　控　除	380
扶　養　控　除	380
特　定　扶　養　控　除	630
社会保険料控除	535

出所：財務省資料より作成。

5．税額控除

　税額控除とは課税所得に税率を乗じた税額そのものから控除するものであ
り，所得控除と比較して減税効果は大きい。わが国では令和6年分において
23種類の税額控除が認められており，表8-6では配当控除，住宅借入金等
特別控除など主要な10種類を示している。配当控除は所得税と法人税の概算
的な部分統合である。住宅借入金等特別控除は国民の住宅取得を税制の観点か
ら促進しようとの住宅促進税制であるが，景気の変動に伴って，時限立法によ

(表8-6) 税額控除の種類（令和6年分）

配当控除
認定NPO法人寄附金特別控除
公益社団法人寄附金特別控除
高度省エネルギー増進設備等を取得した場合の特別償却又は所得税額の特別控除
住宅借入金等特別控除
特定増改築等住宅借入金等特別控除
政治活動に関する寄附をした場合の所得税額の特別控除
既存住宅の耐震改修をした場合の所得税額の特別控除
試験研究を行った場合の所得税額の特別控除
外国税額控除

り控除額および適用期間が紆余曲折してきた経緯がある。令和6年に居住の用に供した場合には，年末住宅ローン残高の0.7%（最高14万円）を10年間にわたって控除できる制度となっている。本設例において，住宅借入金等特別控除7万円（年末住宅ローン残高1,000万円×0.7%）とすれば，差引所得税額は225,500円 − 70,000円 = 155,500円となり，実効税率は155,500円／8,000,000円 = 1.9%となる。

6．源泉徴収制度

　サラリーマンの給与に対しては，源泉徴収制度が適用され毎月の給与から源泉所得税が控除される。サラリーマンが給与所得のみの場合には通常年末調整によって年税額の精算が終了するので，申告納税をする必要はない。本設例における最終的な納税額155,500円は毎月の源泉徴収手続きによって徴収されることになる。

7．住民税

　わが国の税制では，個人に対する所得課税は国税たる所得税の他に地方公共団体が課税する住民税（道府県民税および市町村民税）が所得額に応じて課税される。住民税は一律4,000円の均等割に加えて，所得割として前年中の所得に対して，10%の定率税で賦課課税される。住民税の10%の定率税に，所得税の最高限界税率45%を加えると，個人に対する所得課税の最高限界税率は55%となっている。

☆補論（給与の課税最低限：103万円の壁）

　令和6年分の税制による給与が103万円以下であれば所得税が課税されないことを学んだ。財政（原理）の「政」が政治（現実）の「政」であるように，本テキストにおいて令和6年分の税制を学習することは，租税論の原理を理解する上で有意義である。

　現実の税制改革の動向を見てみると，令和6年10月27日に行われた衆議院選挙において，連立与党は過半数割れに追い込まれ，その後の11月11日に行われた特別国会において，新政権が成立したものの，少数与党内閣となり厳しい政権運営を強いられることになっ

た。財政民主主義では，税制改革は国会の議決が必要であるから，少数与党だけでは成立しない。そこでキャスティング・ボードを握ったのが，いくつかの少数野党である。

　令和7年3月4日に衆議院を通過した予算案では，給与の課税最低限が年収に応じて4段階の所得制限を設けた上で103万円から160万円に条件付きで引き上げることが決まった。本改革は，基礎控除を全所得階層にわたって一律に引き上げると，高所得者の減税額が大きくなり，税収減への影響も大きくなることから，高所得者層の基礎控除の引き上げ幅を抑え，所得階層によって実際の減税額の乖離があまり大きくならないように配慮されている。反面，税制を著しく複雑にした点は否めない。

Ⅴ　所得課税の問題点

　所得概念を経済力増加説に依拠し，課税方法を包括的所得税によることは，近年多くの論者が規範論として認めているところである。しかし，理論的には望ましい包括的所得税も現実の税制にそのまま適用するのは困難である。とりわけ，純粋な理論上経済力の増加であるから課税すべきである帰属所得と未実現キャピタル・ゲインに関しては，評価とキャッシュ・フローの問題が高い壁として所得課税に立ちはだかっている。

　包括的所得税のモデル提案として名高いカーター報告は，フィージビリティーを追求した傑作である。最も困難な帰属所得と未実現キャピタル・ゲインに対するカーター報告の見解を紹介しておこう。帰属所得に関しては，理論上は課税すべきであるとのスタンスから多くの事例を詳細に検討した後，結論として純ゲインの金額の正確かつ公平な決定の税務行政上の困難さを理由に，帰属家賃を含むすべての形式の帰属所得に課税しないことを勧告した。キャピタル・ゲインに関しては全額課税を勧告したが，課税のタイミングは発生ベースから実現ベースへと後退を余儀なくされた。しかし，ロックイン・エフェクト（資産の封鎖効果）による不公平・非効率を問題視したカーター報告は，永遠の課税延期は絶対に許容しないとの断固たる姿勢から，贈与・相続時およびカナダでの居住をやめた場合にみなし実現が行われるとした。また，勧告には至らなかったが上場株式に関して5年ごとにみなし実現を行うべきとするユニー

クな検討も行っている。

このように，所得課税は基幹税として公平と効率のバランスがとれた良税と考えられているが，理想の租税が存在しないように，いくつかの欠点をあわせ持っているのである。ここでは，そのなかの主要な問題点に関して検討を加えてみよう。

1．現物所得

経済力増加説によれば，貨幣所得以外でも経済力を増加させる要素は所得である。例えば，飲食店でアルバイトをする場合，食事が無料で出される場合が多いが，これは経済力を増加させるから所得である。また，会社の社員が福利厚生施設を市場価格より割安で利用できる場合，その差額は経済力を増加させるからやはり所得である。結論として，現物所得には公平の観点から課税すべきである。わが国の税制も現物給与などへの課税を規定しているが，実際には評価および税務行政問題から課税洩れのケースが多く存在している。例えば，同規模のアパートに，Ａは家賃10万円を課税後の可処分所得から支払い，Ｂは会社の寮として２万円しか負担しないとすると，同じ経済力の増加を享受しているのに税負担が異なり，明らかに不公平である。さらに，市場価値10万円と寮費２万円の差額の８万円は法人税法上損金に算入され課税されない。近年，こういったフリンジ・ベネフィットの取扱いが大きな問題となっている。

2．帰属所得

帰属所得とは，貨幣のフローは伴わないが，個人が彼自身のサービスを使用したり，彼自身の資産を利用したりしたときに生じるゲインであり，理論的に経済力の増加をもたらすから公正な市場価値で課税すべきである。具体的には，家事労働，日曜大工，帰属家賃（持家住宅の家賃相当分）などがある。帰属所得は，評価および税務行政が著しく困難であるが，帰属家賃に関しては課税すべきとの意見も多い。帰属家賃に課税しないと，持家と借家の人の間で課税上の不公平が生じるのが問題であり，理論上は帰属所得に課税するか，借家の人の控除を認めるかしないと公平の観点から問題が生じる。しかし，持家住宅

からの帰属所得の決定は恣意的なルールを用いても不確実性に満ちており，主として評価および税務行政の問題から課税することは非現実的であり，歴史的にみてもイギリス，ドイツなどの一部の国で課税されたことがあった程度である。

3．キャピタル・ゲイン課税

　わが国では，キャピタル・ゲインを狭義に株式の譲渡益の意味で使うことが多いが，理論的には広義に資産（不動産，有価証券など）の発生主義による評価益をキャピタル・ゲインという。しかし，現実の税制では実現主義つまり実際に資産の譲渡があった場合のみに課税されるのが常である。なぜなら，未実現キャピタル・ゲインは経済力の増加であるから課税すべきであるが，評価および税務行政の問題に加えて実際の納税に関するキャッシュ・フローが存在しないからである。例えば，1,000万円で購入した家が時価1,500万円になったとすれば，500万円のゲイン（経済力の増加）であるから課税すべきである。しかし，この家を売却しない限りこのゲインは未実現であるからキャッシュ・フローの観点から租税負担能力は乏しい。このように，理論的には未実現キャピタル・ゲインに課税すべきであるが現実の税制で課税することは著しく困難である。

　しかし，未実現キャピタル・ゲインに課税しないと，ロックイン・エフェクトが起こる。実現キャピタル・ゲインにのみ課税すると，値上りした資産を保有する納税者は租税回避行動を起こして，資産を譲渡しなくなるインセンティヴが生じる。これをロックイン・エフェクトというが，課税により効率的な市場が歪められることになり問題である。これを防ぐためには未実現キャピタル・ゲインに何らかの課税をすることが必要であるが，評価および税務行政問題に加えて実際の納税に関するキャッシュ・フローの問題が解決せず課税は困難である。

　また，課税の集中問題も生じる。長期保有の資産を譲渡すると，ある年に多額のキャピタル・ゲインが集中する。所得税の累進税率がこのゲインに適用されればより高い税率区分の適用となり重課税となって問題である。この問題に

関しては平均課税の手法が有用である。例えば，5年間にわたってゲインを配分すれば，より低い税率の適用となるから課税の集中問題は緩和されることになる。

4．租税特別措置

　租税特別措置による失われし税収をタックス・エクスペンディチュアという。課税の公平と効率の観点からアプローチすると，所与の税収を得るのに，狭い課税ベースに高い税率で課税するよりも，広い課税ベースに低い税率で課税した方が，経済力増加説の観点から非課税項目が少なくなりより公平であるし，厚生損失は税率の二乗に比例して大きくなるから，より効率的でもある。したがって，租税特別措置を廃止して，政策上優遇措置が必要であれば直接補助金を支給した方が望ましいのである。

　租税特別措置の是非は，特別な拘束所得からの支出に関する取扱いの議論であり，望ましい社会目的を達成するためには必要であるとの考え方である。例えば医療費は基礎消費を維持するための拘束所得と考えれば租税負担能力を有しないから，控除を認めようとの考え方である。

　しかし，望ましい社会目的達成のためとはいえ租税特別措置の導入は公平を損なう危険性があるから慎重になる必要がある。

5．インフレ調整

　インフレは経済と切っても切れない存在である。経済成長に伴ってマネーサプライが増加すればインフレ傾向になるのは当然である。軽度なインフレならばともかく，急激な物価上昇が起きたときには実質課税ベースを浸食し大きな問題が生じる。例えば，1年目のある人の課税所得が330万円であったとして，2年目に10%昇給して363万円になったとしよう。これと同時に10%のインフレが生じたとすれば彼の実質所得の伸びはゼロである。そもそも，課税の公平概念からいって実質所得が同じなのだから同額の租税負担になるべきである。ところが，インフレ調整を行わずに名目所得に課税すると，わが国の累進税率（図8−2参照）を適用するとして（3,630,000円 − 3,300,000円 ＝ 330,000

円）の名目所得に対して一段階高い20％の累進税率の適用となり，（330,000
円×20％＝66,000円）の増税となる。ここで，インフレによってより高い実
効税率となってしまう原因がブラケット・クリープであり名目所得の増加によ
りより高いブラケット（税率区分）に押し上げてしまう（10％から20％へ）ことを
いう。

　このように，インフレによる名目所得に課税すると不公平が生じるから課税
の公平の観点から調整が必要である。とりわけ，キャピタル・ゲインへの課税
の場合で保有期間が長期にわたる場合などには問題が大きい。しかし，インフ
レ調整の実施は税務行政上多くの複雑さを伴い，理論的には必要であるが実施
されない場合が多い。

6．勤労意欲に与える影響

　所得税は勤労意欲にどのような影響を与えるであろうか。ある人は所得税に
よって手取収入が減少するから，減少分を補うためにより働こうとするかもし
れないし（所得効果），ある人はこれ以上働いても税金が高くなる一方だから働
く意欲をなくすかもしれない（代替効果）。所得効果と代替効果は同時に発生す
るが，それぞれが相殺され，さらに個人の選好（本人の所得額，職種，満足の度合
い）にも依存するため，純効果は定かではない。理論的には，所得効果は平均
税率に依存し代替効果は限界税率に依存すると考えられている。したがって，
より高い限界税率に直面している人の方が低い限界税率の人よりも代替効果が
大きいであろうことは推察できよう。しかし実際，所得税が勤労意欲にどのよ
うな影響を与えるかはよくわからないのである。労働供給に与える影響に関し
て，面接（アンケート），統計的手法等によるさまざまな研究がなされているが，
各研究の方向として所得税はそれほど勤労意欲に影響を与えないとの結論が出
されており，労働供給曲線がかなり非弾力的であると考えられていることから
も正当化されよう。これらの点からは，所得税は比較的効率的な租税であると
の評価ができるかもしれない。

第8章 個人所得課税 | 169

7．ビルトイン・スタビライザー

　第7章Ⅱで学習したように，垂直的公平概念から正当化される累進所得税は，財政に制度として自動的に備わっている安定化システムを内包している。それは，ビルトイン・スタビライザーと呼ばれ，不況時には所得が減少するから累進税が寄与して適用税率が低くなり，所得効果が働いて勤労意欲が増加する。反対に，好況時には適用税率が高くなるから代替効果が働いて勤労意欲が低くなる。これらの効果は，いずれも経済を安定化させる方向に自動的に働くのである。

　ビルトイン・スタビライザーを効果的に用いるためには，累進税率構造の設計が重要である。表8−2（p.156）のように，わが国の所得税も時代と共に累進性が低くなっており，この傾向は全世界的に見られる。累進性が低くなると，財政の機能として求められる所得再分配効果も小さくなることが，ジニ係数を用いた実証研究で明らかになっている。当然のごとく，ビルトイン・スタビライザーの効果も小さくなる。また，インフレが所得税に及ぼす悪影響に関しては本章Ⅴですでに述べた通りであるが，ビルトイン・スタビライザーは名目所得に課税してこそ累進税が強く作用して効果があり，インフレ調整をすると課税の公平には寄与するが，実質所得への課税は効果を損ねてしまうことに留意する必要がある。

8．人的資本の減価償却

　人的資本とは，個人の健康，体力に加えて，教育によって習得した知識，技能などを指す。人的資本を，課税目的において他の生産的資本資産と同様に取り扱うべきかどうかには長年の論争がある。つまり，雇用から得る収入から労働を維持するための費用を控除できるかどうかの議論であり，課税所得を確定するために，労働者の人的資本の減価償却が認められるか否かの是非である。

　人的資本の蓄積には教育などの費用を伴うが，このコストは通常，両親や社会全体が負担しているから，個人が控除を要求する可能性はほとんど無いだろう。

　個人消費の定義を考える時に，消費と所得を稼得するための費用に区分する問題が浮上する。前者は食事などの個人的満足のための支出であり，後者は資格取得のように新たな収入を稼得するための人的資本を蓄積する支出と言えよ

う。しかし，健康維持および体力増強のためのトレーニング・ジムの費用を考えると，どちらとも言えず両者を分離できないから，税制を導入する上で深刻な税務行政および納税協力の問題が生じる。

減価償却の概念は，収入を得るために生じた費用として控除する必要経費である。人的資本の減価償却を認めれば，労働所得を超過する大きな金額になる可能性すらある。したがって，租税負担能力の指標となるべき所得の算定において，人的資本の減価償却を考慮することは非現実的であり，ほとんどの論者がこの考え方に同意している。

VI　二元的所得税

近年のわが国の所得税改革は，基幹税としての税収調達機能を維持しつつ，景気対策にも配慮すべきバランスがより重要となっている。株価低迷を背景に，証券税制に次々と優遇措置を導入したものの，結果として著しく複雑な税制は専門家でさえわかりづらく，不公平かつ非効率な税制となってしまった。そこで，金融取引活性化の議論で浮上してきたのが二元的所得税（dual income tax）である。

1990年前後に，北欧諸国は相次いで二元的所得税を導入した。その理論的ベースは，個人所得を労働所得と資産所得に二分して，前者にはこれまでどおり累進税を適用し後者には低率の単一税率を適用するものである。さらに，労働所得に適用する最低限界税率と同率で，資産所得および法人所得に単一税率を適用するのが大きな特徴である。実際の北欧諸国の税制はむろん理論とは乖離しているが，労働所得に比べて資産所得を軽課しているのが一般的な特徴である。当時の北欧諸国の高インフレ率，低貯蓄率を考慮すれば，資産所得に低率の単一税率を適用するのはかなり魅力的であったに違いない。

二元的所得税は，シャンツ＝ヘイグ＝サイモンズ概念に基づく伝統的な包括的所得税とはまったく異なる考え方である。資産所得（資本を投下した資産から得られる所得）の軽課を正当化する論拠として，利子所得・インフレ・人的資本への課税など伝統的な所得課税における諸問題を軽減できることが主張されて

いる。課税の効率面でも，単一税率によればすべての納税者の課税後収益率が同じになるから望ましいとの議論がある。また，個人部門の資産所得と法人部門の所得に同率の単一税率を適用すれば，両部門間の課税後収益率が同じになるから効率的であるし，個人所得税と法人所得税の統合の観点からも望ましい税制といえよう。

反面，資産所得を軽課すれば，資産所得が集中している高所得者層を優遇し垂直的公平が損なわれるとの批判があるし，小規模事業者への適用において，労働所得と資産所得を分離するのが著しく困難になるなどの問題点がある。わが国の税制が包括的所得税と分類所得税のそれぞれの課税方法をあわせ持った特徴を有しているのはすでにみたとおりである。二元的所得税は，労働所得と資産所得を差別的に課税する点において分類所得税のスペシャル・ケースであるが，伝統的な分類所得税論は労働所得軽課，資産所得重課を主張しているから，まったく正反対の極端な例といえよう。純粋理論からアプローチしても，ソレンセンの「純粋な包括的所得税と純粋な支出税の魅力的な妥協である」という言葉に象徴されるように，わが国の税制改革論議において検討する価値は十分にあると思われる。

ここで，わが国の動向に関して整理しておこう。これまで，金融所得に対しては，主に効率（中立），簡素の観点から比例税率による分離課税方式が導入されてきた。その背景には，高い貯蓄率による家計金融資産のストックの存在があり，その大半が預貯金で，株式等に占める割合が諸外国に比べて著しく低いのが特徴である。しかし，少子高齢化の到来を迎えて貯蓄率は減少傾向を示しており，現存する金融資産をいかに効率的に活用するかが経済成長の鍵を握っている。そのためには，貯蓄から投資へのシフトが不可欠であり，税制も大きな役割を担う必要がある。つまり，金融所得課税の一体化に取り組むことが急務であり，金融所得の種類間で損益通算できる公平，効率（中立）簡素の原則に基づいた課税が望ましい。

北欧諸国で成功を納めた二元的所得税がわが国に与えた影響は大きく，平成21年には株式の譲渡損と配当を損益通算する制度が導入された。

その後，課税当局として念願であったマイナンバー制度が平成28年から導

入されたことに伴い，公社債等も損益通算を行うことが可能となった。本制度が導入されたのは時代の趨勢でもあり，税制の観点からは，いわゆる国民総背番号が実現したわけで，金融所得の把握面等において税務行政面でのアドバンテージが期待されている。具体的には，平成 28 年分の所得税の申告書から記載が義務付けられ，平成 30 年 1 月からは預貯金等にも付番されている。しかし，すべての金融所得を損益通算するためには，NISA や仮想通貨の取り扱いなどの問題が山積しており道半ばである。金融庁は，令和 4 年度税制改正において，金融所得課税の一本化に関して，投資家の投資環境を整備するために，特定口座を最大限活用することによって損益通算の範囲をデリバティブ取引・預貯金等に拡大することを要望している。

　二元的所得税も導入当初から長期間が経過し，各国において温度差があるものの，原理と現実の乖離幅が大きくなっていく傾向が散見される。常に望ましい税制を追求する財政学，租税論にあって，二元的所得税はさらに望ましい所得課税体系構築のための通過点なのだろう。投資を促す税制改革は景気への刺激効果の観点から有用であるが，課税の公平や効率を損ねる場合があるので，税制改革を考える時には留意しなければならない。

第9章

法人課税

I 法人税の意義

1．法人税とは何か

　法人とは，法律上「人」とみなされる組織体のことである。言い換えれば，生物学的な「人」である「自然人」以外で法律上権利能力を有するものとして会社法などの法律によって「人格」を付与された団体のことで，株式会社などはその代表例である。

　法人の所得（利潤）を課税標準とする租税のことを租税の分類上，法人所得課税といい，具体的な税目としては国税である法人税などがある。法人所得課税は所得課税の一種である。所得課税は個人の所得にかかる個人所得課税と法人の所得にかかる法人所得課税に分けられる。ちなみに個人所得課税の具体的な税目として国税である所得税などがある（図9－1参照）。よって，法人がある事業を行って所得を得た場合は法人所得課税の対象となるが，個人が同様の事業を行って所得を得た場合は個人所得課税の対象となる。

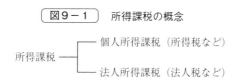

図9－1　所得課税の概念

表9－1	所得・消費・資産課税等の税収構成比の国際比較（国税＋地方税）			
	個人所得課税	法人所得課税	消費課税	資産課税等
日本	31.0%	21.5%	34.1%	13.3%
アメリカ	55.6%	7.9%	21.5%	15.0%
イギリス	36.4%	10.6%	38.2%	14.8%
ドイツ	42.7%	9.6%	42.6%	5.1%
フランス	31.3%	8.3%	40.3%	20.1%
スウェーデン	36.8%	9.8%	35.3%	18.1%
ラトビア	28.4%	4.1%	63.3%	4.2%

（注１）日本は 2021 年度決算。諸外国は OECD "Revenue Statistics" のデータのうち，2021 年の計数を使用（ドイツは推計による暫定値）。
（注２）所得課税には，利子，配当及びキャピタルゲインに対する課税が含まれる。
（注３）資産課税等には，資産課税及びその他の課税が含まれる。
出所：財務省資料より作成。

　法人所得課税は世界の数多くの国で採用されている。表９－１は，国税と地方税を合わせた所得・消費・資産課税等の税収構成比を国際比較したものである。この表に載っている国の中では，わが国の法人所得課税の比率が 21.5％で最も高くなっている。アメリカは 7.9％，ドイツは 9.6％，フランスは 8.3％，スウェーデンは 9.8％で 10％に達しておらず，イギリスは 10.6％である。特に比率が低い国としてラトビアがあり，4.1％となっている。

　ただし，財務省ホームページに掲載されている「所得・消費・資産等の税収構成比の推移（国税＋地方税）」という資料をみると，わが国の法人所得課税の比率は低下傾向にある。例えば，1988 年度の法人所得課税の比率は 34.3％，1990 年度は 30.0％というように 30％を超えていたのに対して，2011 年度は 20.1％，2024 年度は 24.4％というように 20％台になっている（2024 年度の国税は予算額，地方税は見込額，その他の年度は決算額）。

　なお，所得税，法人税という言葉は税目ではなく，それぞれ個人所得課税，法人所得課税という意味で用いられることも多い。そこで本章でも特に断らない限り，法人所得課税という意味で法人税という言葉を用いる。

2. 法人税の根拠

　法人税に関しては，法人擬制説と法人実在説という2つの考え方が存在する。法人擬制説は，法人は個人の集合体であると考える。したがって，法人の所得は法人の構成員（出資者）のものであり，法人自体に担税力はないということになる。それに対して法人実在説は，法人を個人とは独立した一つの経済主体であると考える。したがって，法人の所得は法人独自のものであり，法人は個人とともに担税力を持つということになる。

　例えば株式会社が所得の一部を株主に配当し，残りを内部留保にまわす場合，法人擬制説に立てば，法人の所得に法人税を課し，株主の配当所得に所得税を課すことは配当に関して二重課税していることになる。さらに内部留保が株価に反映されるならば，法人の所得に法人税を課し，キャピタル・ゲインに課税することは内部留保に関して二重課税していることになる。法人の所得は株主のものであるから，個人段階で所得税を課すだけでよく，法人税は不要ということになる。したがって法人擬制説の立場から法人税を課すならば，法人税は所得税の前取り，源泉徴収であると位置づけられ，二重課税の調整が必要になる。一方，法人実在説に立てば，法人と株主はそれぞれに担税力を持った独立した経済主体であるので，法人段階で法人税を課し，個人段階で所得税を課すことは当然であり，二重課税の調整も必要ないということになる（表9-2参照）。

　なお現行の法人税制には，法人擬制説に基づくものと考えられるしくみと法人実在説に基づくものと考えられるしくみの両方があり，どちらか一方の論理で法人税の存在理由を説明することは難しい。ただし，現在のわが国の税制のルーツであるシャウプ勧告は原則として法人擬制説の考え方を採用している。また，現代の経済学では法人擬制説に基づいて議論されることが多い。

表9-2　法人税に対する考え方

	法人擬制説	法人実在説
法人の所得	構成員（出資者）のもの	法人独自のもの
法人税	不要（課税するのであれば，所得税の前取り，源泉徴収として課税）	必要
二重課税	調整の必要あり	調整の必要なし

II　二重課税の調整方式

　先にも指摘したとおり，法人擬制説に立てば，法人税と所得税の二重課税の調整が必要になり，これまでさまざまな調整方法が提案，実施されてきた。この調整のことを統合（integration）ともいい，配当と内部留保の両方を調整する完全統合と配当だけを調整する部分統合に分けられる。

　完全統合を達成する方式としてはパートナーシップ方式がある。この方式では法人税は廃止される。そして法人が所得を配当するか留保するかに関わらず，法人の所得全額を株主の持ち株数に応じて株主に帰着させて，株主の所得として他の所得とともに課税する。この方式では株主に配当されない留保分についても所得税が課されるので，株主の可処分所得が著しく減少する可能性がある。そこでこの問題を解決するために，『カーター報告』ではカーター方式と呼ばれる次のような方式が提案された。まず法人税率を個人所得税率の最高税率と同率に設定して法人税を課税する。次にパートナーシップ方式と同様の方法で株主の所得税額を計算する。最後に法人税を所得税から全額控除する。これによって最高税率を適用される個人以外は還付を受けることになる。

　部分統合の方式としては，インピュテーション方式，受取配当税額控除方式，支払配当軽課方式，支払配当控除方式などがある。

　インピュテーション方式とは法人段階で法人税を課した後，法人税引き前配当を個人の所得に加え，それを元に計算された所得税額から先に支払われた法人税額を控除するというものである。所得税の課税方式は総合課税を前提としている。例えば，株式会社Ａが株主Ｂに法人税引き前配当として100万円を支払うとする。法人税の税率が30％であれば，株式会社Ａは30万円を法人税として支払い，株主Ｂが実際に受け取る配当は70万円である。株主Ｂは，配当所得以外の所得に税引き前配当の100万円を加えて所得税額を計算する。仮にこの計算の結果，所得税額が260万円であったとする。そうすると株主Ｂは法人段階でこのうち30万円をすでに納めているので，株主Ｂは差額の230万円を所得税として納めることになる。これにより，配当に関する二重課税を

排除しつつ累進課税である所得税において適切な税率を算定することができる。

受取配当税額控除方式とは，配当所得の一定割合を所得税額から控除する方式である。具体的には，まず法人段階で法人税を課した後，法人税引き後の配当，すなわち受取配当を含めた個人の所得を元に所得税額を計算する。そこから受取配当の一定割合を控除するのである。先の例でいえば，インピュテーション方式では株主Bは所得税額を計算するのに配当所得以外の所得に100万円を加えたが，この方式では70万円を加える。そしてこの70万円をもとに控除額が計算される。つまり法人段階においていくら法人税が課されたのかはまったく考慮されず，その意味において法人税と所得税は連動していない。したがって，この方式で配当に関する二重課税を完全に取り除くことは難しい。

支払配当軽課方式は，法人段階で配当に内部留保よりも低い税率を適用して二重課税の調整を行う。法人段階で内部留保より配当を有利に扱うことになるので，この方式によって内部留保が抑制されるかもしれない。なお，わが国ではかつて受取配当税額控除方式に加えてこの方式を採用していたが，1989年度までに廃止された。

支払配当控除方式は，法人段階で配当を課税ベースから控除する。したがって，法人税は内部留保にしか課税されない。そして個人段階で受取配当を他の所得と合算して所得税を課すのである。つまり配当に関して法人税は非課税にして個人段階でのみ課税を行う。よって支払配当軽課方式を徹底したものと考えられる。この方式も法人段階で内部留保より配当を有利に扱うことになるので，やはり内部留保が抑制されるかもしれない。この方式は簡素であるが，法人税の課税ベースから配当を控除するので法人の課税ベースが所得ではなくなってしまうのではないかという問題がある。

主要国における実際の配当に関する二重課税の調整方式をみると，国によってさまざまである。わが国では，確定申告不要または申告分離課税を選択した場合，調整措置はない。総合課税を選択した場合には受取配当税額控除方式が採用されており，特に配当所得税額控除方式あるいは単に配当控除と呼ばれている（わが国のしくみの詳細については後述する）。アメリカは1936年に調整措置を

廃止し，現在に至るまで調整を行っていない。ただし，アメリカでは個人段階において一定の配当所得に対して軽減税率を適用している。イギリスは個人の配当所得から2,000ポンドを控除するという，配当所得一部控除方式を採用している。なおイギリスでは2016年3月までは部分的インピュテーション方式が採用されていた。これは，まず受取配当にその9分の1を加えた額を課税所得に算入して所得税額を計算する。そして算出した所得税額から受取配当額の9分の1を控除するというものである。ドイツでは2009年に利子，配当，キャピタル・ゲインといった金融所得に対して25％の一律源泉分離課税が導入されたことに伴い調整措置が廃止された。それまでは総合課税のもと，受取配当の2分の1を株主の課税所得に算入する，配当所得一部控除方式が採用されていた。フランスでは分離課税を選択した場合，調整措置はない。総合課税を選択した場合は受取配当の60％を株主の課税所得に算入するという，配当所得一部控除方式が採用されている。フランスでは2007年以降，数回の制度変更が行われており，2018年から現行の制度になっている（表9-3参照）。

表9-3　主要国における配当に係る負担調整に関する仕組みの概要

2022年1月現在

日　本	アメリカ	イギリス	ドイツ	フランス
【確定申告不要又は申告分離課税を選択した場合】調整措置なし 【総合課税を選択した場合】配当控除（配当所得税額控除方式）	調整措置なし	配当所得一部控除方式（個人の配当所得から2,000ポンドを控除）	調整措置なし	【分離課税を選択した場合】調整措置なし 【総合課税を選択した場合】配当所得一部控除方式（受取配当の60％を株主の課税所得に算入）

出所：『図説　日本の税制』（令和5年度版），339頁。

Ⅲ　法人税の転嫁と帰着

　税負担が納税義務者以外の経済主体に振り替えられることを転嫁といい，最終的な税負担のことを帰着という。例えば，法人税により製品の価格が上昇したならば，法人税は消費者に転嫁されたことになる。こうした消費者への転嫁は前転と呼ばれる。また，法人税により従業員の賃金が引き下げられたならば，法人税は労働者，つまり生産要素の所有者に転嫁されたことになる。こうした生産要素の所有者への転嫁は後転と呼ばれる。なお，先の二重課税の問題は法人税の転嫁がなく，負担が株主に帰着していることを前提としている。

　古典的見解では，法人税は短期では転嫁しないと考えられていた。新古典派モデルでは企業の目的は利潤最大化である。法人税は法人の所得（利潤）に課されるので，このモデルでは法人税引き前の利潤を最大化すれば，それは同時に法人税引き後の利潤を最大化したことになる。したがって法人税の有無によって法人の行動が左右されず，転嫁が生じないのである。理論的にいえば完全競争市場の下でも独占企業の場合でも，利潤最大化の条件は限界費用と限界収入が等しくなることであり，この条件は法人税を導入しても変わらないのである。しかし完全競争や独占企業という仮定は必ずしも現実的であるとはいえない。そして現実的な状況の下では企業は短期的な利潤最大化をいつも目指すわけではないので，法人税の前転が生じる可能性があることが指摘されている。例えば，企業の行動がフルコスト原則に基づく場合，すなわち平均可変費用に固定費と利潤マージンを加算して価格が形成される場合（これをマークアップという），法人税はコストの一部とみなされ，前転が生じる。また，企業の目的が売上最大化の場合も，前転が生じる可能性があることが知られている。

　また，クリジザニアク（Krzyzaniak, M.）とマスグレイヴ（Musgrave, R.A.）は第二次世界大戦中にアメリカの法人税率が大幅に引き上げられ，戦後も高い状態が続いたことに注目し，法人税の短期の転嫁について統計的検証を行った。K－Mモデルと呼ばれるこの研究では，転嫁度という概念を使用して分析を行い，100％以上完全に転嫁するという結論が導かれている。なお転嫁度とは，

法人税により低下した資本収益率のうち，どれだけの割合を税引き前資本収益率の上昇により回収しているかを表す指標である。

ハーバーガー（Harberger, A.C.）は一般均衡モデルを用いて法人税の長期の転嫁について分析を行った。ハーバーガーモデルは，法人部門と非法人部門の2部門から成り，閉鎖経済，総資本量一定，資本の移動が完全に自由などの仮定を置いている。そうした仮定の下で法人税が課された場合，両部門の税引き後の収益率が等しくなるまで法人部門から非法人部門へ資本が移動する。その結果，長期的には法人部門はもちろんのこと，法人税の課されない非法人部門の資本の所有者も法人税を負担することを示した。またこのモデルでは資本の所有者が負担するだけでなく労働者にも帰着する可能性が示されているが，ハーバーガーはその可能性は低く，両部門の資本の所有者がほとんどの法人税を負担するとしている。なお経済のグローバル化に伴い，最近では開放経済下のハーバーガーモデルによる分析も行われている。

法人税の転嫁と帰着に関しては，盛んに研究が行われ，法人税は転嫁するというのが現在の一般的な認識となっている。しかし，実際のところどのような形でどれだけの転嫁が生じているかについては，確定的な結論は得られているとはいえない。

Ⅳ　中立的な法人税制

1．企業行動と法人税

わが国を含め世界の多くの国で導入されている法人税は企業の所得（利潤）を課税ベースとしており，利潤型法人税あるいは所得型法人税と呼ばれている。この利潤型法人税は企業の投資行動に歪みを与える，つまり効率性の観点からみたときに企業の投資行動に影響を与えることが知られている。この歪みが生じる理由は2つある。1つは，税法上の減価償却率と経済的な減価償却率が基本的に一致しないからである。もう1つは，負債による資金調達を株式による資金調達より優遇しているからである。利潤型法人税では負債利子を課税ベースから控除するのに対して株式の機会費用は控除しない。負債による資金

調達を優遇するということは，企業の資金調達行動に対しても歪みをもたらしていることを意味する。つまり，利潤型法人税は企業の投資行動と資金調達行動に歪みを与えるのである。

　これに対して投資や資金調達といった企業行動に歪みを与えない法人税，つまり企業行動に対して中立的な法人税として，キャッシュフロー法人税やACE（Allowance for Corporate Equity）と呼ばれる税制がある。前者は1978年のミード報告で提案され，後者は1991年にイギリスの研究機関であるInstitute for Fiscal Studies（以下，IFSと記す）から提案された制度である。

　キャッシュフロー法人税とは，文字どおり企業のキャッシュフローを課税ベースとする税制である。キャッシュフロー法人税の要素を含んだ税制を導入している国として，エストニアがある。エストニアの法人税の課税ベースは分配された利益，つまり配当である。配当として流出した金額（キャッシュアウト）に22％の税率で課税される。言い換えると，未分配の利益は非課税なので，企業は内部留保する限り課税されないということになる。また，アメリカではトランプ大統領の政策として，2017年減税及び雇用法（Tax Cuts and Jobs Act of 2017）が成立した。この法律によって2017年9月28日以降2022年末までに取得かつ事業の用に供された一定の固定資産について，100％の即時償却が可能となった。2023年以降は段階的に償却割合が縮小され，2027年以後は適用されない。トランプ大統領が再選したことにより，この措置が恒久化されるか注目が集まっている。

　ACEについては，IFSの提案に忠実なACEあるいはそれに類似した制度が欧州を中心にいくつかの国で導入されている。表9－4はACEの導入状況を示している。これによると，最初に導入したのはクロアチアであるがすでに廃止されている。同様に，導入したが廃止した国としてオーストリア，ベルギー，イタリア，ラトビアがある。イタリアは2011年に再導入したが，2023年で廃止している。欧州における現在の導入国はキプロス，リヒテンシュタイン，マルタ，ポーランド，ポルトガルであり，いずれも2011年以降に導入している。欧州以外の導入国としては，ブラジルとトルコがある。現状をまとめると，導入国は12カ国で，現在も制度が存続しているのはそのうち7カ国で

表9－4	ACE の導入状況	
国名	期間	タイプ
オーストリア	2000-2004	soft
ベルギー	2006-2023	hard（2017 年まで） soft（2018 年以降）
ブラジル	1996-	soft
クロアチア	1994-2000	hard
キプロス	2015-	soft
イタリア	1997-2003，2011-2023	soft
ラトビア	2009-2014	soft
リヒテンシュタイン	2011-	hard
マルタ	2018-	hard
ポーランド	2019-	hard
ポルトガル	2017-	soft
トルコ	2015-	soft

（注1）ポルトガルは 2017 年以前にも ACE を導入していたが，適用は限定的であった。
（注2）タイプの hard とはしくみが IFS の提案に比較的忠実なタイプ，soft とは IFS の提案
　　　に類似したタイプを意味する。
出所：Kayis-Kumar et al.（2022）などより作成。

ある。以下では ACE のしくみと効果について説明していく。

2．ACE のしくみと効果

（1）ACE のしくみ

ACE の基本的なしくみは，負債利子に加えて株式の機会費用も法人税の課税ベースから控除するというものである。負債で資金調達をした場合と株式で資金調達をした場合とで税制上等しい扱いをすることになるので，資金調達に対する中立性が達成されるのである。株式の機会費用は，税制上の自己資本である株主基金に正常収益率を反映していると考えられるみなし利子率をかけることで求める。このことから ACE はみなし利子控除と呼ばれることもある。IFS の提案では，中期国債の利回りをみなし利子率として用いることを勧めている。また，ACE では税法上の減価償却率を用いるが，株主基金の定義より通時的には経済的な減価償却率を用いたときと同じことになる。よって，投資行動に対しても中立的になるのである。

実際の導入国のしくみをみると，クロアチア，2017年までのベルギー，リヒテンシュタイン，マルタ，ポーランドはIFSの提案に比較的忠実な制度を導入している。つまり，原則として自己資本の簿価を株主基金とし，みなし利子を課税ベースから控除している。こうしたタイプのACEはhard ACEと呼ばれる。それに対して必ずしもIFSの提案に忠実ではない制度のことをsoft ACEと呼ぶ（表9－4参照）。例えば，オーストリアは株主基金を新規（改革後）の自己資本の簿価としている。そして株主基金にみなし利子率を乗じた額に対して軽減税率で課税する。同様のしくみは1997年－2003年のイタリアでも導入されていた。このしくみでは法人税の課税ベースが通常の法定税率で課税される部分と軽減税率で課税される部分に分かれることになるので，イタリアではこの制度のことをDual Income Taxと呼んでいた。北欧諸国で導入されている二元的所得税も英語表記はDual Income Taxであるが，両者は異なる制度なので混同しないよう注意が必要である。

ところで，CBIT（Comprehensive Business Income Tax）あるいは包括的事業所得税と呼ばれる税制もある。これは1992年にアメリカ財務省によって提案された税制で，企業の資金調達行動については中立的であるが，投資行動については中立的ではないことが知られている。CBITの要素を含んだ税制を導入している国はあるが，一般にCBITを完全な形で導入している国はないと認識されている。CBITのしくみは，負債利子も株式の機会費用も法人税の課税ベースから控除することを認めないというものである。ACEは両者とも控除することで，CBITは両者とも控除しないことで税制上の扱いを等しくして，資金調達に対する中立性を確保している。利潤型法人税，ACE，CBITの特徴をまとめると表9－5のようになる。

表9－5　法人税制の比較

	利潤型法人税	ACE	CBIT
負債利子	控除する	控除する	控除しない
株式の機会費用	控除しない	控除する	控除しない
資金調達	非中立的	中立的	中立的
投資決定	非中立的	中立的	非中立的

☆正常利潤と超過利潤

　経済学では通常得られる利潤のことを正常利潤，正常利潤を超える利潤のことを超過利潤という。理論的には超過利潤にのみ課税すると投資行動に対して中立的になる。正常利潤，超過利潤という言葉を用いれば，ACE は超過利潤にのみ課税する税制で，利潤型法人税とCBIT は超過利潤だけでなく正常利潤にも課税する税制であるということができる。

（2）ACE の効果

　理論上，ACE は資金調達に対する中立性と投資決定に対する中立性を達成するので，利潤型法人税から ACE への移行は資本構成における負債資産比率の低下と投資促進をもたらすと考えられる。また，実際の ACE 導入国を対象にそうした効果の有無を分析する実証研究も進んでいる。なかでもベルギーのACE については，導入から 20 年近くたっていること，ベルギー企業の財務情報に関するデータが整備されていることから，実証研究が盛んに行われている。

　このうちケステンス（Kestens, K.）他 2 名による共同研究は，ACE に中小企業の負債資産比率を低下させる効果があることを明らかにしている。またプリンセン（Princen, S.）は，ACE 導入がベルギー企業の負債資産比率を低下させること，その影響は中小企業よりも大企業の方が大きいことを明らかにしている。また，プリンセンは投資に与える影響も分析し，ACE は投資に明確な影響を与えていないと指摘している。さらに井上・山田は限界実効税率という概念を用いて分析を行い，ACE が負債資産比率を低下させること，わずかではあるが投資促進効果があることを明らかにしている。

Ⅴ　わが国の法人税制

1．基本的なしくみ

　わが国の国税の法人税の基本的なしくみは，法人税法に定められている。法人税法では内国法人（国内に本店または主たる事務所を有する法人）を公共法人，公益法人等，協同組合等，人格のない社団等，普通法人の 5 つに区分している。公共法人の具体例としては地方公共団体，日本放送協会，日本政策金融公庫な

第9章　法人課税 ｜ 185

どが挙げられ，公共性が強いことから法人税の納税義務はない。公益法人等に
は学校法人や宗教法人などが該当する。公益法人等は公益事業だけでなく収益
事業を行うこともある。こうした収益事業を課税対象にしないと課税の公平性
の観点から問題が生じるので，収益事業から生じた所得に対してのみ課税され
る。農業協同組合などの協同組合等は，組合員の相互扶助を目的とする法人
で，すべての所得に課税される。PTA などの人格のない社団等は人格を有し
ていないが，法人税法では法人とみなされ，収益事業を行う場合には課税され
る。普通法人は株式会社，合名会社などのことで，すべての所得に課税される
（表9－6参照）。

　法人税の課税ベースは各事業年度の所得であり，益金の額から損金の額を差
し引くことで求められる。益金には商品や製品の販売による収益，固定資産の
譲渡による収益などが含まれ，損金には収益に対応する売上原価等，販売費，
一般管理費等の費用，災害等による損失などが含まれる。しかし実際の計算に
あたっては，益金の額と損金の額を直接的に算出するのではなく，当期純利益
を基に所得金額を算出する。当期純利益とは企業会計上の利益のことで，収益
の額から費用の額を差し引いたものである。益金の額は収益の額に①益金算入
項目（企業会計では収益とされていないが，税法上は益金の額に算入されるもの）を加
え，②益金不算入項目（企業会計では収益とされているが，税法上は益金の額に算入さ
れないもの）を差し引くことによって求められる。一方，損金の額は費用の額
に③損金算入項目（企業会計では費用とされていないが，税法上は損金の額に算入され

表9－6　法人の区別と課税・非課税の別

法人の区分	例	課税・非課税の別
公共法人	地方公共団体，日本放送協会	非課税
公益法人等	公益社団法人，公益財団法人，学校法人，宗教法人	収益事業から生じた所得に課税
協同組合等	農業協同組合，漁業協同組合	すべての所得に課税
人格のない社団等	PTA，学会，同窓会	収益事業から生じた所得に課税
普通法人	株式会社，合名会社，合資会社，合同会社	すべての所得に課税

	益　金	損　金
算　入	・法人税額から控除する外国子会社の外国税額の益金算入 ・内国法人に係る特定外国子会社等の留保金額の益金算入	・各種特別償却の損金算入（償却限度額の増額） ・圧縮記帳による圧縮額の損金算入 ・繰越欠損金の損金算入
不算入	・受取配当等の益金不算入 ・資産の評価益の益金不算入 ・還付金等の益金不算入	・減価償却超過額の損金不算入 ・資産の評価損の損金不算入 ・特定の役員給与，過大な使用人給与等の損金不算入

表９－７の表題：　益金と損金の算入・不算入の例

出所：『図説　日本の税制』（令和５年度版），157頁より作成。

るもの）を加え，④損金不算入項目（企業会計では費用とされているが，税法上は損金の額に算入されないもの）を差し引くことによって求められる。以上より所得金額と当期純利益の関係をまとめると次のようになる。

所得金額＝益金－損金
$$= （収益＋益金算入－益金不算入）－（費用＋損金算入－損金不算入）$$
$$= 収益－費用＋益金算入＋損金不算入－益金不算入－損金算入$$
$$= 当期純利益＋益金算入＋損金不算入－益金不算入－損金算入$$

　所得金額はこのように当期純利益に対して加算または減算を行って算出するのである。なお，表９－７は具体的な益金と損金の算入・不算入項目を示したものである。

　法人税額は，こうして得られた所得金額に税率をかけ，さらに租税特別措置などの税額控除額を差し引くことで算出する。法人税の税率は23.2％の定率課税，すなわち比例課税が原則である。原則と異なる法人として，例えば資本金の額が１億円以下の普通法人については，所得金額のうち年800万円超の部分には23.2％の税率が適用されるが，年800万円以下の部分には19％（時限的に15％）の税率が適用される。

２．二重課税対策

　前述したようにわが国では法人税と所得税の二重課税を調整するために，配当所得の一定割合（配当控除率）を所得税額から控除する配当所得税額控除方式

第9章　法人課税 ｜ 187

表9−8　配当控除額の計算例

	ケース①	ケース②	ケース③
課税総所得金額	900万円	1,500万円	1,200万円
うち配当所得以外の所得	600万円	1,200万円	900万円
うち配当所得	300万円	300万円	300万円
配当控除率	10%	5%	10%…100万円 5%…200万円
配当控除額	30万円	15万円	20万円

が採用されており，単に配当控除と呼ばれることもある。配当控除率は大まかにいうと課税総所得金額が1,000万円以下の部分は10％，1,000万円を超える部分は5％である。

　例えば，課税総所得金額が900万円でそのうち配当所得が300万円であった場合，課税総所得金額は1,000万円以下であるから，配当控除率は10％となり，配当控除額は30万円になる（表9−8，ケース①参照）。また，課税総所得金額が1,500万円でそのうち配当所得が300万円であった場合は，課税総所得金額が配当所得以外の所得で1,000万円を超えているので，配当控除率は5％となり，配当控除額は15万円である（表9−8，ケース②参照）。さらに課税総所得金額が1,200万円で配当所得が300万円であった場合，配当所得以外の所得が900万円なので，1,000万円以下の部分というのは300万円の配当所得のうちの100万円，1,000万円を超える部分は300万円の配当所得のうちの200万円ということになる。前者に10％，後者に5％の配当控除率が適用され，配当控除額は合計で20万円になる（表9−8，ケース③参照）。したがって配当控除額は，配当所得はもちろんのこと配当所得以外の所得の大きさにも左右される。

　なお配当を受け取ったのが個人ではなく法人であった場合には，受取配当等益金不算入制度という配当の全額あるいは一部が益金不算入となる制度により二重課税の調整が行われている。

表9−9	租税特別措置の例（法人税関係）

- 試験研究を行った場合の法人税額の特別控除（研究開発税制）
- 給与等の支給額が増加した場合の法人税額の特別控除
- 退職年金等積立金に対する法人税の課税の停止
- 中小企業者等が機械等を取得した場合の特別償却又は法人税額の特別控除（中小企業投資促進税制）
- 中小企業者等の法人税率の特例
- 交際費等の損金不算入

出所：『図説　日本の税制』（令和5年度版），177頁より作成。

3．租税特別措置

　租税には経済政策上や社会政策上の目的のために，本来あるべき姿とは異なる規則があえて設けられていることがある。その規則あるいはその規則により失われる税収はタックス・エクスペンディチュアと呼ばれる。わが国ではそうした規則は主に租税特別措置法という法律にまとめられている。法人税の特別措置には課税の適正化により増収効果を持つものもあるが，多くは法人税を軽減するもの，課税を繰り延べするものであり，研究開発や設備投資の促進，中小企業の保護などを目的としている（表9−9参照）。

　租税特別措置は確かに経済や社会にとって望ましい結果をもたらすかもしれない。しかし，法人税の軽減や課税の繰り延べといった特別措置は特定の企業を税制上優遇するものであり，企業行動を歪めることにもなる。さらに特例を設けることで税制が複雑になる。したがって課税の公平，効率，簡素という観点からは必ずしも望ましいとはいえないので，政策上の目的が達成されたら速やかに見直されることが望ましい。なお，わが国では租税特別措置の適用状況の透明化を図るとともに，適正な見直しを推進し，国民が納得できる公平で透明性が高い税制の確立に寄与するという目的から，いわゆる「租特透明化法」が制定されている。

4．法人に対する地方税

　わが国では，法人には法人住民税や法人事業税といった地方税も課される。

第9章　法人課税 | 189

　法人住民税には道府県税である道府県民税と市町村税である市町村民税があり，それぞれ均等割と法人税割から成る。道府県民税の均等割は資本金等の額に応じて，市町村民税の均等割は資本金等の額と市町村内の事務所等の従業者数に応じて課税される。したがって，均等割は所得がなくても課税される。また法人税割は法人税額を課税ベースとしている。

　法人事業税は，地方公共団体が供給する公共サービスからの便益に対する対価であるといわれており，その意味で利益説に基づいた租税であるといえる。しかし2003年度税制改正以前は，法人事業税の課税ベースは法人の所得であった。これは利益説の考え方から乖離していたと考えることができる。なぜなら公共サービスからの便益は黒字法人も赤字法人も受けているはずであるが，赤字法人には法人事業税が課されなかったからである。また所得を課税ベースとすることで，税収が景気の影響を受けやすく不安定になるという問題も生じていた。こうしたことから2003年度税制改正では資本金1億円超の法人を対象に外形標準課税が導入された。

　法人は国税と地方税を合わせてどのくらいの税負担をしているのだろうか。それを示す指標の1つとして法人所得課税の実効税率がある。これは厳密にいうと，法人所得に対する租税負担の一部が損金算入されることを考慮して国税と地方税の税率を合計したもので，単に法人実効税率と呼ばれることもある。わが国の法人所得課税の実効税率（2024年1月現在，標準税率の場合）は29.74％となっている（図9－2参照）。

5．近年の法人税改革

　経済のグローバル化によって国際的な経済活動がより活発になってきている。そうした状況のなかで自国の法人税率が他国より高い水準であることは，自国企業の国際競争力弱体化や海外流出を引き起こす可能性が高く，経済活性化の観点からも望ましくないと考えられる。こうしたことから，各国は1980年代から法人税率の引き下げを行ってきた。また税率引き下げによる税収減への対応や課税の公平性の確保を目的に課税ベースの拡大も合わせて行われている。

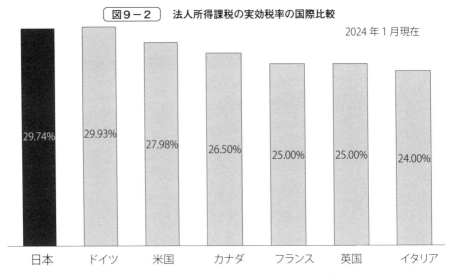

図9−2　法人所得課税の実効税率の国際比較

2024年1月現在

日本 29.74%　ドイツ 29.93%　米国 27.98%　カナダ 26.50%　フランス 25.00%　英国 25.00%　イタリア 24.00%

(注1) 法人所得に対する税率（国税・地方税）。地方税は，日本は標準税率，ドイツは全国平均，米国はカリフォルニア州，カナダはオンタリオ州。なお，法人所得に対する税負担の一部が損金算入される場合は，その調整後の税率を表示。
(注2) 日本においては，2015年度・2016年度において，成長志向の法人税改革を実施し，税率を段階的に引き下げ，34.62％（2014年度（改革前））→ 32.11％（2015年度）→ 29.97％（2016・2017年度）→ 29.74％（2018年度～）となっている。
(注3) 英国については，最高税率（拡張利益（※）25万ポンド超の企業に適用）を記載。拡張利益25万ポンド以下では計算式に基づき税率が逓減し，5万ポンド以下は19％。
　※拡張利益とは，課税対象となる利益に加えて他の会社（子会社等を除く）から受け取った適格な配当を含む額のことを指す。
出所：財務省資料より作成。

　わが国でも税率の引き下げと課税ベースの拡大という改革が行われている。特に2015年度と2016年度に大きな改正があり，成長志向の法人税改革と呼ばれている。この改革により法人税の税率は2018年度には23.2％という水準になっている。ちなみに1984年度の法人税率は43.3％なので，そこからほぼ半減したことになる。ただし，法人は国税だけでなく地方税も納めているので，法人の税負担を検討するには前述した法人所得課税の実効税率をみる必要がある。図9−2の注2にあるとおり，わが国の法人所得課税の実効税率は，改革前は34.62％，2015年度は32.11％，2016・2017年度は29.97％，2018年度以

降は 29.74％ となっている。図 9 - 2 をみると，欧米主要国は 20％ 台半ばから後半の水準なので，わが国は欧米主要国とほぼ同じかやや高い水準ということがわかる。また課税ベースの拡大については，2015 年度の改正で，欠損金繰越控除制度の見直し，受取配当等益金不算入制度の見直し，法人事業税の外形標準課税の拡大，研究開発税制などの租税特別措置の見直しが行われた。さらに 2016 年度の改正では，生産性向上設備投資促進税制の縮減・廃止といった租税特別措置の見直し，減価償却の見直し，法人事業税の外形標準課税のさらなる拡大，欠損金繰越控除のさらなる見直しが行われた。

☆ EATR と EMTR

　法人税率については，法定税率や法人所得課税の実効税率のほかに，学術的には平均実効税率（Effective Average Tax Rate：EATR）という概念と限界実効税率（Effective Marginal Tax Rate：EMTR）という概念がある。平均実効税率は法人税額を税引き前利潤で割ったもので，税引き前利潤 1 円当たりの税額を表す。限界実効税率は限界的な投資の費用をカバーするために上げなければならない最低限の収益率である資本のユーザーコストが課税によってどれだけ上昇するかを示す。企業の立地選択には平均実効税率が影響し，立地選択を行った後の投資規模の決定には限界実効税率が影響すると考えられている。なお最終的な利益移転については，法定税率が影響するといわれている。

　また平均実効税率や限界実効税率に関して，「フォワードルッキング」と「バックワードルッキング」という考え方がある。「フォワードルッキング」な実効税率とは，ある仮想的な投資プロジェクトから生じる利潤に関する税率のことで，現在の税制の影響を捉えることができる。それに対して，過去の投資行動や過去の税制の影響を反映した税率を「バックワードルッキング」な実効税率という。分析目的に応じて両者を使い分ける必要がある。

6．今後の展望

　先にも指摘したとおり、経済のグローバル化が進展するなかで法人税率の引き下げと課税ベースの拡大が世界的な潮流になっている。税率の引き下げ競争は「底辺への競争」（race to the bottom）と呼ばれている。今後この競争が激化するかもしれない。しかし、その一方で 2021 年 10 月に OECD 加盟国を含む

136 の国と地域は，法人税の最低税率を 15% とすることで合意した。さらに
この合意ではアメリカの IT 大手などを対象とするデジタル課税を導入するこ
とになっている。法人税をめぐる動きは激しさを増しており，わが国もこうし
た動きに対して迅速に対応していくことが求められる。なお国際課税の新潮流
については 13 章で詳しく議論をしている。

　また別の視点からの展望としては，本章のⅣで紹介した ACE のように超過
利潤を課税ベースとする法人税の導入がある。利潤型法人税を前提にした改革
では，資金調達行動や投資行動に対する非中立性は解消しない。ACE はそう
した非中立性の問題を解決する。さらに ACE は欧州を中心に実際に導入され
ており，実現可能性の高い税制である。よって，ACE はわが国の法人税制の
選択肢の 1 つとして検討に値すると思われる。ちなみに IMF も 2014 年に発表
した声明（2014 年対日 4 条協議終了にあたっての IMF 代表団声明）のなかで，わが国
において ACE 導入が検討に値することを指摘している。学術的にはシミュ
レーション分析などによって家計や企業に与える影響や税収への影響を明らか
にすることが重要である。また，現行税制からのスムーズな移行の方法につい
ても検討しなければならない。いずれにしても中長期的な観点から議論をして
いく必要があるだろう。

第10章

消費課税

I 消費課税の意義

消費に対して課される租税を消費課税という。消費課税は、課税財と非課税財を区分して課税する個別消費税と、すべての財・サービスに対して広く一般に課税する一般消費税に区分される。

1. 一般消費税と個別消費税の効率性比較

第5章「租税の基礎理論」では図5－13において、個別消費税と定額税 (lamp-sum tax) とでは、同額の税収を調達する場合に、どちらが経済に悪影響を与えないかを比較し、定額税によるほうが個別消費税によるよりも、納税者の課税後の厚生損失が少ないために効率的な税であることを学んだ。その理論で用いた予算制約線と無差別曲線の分析にならい、本章では、個別消費税と一般消費税のどちらが効率的な租税であるか検討を行う。

図10－1では、課税後の納税者の厚生経済状態を等しくするという前提条件のもとで衣料と食料の両方に課税する一般消費税のほうが、衣類のみに課税する個別消費税よりも多額の税収が調達できる効率的な税であることを示すこととする。

図10－1は、社会で利用できる資源を使って食料と衣料の2財だけが生産されると仮定する。縦軸が食料の消費量、横軸が衣料の消費量を表している。課税のない状態では予算制約線がABであるので、無差別曲線U_1と接する均衡点Eにおいて食料と衣料の組合せが選択される。個別消費税は食料には課

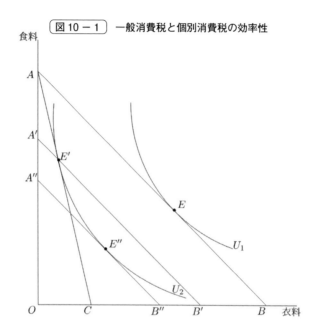

図10－1　一般消費税と個別消費税の効率性

税せず衣料のみに課税するものとし，一般消費税は食料と衣料の両方に課税するものとする。

　図10－1では一般消費税でも個別消費税でも，課税後の納税者の経済厚生水準を等しくするという仮定を置いている。まず，個別消費税により衣料のみに対してOB/CBの税率で課税が行われた場合には，予算制約線はABからACへとシフトすることとなるので，課税後の予算制約線ACが無差別曲線U_2と接する均衡点E_1により食料と衣料の組合せが選択される。個別消費税の課税により納税者の経済厚生は無差別曲線U_1から無差別曲線U_2で示される水準にまで低下することとなる。

　一般消費税の場合には，食料と衣料の両財に対して同じ税率で課税されるため，予算制約線はABと平行に左へシフトするので，$A''B''$が課税後無差別曲線U_2と接する均衡点E''の組合せが選択される。均衡点E'とE''は，ともに課税後の無差別曲線U_2上にあるため，両均衡点の納税者の経済厚生水準は等しいことがわかる。

次に，一般消費税と個別消費税の税収を比較する。個別消費税の課税により均衡点 E' の食料と衣料の組合せが選択されるが，課税前の予算制約線 AB に平行にこの均衡点 E' を通る直線 $A'B'$ を引くと，食料の価格で表示した個別消費税の税収は AA' である。一方で，課税後の無差別曲線 U_2 上にある一般消費税課税後の均衡点 E'' に対応する食料の価格で表示した一般消費税の税収は AA'' であるので，課税後の経済厚生水準は等しいにもかかわらず，一般消費税の税収 AA'' のほうが食料の価格で表示した個別消費税の税収 AA' よりも多額であることがわかる。個別消費税では食料と衣料の相対価格が変化するために所得効果に加えて代替効果が生じて厚生損失を与えるが，一般消費税は両財に対する相対価格に影響を与えないために代替効果を生じさせず，その結果として効率性が高くなると考えられる。

2．一般消費税の主な区分と特徴

表 10 − 1 は一般消費税の主な分類を示している。付加価値税は EU 諸国の共通税として採用されており，わが国の消費税も付加価値税に区分される。また，世界各国においては，多くの税が支出段階において課税され，売上税として分類されている。表 10 − 1 では，売上税が単段階税としていずれの段階において課税するかによって，製造者売上税，卸売売上税，小売売上税に区分されている。米国の州小売売上税は，事業者が消費一般に対して小売段階で課税する税である。

多段階において累積型で課税される取引高税は，前段階からの中間財の仕入額を控除することなく売上高に課税される。取引高税は，付加価値税の導入前にドイツ，フランスなどで採用されていたが，前段階から仕入れた中間財の租税にも重畳的に課税されるため，課税標準が高くなり，低い税率でも多額の税を徴収できるという長所があったが，租税に対して租税が課されるという税の累積（cascade）を生じるという重大な短所がある。また，取引高税は生産段階の取引高に対して課税されるため，企業間の取引回数を少なくすることで租税の負担を回避できるので，生産工場と販売会社の合併という企業の垂直的統合を誘発した。これは，経済効率を目的とした統合ではなく，単に租税回避を目

表10-1 一般消費税の主な分類

分　類		代表的な例	課税の方法
単段階課税	製造業者売上税	カナダ旧製造者売上税	製造業者が製造する財について製造段階で売上課税を行う
	卸売売上税	オーストラリア旧卸売売上税，スイス旧卸売売上税	製造業者および卸売業者が販売する財について卸売段階で売上課税を行う
	小売売上税	米国の州小売売上税カナダの州小売売上税	事業者が消費者に販売する財・サービスについて売上課税を行う
多段階課税	累積型 取引高税	EU諸国の旧取引高税日本の旧取引高税	全ての財・サービスについて取引の各段階で重畳的に売上課税を行う（取引の前段階で課税されてもその税額を控除しない）
	累積排除型 付加価値税（インボイス方式）	EU諸国の付加価値税日本の消費税	全ての財・サービスについて取引の各段階で売上課税を行うが，インボイス制度により前段階の税額を控除する
	付加価値税（帳簿・請求書保存方式）	日本の旧消費税	全ての財・サービスについて取引各段階で売上課税を行うが，帳簿および請求書の記録に基づいて前段階の税額を控除する

出所：税務大学校（2024）『消費税法（基礎編）令和6年度（2024年度）版』2頁に加筆修正して作成。

的としたものであるため，経済に歪曲効果を与えるという欠陥があった。

　それに対して，EU諸国で取引高税に代わって導入された付加価値税は，各生産段階で原則としてすべての財・サービスに対して売上課税を行うが，前段階からの仕入税額を税額控除する，前段階税額控除方式が一般的であったために，税の累積および企業の垂直的統合の誘因といった経済的な歪曲効果を避けることができることとなった。さらに，EU諸国の付加価値税の場合には，生産物の輸出に対して価格による国際競争の優位性を確保するために，輸出される段階で売上高にゼロ税率を乗じることにより付加価値税額をゼロとするという国境税調整が行われている。わが国の消費税もEU諸国の付加価値税と同様に，仕入れに関しては前段階仕入税額控除方式を採用し，輸出売上に対しては

免税取引とすることにより消費税がゼロとなる輸出免税売上制度を採用し，国際的な競争力を確保することとしている。

しかしながら，付加価値税にも短所はある。EU 諸国で課題となっている「回転木馬詐欺（Carousel Fraud）」と呼ばれる脱税詐欺である。これは，EU 加盟国内では付加価値税を納付することなく財を輸入でき，そしてゼロ税率で輸出できるという税制の盲点を突いた脱税である。スマート・フォンや IC チップといった高価格，低輸送費の財を EU 域内で輸出し，ゼロ税率を適用して仕入税額の全額還付を受けたのち，輸入者は輸入時点で付加価値税を納付せず，財が回転木馬のように EU 加盟国内を流通し続けて，やがて輸入者が倒産により付加価値税の納税義務が消えていくという詐欺の手口である。

3．OECD 諸国における付加価値税の傾向

図 10 − 2 は，OECD 諸国全体の税収総額に占める各種税収の割合（％）の推移を示している。個人所得税，法人所得税および社会保障拠出金に比べると

図 10 − 2　OECD 諸国全体の税収総額に占める各種税収の割合

出所：OECD, *Revenue Statistics 2019*, p.26, Figure1.6 Trends in tax structures（1965-2019, as of % of total tax revenue）より作成。

付加価値税の税収の割合の増加傾向は顕著である。付加価値税の比率は，1965年にはわずか1％であったが，しだいに上昇し，2019年においては20％になっている。一方で，法人所得税および個人所得税の税収の割合は，ほぼ横ばいである。この背景として，EU諸国において付加価値税が順次導入され，その税率が引き上げられたことが背景にあると考えられるため，次の表10－2でこの推移を見ていくこととする。

表10－2は，主要国の付加価値税の導入年と標準税率を表している。フランスでは，1968年の税制改革によって税率20％で現在の付加価値税の仕組みが導入されたが，すでに1954年にはサービスを課税対象外とする現在の付加価値税の基礎となる消費課税が世界に先駆けて導入されていた。さらに，ドイツでは1968年に売上税を改正し10％の税率で付加価値税が導入された。現在の税率は19％となっている。スウェーデンでも1969年に小売売上税の改正により11.11％の税率で付加価値税が導入され，段階的に増税が行われ，現在の税率は25％となっている。

表10－2　主要国の付加価値税の導入年と標準税率

国　名	導　入	標準税率（単位：％）（導入時）	標準税率（単位：％）（2022年1月）
フランス	1968年	20%	20%
スウェーデン	1969年	11.11%	25%
デンマーク	1967年	10%	25%
ドイツ	1968年	10%	19%
イタリア	1973年	12%	22%
イギリス	1973年	12%	20%
韓国	1977年	10%	10%
ニュージーランド	1986年	10%	15%
日本	1989年	3%	10%
カナダ	1991年	7%	13%
中国	1984年	15%	13%
オーストラリア	2000年	10%	10%

出所：財務省ホームページ「諸外国の付加価値税の標準税率の推移」（https://www.mof.go.jp/tax_policy/summary/consumption/103.pdf　2022/11/27 閲覧）より作成。

第 10 章　消費課税 ｜ 199

このように EU 諸国では，付加価値税の標準税率が高い傾向にあるが，その理由として付加価値税が EU 諸国の共通税として採用されており，EC 指令による標準税率の下限が 15％とされていることが挙げられる。OECD 諸国においてもほとんどの国が付加価値税を導入しており，今後も主要税として多額の税収を調達していくものとみられる。

II　所得課税から消費課税へ

1．消費課税と所得課税の比較

　消費課税と所得課税の基本的な違いについてみていくこととする。所得 Y は次の恒等式の通り消費 C と貯蓄 S からなる。

　　　$Y = C + S$

　消費課税は消費 C にのみ課税するのに対して，所得課税は消費 C と貯蓄 S の両方に対して課税することとなる。この貯蓄 S は，投資 I として支出される。そのため，消費課税は支出のうち投資には課税されず消費のみに対して課税されることとなる。さらに，所得課税は貯蓄・投資からの収益である利子や配当にも課税することとなるので，二重課税であるという批判がある。税の究極の源泉および税はどこまで徴収できるかという課税の限界を究明しようとした重農学派のケネー（Quesnay, F.）により発見された経済循環によれば，経済の年々の純生産は，生産に貢献した生産要素に分配されて所得を形成するため，所得は社会の純生産への貢献に対応する。租税政策においては，生産基盤を損なうような課税は避けるべきであり，税源である年々の純生産を増加させることが重要課題となる。貯蓄は投資されることにより新たな生産基盤である資本形成となり，労働者の生産性を高め経済成長を促進する働きがある。投資は経済の最終目的ではなく迂回生産にすぎず，経済の最終目的は消費であるとされる。

　消費は生産活動の成果である財・サービスの蓄え（プール）から取り出して使用する行為であり，社会の純生産の貢献に相当する所得に課税するよりも，消費こそ適切で公平な課税標準であるという見解は，ホッブス（Hobbes, T.）の

『リバイアサン』において提唱され，その後，ミル（Mill, J.S.），マーシャル（Marshall, A.），ピグー（Pigou, A.C.），ケインズ（Keynes, J.M.）などの経済学者に支持された。現実には，カルドア（Kaldor, N.）の指導によりインドとスリランカで個人消費税（支出税）が実施されたが，導入された制度自体はその原理とはかけ離れた抜け穴の多いものであり，残念ながら抵抗が多く数年後に廃止されることとなった。しかし，近年の大きな世界的な潮流として，所得課税から消費課税への税制改革による移行が進みつつある。

2．貯蓄と投資

　税制改正を行う際に，経済成長を阻害しない税制が選択される。米国の場合には，貯蓄率の低さが経済的な問題となっており，貯蓄率と投資率を高めることにより，生産性を引き上げ，経済成長を達成することが税制改正の焦点となっている。わが国においては，1970年代くらいまでは，過大な貯蓄と過小な消費により有効需要が停滞していたといわれていた。わが国のGDPに対する貯蓄率は，1970年には22.1％あったが，1980年には15.0％，1990年には14.4％，2000年には7.8％まで低下し，2016年には4.9％と先進国の中でも低い貯蓄率となっている。したがって，貯蓄と投資に課税しない消費課税のほうが，所得課税よりも生産性の上昇や経済成長に不可欠な貯蓄と投資の確保という政策上の重要な課題にかなっている。

　今後もわが国では少子高齢化と人口減少の傾向は続くものと予想されるため，貯蓄する勤労世代の人口が減少し，貯蓄を消費に回す高齢者の世代が増加するものとみられる。これにともない，社会保障基金，医療，福祉のための財源が今後も増加するのは必至である。これを主として「働き手」に頼っていた所得課税中心の税制では，今後予想される少子高齢化社会における財政需要を働き手に負担させることによる重税感，不公平感などの弊害を生じさせる可能性がある。財政需要の負担の世代間配分問題を考えると，高齢者の人口に占める割合は増加すると見込まれるので，これらの高齢者にも相応の財政負担を求めることが必要となる。そのためには，所得課税よりも消費課税のほうが適当であると考えられる。

第 10 章　消費課税 ｜ 201

Ⅲ　わが国の消費課税

1．わが国の消費課税の税目

　わが国の消費課税には，一般消費税として国税としての消費税および地方消費税があり，その他に個別消費税がある。表 10 − 3 にわが国の消費課税の税目を国税と地方税に分けて示す。このように消費課税の税目は多岐にわたる。

　例えば，酒税法は昭和 15 年制定の旧法を改正して昭和 28 年に制定されたが，納税義務者は酒類製造者または酒類の保税地域からの引取者とされる。酒税の課税物件は，「酒類」とされる。酒税法上，酒類とは，アルコール分 1 度以上の飲料とされる。酒税は，1 キロリットルあたりにいくらという形で課税される従量税であるが，発泡性酒類，醸造酒類，蒸留酒類，混成酒類の 4 種類の分類による基本税率を定めている。

　たばこには，喫煙を抑制するという政策税制としての意図もあり，わが国だけでなく，世界各国で一般的に課税の対象とされている。たばこに対しては，個別物品税として国が課税権者であるたばこ税，たばこ特別税および，地方公共団体が課税権者である地方たばこ税がそれぞれ課されている。たばこ税の課税物件は製造たばこであり，納税義務者は，製造者および保税地域からの引取者である。

　揮発油税は，納税義務者は揮発油の製造者と保税地域からの引取者であり，

表 10 − 3　わが国の消費課税の税目

国　税	地方税
消費税，酒税，たばこ税，たばこ特別税，揮発油税，地方揮発油税，石油ガス税，航空燃料税，石油石炭税，電源開発促進税，自動車重量税，国際観光旅客税，関税，とん税，特別とん税	地方消費税，地方たばこ税，ゴルフ場利用税，軽油引取税，自動車税（環境性能割・種別税），軽自動車税（環境性能割・種別税），鉱区税，狩猟税，鉱産税，入湯税

出所：『図説　日本の税制』（令和 5 年度版）より作成。

課税標準は揮発油の製造場から移出した揮発油の数量である。揮発油税および地方揮発油税は総称して，一般にガソリン税とも呼ばれる。どちらも国税として徴収されるが，揮発油税は全額が国に譲与され，地方揮発油税は地方公共団体に譲与される。ガソリン税は，道路整備が急務とされた昭和29年に導入され，当初は国と地方の道路整備の財源不足に対応する目的税（道路特定財源）であったが，道路整備がしだいに普及したことにより平成21年に一般財源化され，現在は普通税となっている。現在はガソリン1リットル当たり53.8円の課税がなされ，そのうち25.1円が暫定税率となっている。

2．わが国の消費税の導入と改革

わが国の消費税は，一般消費税の中でも消費型の付加価値税に分類される。その導入について，昭和53年の大平内閣時に一般消費税の導入について検討されたが，総選挙に敗れたことにより白紙に戻った。その後，中曽根内閣において売上税の導入構想が持ち上がったが世論の反対により撤回され，昭和63年に竹下内閣により国税としての消費税法が国会承認を経て成立し，平成元年4月1日に施行された。当初の税率は3％であった。わが国の消費税は消費型の付加価値税に区分される。従来の物品税を中心とした間接税制度を抜本的に改正し，消費全般に，広く薄く負担を求めることとされた。その後，平成6年に村山内閣により国税の消費税の税率が3％より4％へ引き上げられ，地方消費税1％（消費税の25％）が導入された。この改正は，平成9年に橋本内閣により施行された。国税と地方税の合計消費税率は5％となり，中小事業者に対する特例措置の見直しも行われた。

平成15年小泉内閣では，事業者の免税点が1,000万円に，簡易課税の適用上限が5,000万円に引き下げられ，平成16年から施行された。次に，平成24年安倍内閣では，「社会保障と税の一体改革」の一環として，国税と地方税の合計消費税率が8％（消費税率6.3％，地方消費税率1.7％）に引き上げられるとともに，消費税収入の使途を社会保障経費とすることとされ，消費税は目的税となった。この改正は，平成28年に施行された。

令和元年安倍内閣では，税制改正により，国税と地方税の合計標準消費税率

が 10％（消費税率 7.8％，地方消費税率 2.2％）に引き上げられて軽減税率が導入され，これまでの単一税税率から複数税率へと移行した。さらに，令和 3 年 10 月には適格請求書等保存方式（いわゆるインボイス方式）の登録申請が始まり，令和 5 年 10 月より完全に帳簿方式からインボイス方式へ移行された。

3．地方消費税の創設について

　平成 6 年の税制改正において，地方分権の推進，地域福祉の充実のため地方財源の充実を図ることとされ，消費税収入額の 20％とされていた消費譲与税が廃止され，地方消費税が創設され，平成 9 年 4 月より実施された。地方消費税は地方公共団体の財源として用いられ，その税率は，消費税の 25％（課税標準の 1％）とされた。

　さらに，平成 24 年の「社会保障と税の一体改革」により，平成 26 年 4 月より地方消費税率が消費税額（国税分）の 17/63（課税標準の 1.7％）に引き上げられた。そして，平成 28 年度税制改正により地方消費税率は消費税額（国税分）の 22/78（課税標準の 2.2％）に引き上げられることとなり，令和元年 10 月より施行された。

4．消費税の課税対象取引

　消費税の課税対象は，国内において事業者が行った資産の譲渡等および特定仕入である。

（1）資産の譲渡等

　資産の譲渡等とは，事業として対価を得て行われる資産の譲渡および貸付ならびに役務の提供をいい，次の要件のすべてを満たす取引である。

① 　国内取引であること
② 　事業者が事業として行うものであること
③ 　対価を得て行うものであること
④ 　資産の譲渡，貸付けおよび役務の提供であること
⑤ 　特定資産の譲渡等（事業者向け電気通信利用役務の提供および特定役務の提供）

に該当しないこと

（2）特定仕入れ

特定仕入れは，事業として他の者から受けた特定資産の譲渡等（事業者向け電気通信利用役務の提供および特定役務の提供）が対象となる。

5．消費税の「益税」批判による改正

（1）小規模事業者の納税義務免除制度

消費税導入時において，売上の少ない個人事業者や小規模法人などの会計処理の事務負担の軽減のため，基準期間（法人については前々事業年度，個人事業者は前々年度）の課税売上高が3,000万円以下の中小事業者については，納税義務が免除された。しかし，免除されている事業者が消費税を売上に転嫁させて消費税分を徴収しながらそれを納税しないことから，「益税」であるとの批判があり，平成16年以降，免税点は1,000万円まで引き下げられることとなった。

（2）簡易課税制度

中小事業者の消費税額の算出を簡単にするため，その課税期間における課税標準に対する消費税額に基づき，仕入税額控除をみなし計算する簡易課税制度が導入された。消費税導入当初は，課税売上高が5億円以下の事業者について，一律80％のみなし仕入率を認めていたが，仕入率が80％より少ない事業者は，消費者から徴収した消費税の一部が手元に残ることとなるから，やはり「益税」との批判があり，平成6年の改正により，第1種事業の卸売業では90％，第2種事業の小売業では80％，第3種事業の農業，林業，漁業，鉱業，建設業，製造業，電気業，ガス業，熱供給業および水道業では70％，第4種事業のその他では60％，第5種事業のサービス業では50％のみなし仕入率と事業区分による段階制となった。さらに上限となる課税売上高についても平成16年4月より5,000万円に引き下げられた。さらに，平成27年4月からは事業区分がさらに細分化され，第5種事業に区分されていた不動産業のみなし仕入率が第6種事業として40％へと引き下げられた。このように，改正により

第 10 章　消費課税 ｜ 205

益税問題は徐々に改善されてきてはいるが，いまだ解消されるまでには至っていない。

6．消費税率引上げと軽減税率制度の導入

　令和元年 10 月 1 日から消費税率（国税分）が 7.8% に引き上げられるとともに，地方消費税は，消費税額（国税分）を課税標準とする税率が 22/78（課税標準の 2.2%）となり，消費税と地方消費税を合わせた合計税率は 10% となった。

　この税率引き上げと同時に，低所得者への配慮の観点から，酒類・外食を除く飲食料品の譲渡および週 2 回以上発行される新聞の定期購読契約に基づく譲渡を対象として，軽減税率制度が実施された。消費税の軽減税率分は 6.25% であり地方消費税分は 1.75% のため，合計税率は 8 % となった。

7．消費税の「目的税化」

　消費税は，当初，使途を特定しない普通税として導入されていたが，平成 11 年度予算以降は，基礎年金，老人医療および介護の福祉予算に充てることが予算総則に明記された（福祉目的化）。さらに，平成 26 年度から年金，医療および介護の社会保障給付ならびに少子化に対処するための施策に要する経費に充てるものとすることが消費税法第 1 条 2 項に明記された（社会保障目的税化）。そして，社会保障・税の一体改革により，令和元年度 10 月からの消費税率の引上げによる増収分は，すべて社会保障に充て，待機児童の解消や幼児教育の無償化など子育て世代のためにも充当し，全世代型の社会保障財源とすることとされた。

8．増税後の国・地方間の消費税の配分について

　令和元年 10 月の消費税率の引き上げに伴い，消費税・地方消費税の合計税率 10% のうち，地方消費税分は 2.2% であり，地方公共団体の財源とされている。7.8% 分は国の消費税とされているが，そのうち 1.52% 相当分は地方交付税分とされるため，地方公共団体には 3.72%（消費税・地方消費税収の約 37%）分が配分されることとなる。国の財源に充てられるのは，6.28%（消費税・地方消

費税収の約63％）分となった。

9．増税に伴う帳簿方式からインボイス方式への移行

　わが国では消費税の導入に関して抵抗を緩和するための妥協策として，EUの付加価値税で取り入れられているインボイス方式は採用されず，事業者の帳簿に基づいて仕入税額控除を算出する帳簿方式によることとされたため，取引当事者間での相互牽制が十分に機能しないという問題があった。しかし，平成28年度税制改正により，段階的にインボイス制度が導入されることとなり，令和5年10月以降は，適格請求書事業者からのインボイスでなければ仕入税額控除が受けられなくなるというインボイス方式（適格請求書保存方式）に移行することとなった。この「インボイス（適格請求書）」とは，事業者間で取引される消費税額が記載された請求書や領収書のことで，事業者が消費税の納税額を計算する際に保管が義務付けられるようになった。令和元年10月からの消費税率の引き上げに伴い，食料品などに対して軽減税率が導入され，10％と8％の税率が混在することとなった。そこで正しく消費税の納税額を算出するためには，商品等に課されている消費税率や消費税額は，どちらの税率が適用されたものであるかを明記する必要が生じたためにインボイス制度が導入された。

　なお，インボイスを発行できるのは，税務署長から登録を受けた適格請求書発行事業者に限られ，このインボイス発行事業者（適格請求書発行事業者）になるためには，登録申請書を提出して登録を受ける必要がある。そして，インボイス発行事業者の情報は，国税庁ホームページ「国税庁適格請求書発行事業者公表サイト」に公表されている。

　インボイス制度の概要をまとめると次の通りである。

① 適格請求書（インボイス）

売手が買手に対して正確な適用税率や消費税額を伝えるために，従来の請求書に加え，登録番号，適用税率，消費税額等を記載した書類やデータ。

② 売手である登録事業者は，買手である取引相手（課税事業者）から求められた場合には，インボイスを交付しなければならず，交付したインボイ

スの写しを保管しておく必要がある。

③　買手は仕入税額控除を受けるために，取引相手（売手）である登録事業者から交付を受けたインボイスの保存が必要となる。

　このインボイス制度の導入により，取引当事者間の相互牽制が働くため，今後，仕入税額控除を過大に計上することによる不正還付や脱税の防止効果が上がると見込まれる。

　令和５年10月以降，インボイスを発行できる事業者への登録申請は，課税事業者に限られることとなったため，法人などの事業者を顧客とする小規模の免税事業者は，顧客の側で仕入税額控除が受けられないことから，顧客からの要望により免税事業者から課税事業者への変更を余儀なくされる納税者が増加した。そこで，小規模事業者の事務手続きと納税義務の緩和のため，次のような経過措置が講じられた。

①　小規模事業者に対する納税額に係る負担軽減措置（いわゆる「２割特例」）

　　免税事業者からインボイス発行事業者になった場合の税負担・事務負担を軽減するため，納税額を売上税額の２割に軽減する激変緩和措置（２割特例）を３年間講ずることとした。これにより，業種にかかわらず，売上・収入を税率ごと（8%・10%）に把握するだけで消費税の申告が可能となり，事務負担の軽減につながった。

②　一定規模以下の事業者に対する事務負担の軽減措置（いわゆる「少額特例」）

　　中小事業者を含めた一定規模以下（基準期間（前々年）における課税売上高が１億円以下）の事業者の実務に配慮して，インボイス制度の開始から６年間，税込１万円未満の課税仕入れについて，インボイスの保存が無くても帳簿のみで仕入税額控除を可能とする事務負担の軽減措置が講じられた。

　これらの経過措置が取られたことにより，中小規模事業者の事務負担は軽減されたとみられるが，日本商工会議所の調査によると，約８割が経理部門の事務負担が増えたとの回答があった。インボイスを受領するとまず必要事項が抜け落ちていないか，発行事業者の登録番号に誤りがないか国税庁のホームペー

ジで確認するなどの確認作業が増加したとのことである。アダム・スミスの第3租税原則は便宜性の原則（租税は納税者にとって最も便利な時期・方法で課税されること）であり，第4租税原則は最小調整費の原則（徴税費を最小にすること）であるように納税手続きの簡素化が求められる。制度導入による大きな混乱はないものの，請求書の自動読み取りなど経理業務のデジタル化の普及が今後の納税者の遵法費用と事務負担軽減の鍵と見られる。

10. 国境を超えた役務提供に係る制度改正

　平成27年10月以降に行われる，電子書籍・音楽・広告の配信等の電気通信回線（インターネット等）を介して行われる役務の提供（電気通信利用役務の提供）について，役務の提供を受ける者の住所等が国内である場合には，消費税の課税対象となる国内取引に該当することとされ，国外事業者の消費税の申告もれが生じないように制度改正された。

　①　リバース・チャージ方式の導入

　国外事業者が行う事業者向け電気通信利用役務の提供（例えば広告の配信など）については，その国外事業者から役務提供を受けた国内事業者に対して役務の提供に係る消費税の申告義務が課される，「リバース・チャージ方式」が導入された。また，国外事業者が行う電気通信利用役務の提供以外のものについては，その国外事業者に申告納税義務が課されることとなった。これにより，インターネットを通じた国境をまたぐ役務提供についても消費税課税もれの防止が図られることとなった。

　②　登録国外事業者制度

　国税庁長官の登録を受けていない国外事業者については，電気通信利用役務の提供を受けた国内事業者は，仕入税額控除ができないが，登録を受けた国外事業者から受ける消費者向け電気通信利用役務の提供については，仕入税額控除を行うことができることとされた。登録国外事業者については，国税庁ホームページで公開されている。

第11章

資産課税

I 資産課税の体系

1. 資産課税

　資産を大きく分類すると金融資産と非金融資産に分類され，非金融資産には土地・建物・構築物等の不動産，船・自動車等の動産などがある。これらの金融資産および非金融資産の取得・譲渡・保有に対する課税を資産課税という。

　表11－1に示されるように，資産課税には，資産の取得譲渡にかかる資産移転課税と資産の保有にかかる資産保有課税がある。また，資産移転課税は資産の移転時に対価を伴うか否かによって，有償移転課税と無償移転課税に分けられる。有償移転課税には登録免許税，不動産取得税，印紙税があり，無償移転課税には相続税・贈与税がある。

　一方，資産保有課税は特定の資産に課税される個別財産税と資産すべてに課税される一般財産税に分類される。具体的には，個別財産税としては固定資産税，都市計画税，事業所税などがあり，一般財産税には富裕税や資本課徴などがある。なお富裕税は納税者の所得を考慮して課税する名目財産税であり，資本課徴は税源として財産そのものを考慮する実質的財産税に該当する。

　個別財産税のうち，特に固定資産税は資産の価値に課税される点から，財産税であるとする考えと，固定資産税の実質的な負担が資産からの収益の範囲に収まる点から，便益との対応関係により負担が求められることに着目して収益税と解するものがある。

表 11 − 1　資産課税の体系

資産課税	資産移転課税	有償移転課税	
		無償移転課税	
	資産保有課税	個別財産税	
		一般財産税	名目的財産税
			実質的財産税

2．資産移転課税

　有償移転課税のうち登録免許税は不動産の登記や船舶等の登録などに課される税である。また，不動産取得税は不動産の取得に対して課される税である。なお，印紙税は土地や有価証券の譲渡契約や金銭貸借契約等の経済取引に付随する文書作成行為に対して課税するものであるが，その課税根拠は理論的に説明することが難しい。

　このように有償移転課税はその大部分が不動産の移転や流通に対して課税される不動産流通課税である。土地等の有償移転に課される不動産取得税，登録免許税は，税源が安定しているという長所がある一方で，景気の上昇による税収の伸びは期待できないという短所をもっている。

　無償移転課税に分類される相続税は，相続による資産の移転に対して課税される。課税方式には遺産課税方式と遺産取得課税方式がある。遺産課税方式は，死亡した者の生涯を通じた所得税等の負担を清算し，被相続人の貯蓄財産の一部を社会に還元するという考えに基づいている。遺産取得課税方式は，偶発的な理由により増加した財産に担税力を見出すことにより，遺産を取得した相続人に課税するものであり，富の集中排除という考えに基づいている。そのため，この方式を用いた場合には，相続人それぞれに対して，取得した財産額に応じて累進課税を行うことができるため，個々の相続人の担税力に応じた課税をすることができる。また，贈与税は生前の資産移転による相続税の課税逃れを防止する機能をもっており，相続税を補完する役割を担っている。

3．資産保有課税

　資産保有課税のうち固定資産税は，土地，家屋，償却資産に課税され，市町村レベルの基幹税となっている。日本では明治時代から土地には地租，家屋には家屋税が課されていたが，昭和25年にシャウプ勧告に基づく地方税制改革の一環として地租と家屋税が統廃合され，固定資産税が創設された。

　固定資産税の課税根拠は公共サービスから生じる便益との関係に求めるのが一般的であり，納税義務者はその便益を享受する資産の保有者である。そのため，固定資産税は公共サービスから受ける便益に対する対価として位置づけることもできる。また，都市計画税についても考え方は固定資産税と同じであり，公共サービスから享受する便益との関係から課税され，その租税負担は資産の保有者が負うことになる。

　富裕税は，所得税率の過度な累進性を抑えるため，わが国ではシャウプ税制の一環として昭和25年に導入されたが，財産の評価および把握等の困難性や徴税コストの問題からわずか3年で廃止された経緯がある。その後，所得税において資産合算制度が導入された時期もあり，所得税を補完するための一般財産税の導入は税制改革において今後も検討する余地がある。

　わが国の国税庁は，令和6年現在において，所得税確定申告時に，高額所得者に対して財産債務調書（所有するすべての財産および債務を記載した資料）の提出を義務付けており，財産の評価や把握および徴税コストに関する問題点は多少解決されつつあるが，その実際の導入は難しい。なぜならば，多額の資産を保有していても，所得が低ければ納税資金が不足することがあり，所得税および富裕税の合計額が課税ベースの一定割合を超過しないように考慮する必要があるからである。

II　資産課税の意義

1．資産移転課税

（1）有償移転課税

　登録免許税は国から受ける法的な保護やサービスに対する反対給付として，

利益説から説明できる。具体的には不動産等を取得した時に登記を行うことによって，自己の権利を第三者に対して主張する第三者対抗要件を備えるためのものである。

　不動産取得税は，不動産を取得するという経済力に担税力を見出して課税ものであり，能力説から説明できる。また，不動産取得税はその後の不動産等の保有期間に課される固定資産税を緩和する役割も担っている。

（2）無償移転課税

　相続税は利益説の観点からすると，年金，医療，介護など国が提供する社会保障サービスからの受益に対して，相続税により死後清算するという説明が行われる。わが国においても，かつては子から受ける介護等のサービスの対価として，相続時の遺産が位置づけられていた。しかし，現代においては老後扶養の社会化の浸透が著しく，高齢者の資産維持に社会保障制度が寄与することを勘案して，相続財産の一部を社会に還元すべきという考え方がある。

　他方，能力説の観点からすると，相続税の課税根拠は，社会政策説，不労所得説，課税技術説に基づき説明できる。第1に社会政策説によれば，資産格差の原因となる相続に対する課税は，富の再分配を行うことにより，貧困対策や社会階層の固定化を阻止する役割を果たし得る。資本主義社会においては，資本収益率が労働収益率を少なからず超えるため，自由な経済活動に任せておくと資産格差が時を追うごとに開くことになる。こうした問題点に対して，相続税という補正手段を講じることにより資産格差の是正を行っている。

　第2に，不労所得説によれば，資産などから得る不労所得に担税力があると認め相続税が課される。労働所得は生活を維持するために必要な収入である一方，棚ぼた的な不労所得は生活面における必要性が低いため不労所得の担税力は労働所得よりも大きい。第3に課税技術説によれば，存命中に所得税が課税できなかった部分の清算に相続税が役立つ。具体的には，社会政策や経済政策上の要請による特別措置等により，所得が発生した時点において所得税を課すことができなかったことによる資産の集積に対して，人生の総決算としての課税を行うことになる。

2．資産保有課税

（1）公平性

　利益説によれば，資産保有課税は公共サービスの対価として捉えられる。資産価値は，国および地方公共団体による公共サービスによって影響を受ける。例えば，土地保有について考えると，土地の価値は，地域の開発状況や治安，社会インフラの整備などにより影響されるが，これは，土地保有がこうした公共サービスから便益を受けることを意味する。そしてこの場合，公共サービスからの受益に対する反対給付が資産保有課税である。

　他方，能力説によれば，水平的公平の観点から資産保有課税は所得税を補完する。例えば，年間所得が等しく1,000万円のAとBについて考えると，Aの所有資産が1億円で，Bの所有資産が5億円であった場合に，他の条件が同じであればBの担税力がAよりも大きいことになる。つまり，資産保有に担税力を求め課税することで，水平的公平を補完することができる。

　また，過度な資産格差は貧困等の社会問題の基であり，これに対し，資産保有課税は富の集中による資産格差を抑制する役割も負っている。一方で，家計貯蓄の3割近くを占める金融資産の保有には課税されることがなく，資産保有課税が富の集中排除を根拠とするのであれば，金融資産への保有課税を行うことが課題となる。

（2）効率性

　効率性の観点からは，資産保有課税は資産の有効利用促進機能としての意義が認められる。資産の中には所得を生まないまま保有され続けるものもある。こうした資産に対し租税負担を課すことによって，自己による保有資産の活用や譲渡による他者の資産活用が見込める。例えば，保有している土地を何年にもわたり放置している地主に対して，固定資産税が課されると，地主は課される固定資産税を超える収益を保有している土地から稼得するか，固定資産税を課されないようにその土地を譲渡しなくてはならない。具体的には，その土地にアパートを建てるなどの活用をしたり，またはその土地を不動産業者に売却することによって，不動産業者が商業施設等を作って活用することが，その一

例である。

Ⅲ　現行の資産課税

1．有償移転課税

（1）登録免許税

　登録免許税は不動産等の登記や各種資格の登録時に課税される租税である。わが国においては，明治6年の地租改正により地券が交付され，その証書への押印に対して地券証印税が課されたことに始まる。明治19年に登記法の制定に合わせて登記税へと改められた。その後，昭和42年に現在の登録免許税に移行した。登録免許税の納税義務者は，登記や登録等を受ける者であり，登記や登録等を受ける者が複数いる場合には，連帯納税義務を負う。また，課税物件は各種の登記，登録，特許，免許，許可，認可，認定，指定，および技能証明となり，登記登録等の種類により，課税標準を物件の金額とするものと，物件の数量とするものがある。例えば，無体財産権の登録の課税標準は登録の件数であるが，不動産の登記の課税標準は不動産の価格となる。

（2）印紙税

　印紙税は契約書等の文章の作成に対して課される租税である。わが国においては，明治6年に欧米の制度を参考にして導入された。当時は，商工業に比べ農業に対し租税負担が偏っていたため，その是正を目的としていた。印紙税の納税義務者は契約書等の作成者であり，2人以上の者によりその文書が作成される場合には共同して作成した者全員が納税義務者となる。一般的には契約書等という性質上，2人以上のものが納税義務者となることが多い。

　印紙税における課税物件は各種文書を作成する行為であり，作成することで課税される文章には，各種契約書，有価証券，定款，預貯金証書，保険証券，信用状，配当金領収書等，金銭の受取書，有価証券の受取書，各種の通帳等がある。

2．無償移転課税

（1）相続税

相続税の課税方式は，遺産課税方式と遺産取得課税方式に分類することができ，諸外国における方式は表11－2の通りである。

このうち，遺産課税方式は財産税的な性格をもっており，遺産の総額に対して課税するものである。遺産課税方式の長所は，生涯の租税負担を清算することに適しており，相続人が遺産の仮装分割等を行うことによって課税逃れを防ぐことができる点にある。また，税務執行上も徴税が容易である点が長所と言える。反対に，遺産課税方式の短所は，担税力に応じて遺産取得者に課税することができない点や，遺産の分割の仕方によって税額に変動がないため，富の分割が促進されない点などがある。この遺産課税方式はアメリカやイギリスにおいて採用されている。

遺産取得課税方式は遺産を取得した者を納税義務者とし，それぞれが取得した遺産を課税物件として課税するものである。遺産取得課税方式の長所は，担税力に応じて課税できる点や，相続人が増えるほど租税負担が軽減されることから，遺産の分割が進み，富の集中を排除する効果がある点が挙げられる。反

表11－2　相続税の国際比較

区分	日本	アメリカ	イギリス	ドイツ		フランス	
課税方式	法定相続分課税方式（併用方式）	遺産課税方式	遺産課税方式	遺産取得課税方式		遺産取得課税方式	
最低税率	10%	18%	40%	7%	続柄の親疎により，税率は3種類（最高税率50%）	5%	続柄の親疎により，税率は4種類（最高税率60%）
最高税率	55%	40%		30%		45%	
税率の段階	8	12	1	7		7	
基礎控除等	3,000万円＋600万円×法定相続人の数（別途，配偶者の税額軽減）	基礎控除：1,118万ドル配偶者：免税	基礎控除：32.5万ポンド配偶者：免税	配偶者：余剰調整分＋75.6万ユーロ子：40万ユーロ		配偶者（免税）直系血族：10万ユーロ	
累積制度	相続前7年間に贈与された財産	相続前（全期間）に贈与された財産	相続前7年間に贈与された財産	相続前10年間に贈与された財産		相続前15年間に贈与された財産	

出所：財務省資料。

対に，遺産取得課税方式の短所は，相続人が遺産を仮装分割することにより，不当な租税負担の軽減を図る可能性がある点や，遺産の分割内容を把握することが困難なため，税務執行上も徴税が容易ではない点が挙げられる。現在，遺産取得課税方式はドイツやフランスにおいて採用されている。

① 日 本

わが国においては，明治38年に相続税が創設された時点では遺産課税方式が採られていたが，昭和33年の税制改革で遺産取得課税方式を補完する形で遺産課税方式を併用した法定相続分課税方式が採用され現在に至る。この方式によれば，遺産取得課税方式を基本として法定相続人の人数と法定相続割合を用いて相続税の総額が計算され，その総額は相続人の取得財産の割合に応じて分割される。

わが国では法定相続分課税方式が採られることで，遺産課税方式と遺産取得課税方式の長所を享受する。しかし同時に，法定相続分による仮装分割に基づいて，相続人ごとの税率が決まり，相続税の総額が求められるため，法定相続人の数が多いほど，総体としての税額が軽減されるという短所にも対峙する。そのため，遺産課税方式で長所として取り上げた，遺産の分割の仕方によって税額の異動がないという特徴は十分に発揮されるとは言い難い。

② アメリカ

アメリカでは，遺産税（estatetax）は立法化される前から南北戦争などの戦費調達を目的に課税されていたが，正式に立法化されたのは1916年である。その特徴をみると，第1に遺産課税方式を採用する点である。そのため，遺産税の納税義務者は被相続人である。この根底には，遺産税は財産を移転した場合に課税されると認められるため，相続という形で財産が移転されればその主体である被相続人が課税されるべきとする考えがある。

第2の特徴は累積的課税である。その仕組みによれば，生前の贈与分を加えた当該遺産額に税率が課され，過去に納税すべき贈与税額を控除して遺産税が算定される。これは，分割した財産を生前に贈与することで累進課税が免れられるのを防止する措置である。なお，アメリカの遺産税の目的は財源調達と富の再分配である。

第11章　資産課税 | 217

③　イギリス

イギリスでは1894年に相続税が創設されている。当初は生前の贈与財産に対して相続税は課税されなかったため贈与による課税逃れが横行した。そのため，その後，適正な相続課税を行う目的で贈与にも課税する仕組みに改正された。ただ，個人間の贈与については贈与時には課税されず，贈与後7年以内に贈与者が死亡した場合に課税される。この場合，相続税の計算において，各年の贈与額から年間の控除額を差し引いた残額が相続財産価額に合算される。イギリスでも遺産課税方式を採用するため遺産税の納税義務者は被相続人である。なお，イギリスの遺産税は富の再分配と公共サービスの財源確保をその目的とする。

④　ドイツ

ドイツでは1873年にプロイセンが相続税を確立し，それが他のドイツ領邦（州）に広がっていった。これがドイツの近代的な相続税の始まりである。当初，相続税は州によって独自の形態をとっていたが，1906年の帝国法のもと相続税の基礎がドイツ全体で統一された。しかし，戦後は1945年に相続税は再び州税となっている。

ドイツでは遺産取得課税方式が採用されているので，相続人毎に相続税が計算される。ドイツでも税額を計算する際は，相続前10年以内に贈与された財産の価額を相続財産価額に累積する。なお，ドイツの相続税は財源調達と富の再分配をその目的とする。

⑤　フランス

フランスでは1790年に相続税が整備され，死亡による動産・不動産の移転に対して課税されるようになった。当時の税率は比例税率であったが，動産と不動産の税率が異なり別々に課税されていた。現行制度では，遺産取得課税方式のもと相続人を納税義務者として，相続前15年以内に贈与された財産の価額を相続財産価額に累積して，7段階の税率構造のもと相続税が計算される。

フランス相続税の特徴は，相続人が直系血族か否かにより税負担が異なる点である。当初は直系血族への相続であれば免税であったが，1979年の改正において直系血族への相続も課税の対象となった。ただ，今の仕組みでも直系血

族であれば基礎控除として 10 万ユーロが認められ，直系血族には別枠の措置が残っている。なお，フランスの相続税は財源調達をその目的とする。

（2）贈与税

贈与税は生前に無償で資産の移転（贈与）があった場合に課され，相続税の課税逃れを防止する役割を果たしている。仮に贈与税が存在しなかったとすると，ある者が相続税を逃れようと考えた場合には，生前に財産を贈与することで相続税の課税逃れが可能となるため，それを防ぐために贈与税が制定されている。そのため，贈与税は相続税よりも税率が高く設定されている。

また，表 11 − 3 に示されるように，諸外国においては贈与財産額の累積制度が採られており，その中にもアメリカのように過去すべての期間において累積されるものや，イギリス，フランス，ドイツのように一定期間の贈与について累積されるものもある。

現在，わが国は高齢化が急速に進み，併せて富の世代間格差が拡大してい

表 11 − 3　贈与税の国際比較

	日 本		アメリカ	イギリス	ドイツ		フランス	
	暦年課税	相続時精算課税						
納税義務者	受贈者	受贈者	贈与者	贈与者	受贈者		受贈者	
税率　最低税率	10%	20%	18%	—	7%	続柄の親疎により税率は3種類（最高税率50%）	5%	続柄の親疎により税率は5種類（最高税率60%）
税率　最高税率	55%		40%		30%		45%	
税率の段階	8	1	12	—	7		7	
累積制度	なし	あり（過去すべて）	あり（過去すべて）	あり（過去7年分）	あり（過去10年分）		あり（過去15年分）	
相続財産への合算	過去3年分	精算課税適用分	過去全て	過去7年分	過去10年分		過去15年分	
基礎控除等	基礎控除（年間）：110万円	基礎控除（年間）：110万円　特別控除（累積）：2,500万円	生涯累積：遺産税と共通 $1,118万	7年累積：相続税と共通 £32.5万	10年累積：相続税と共通 配偶者：€50万　子：€40万		15年累積：相続税と共通 配偶者：€80,724　直系血族：€10万	

出所：財務省資料。

る，その状況下において，高齢世代から若い世代へ財産の移転が難しい状態にしておくと，若い世代の消費の観点からは問題がある。そのため，本来的には，贈与税は生前贈与を抑制し相続税の課税逃れを防止するという機能を果たすべきであるが，経済的観点から，現状では，若い世代の消費を保持すべく，住宅取得資金贈与や教育資金贈与等の特例措置等を設けることで，高齢世代から若い世代への財産の移転を促進する政策を部分的に行っている。

Ⅳ　相続時精算課税制度の改革──相続税と贈与税の一体化

1．相続時精算課税制度の創設

　昭和22年に創設されたわが国の贈与税は，生前贈与による相続税の租税回避を防止するために，相続税よりも税率が高く設定されている。その影響により，高齢社会において親世代から子世代への資産移転の困難性が生じていた。このような問題があるにも関わらず，贈与税の負担軽減のために税率を低くしてしまうと，相続税の補完税としての役割を失ってしまうため，贈与税をどのように取り扱うかは大きな課題となっていた。そのような中で，平成13年度税制改革では，贈与税の基礎控除額が昭和50年以降，本法において60万円で据え置かれており，若年・中年世代への早期の財産移転の促進を通じ経済社会の活性化に資すると考えられることから，当面の措置として，租税特別措置法により贈与税の基礎控除が110万円へと引き上げられた。

　そして，小泉純一郎総理の指示により，平成14年1月から抜本的な税制改革を行うための本格的な議論が始まった。平成14年6月には，政府税制調査会が改革に対する考え方を「あるべき税制の構築に向けた基本方針」として取りまとめた。この基本方針では，相続税と贈与税について，高齢化の進展に伴い，相続人の取得した資産が有効に活用されなくなっていること等の環境変化について言及がなされた。そして，高齢者が保有する資産を早い段階から次世代に移転し，その有効活用を通じて経済社会の活性化を図るという観点から，相続税と贈与税の一体化の方向の検討を打ち出した。

　基本方針を受け，財務省では具体的な制度内容について検討が行われ，平成

14年10月に政府税制調査会の基礎問題小委員会へ「相続税・贈与税の一体化措置の導入に向けた検討の方向」として試案が提出された。その中で特筆すべきは，贈与を受けた者については，贈与時の税負担が暦年課税制度より軽減され，相続が発生した時点でそれまでの贈与財産と相続財産とを合算して計算した相続税額から，すでに支払った贈与税額を控除することで精算するという仕組みである。これは，わが国の相続税で採用されている法定相続分課税方式が有する相続が発生した時点でなければ各相続人別の正確な相続税額が確定しないという特徴を考慮すると，相続が発生した時点で精算する課税方式が適していると考えられたためである。

これらの経緯を経て，平成15年度税制改革において，相続税と贈与税の一体化措置として，相続時精算課税制度が創設された。本制度は，相続が発生した時点で，生前贈与を含むすべての財産が相続されたとみなして相続税を計算するため，本制度を選択した場合，贈与の有無にかかわらず税負担が変わらないということから，中立性を確保することが可能となっている。

2．シャウプ勧告における一体化

わが国では，シャウプ勧告においても相続税と贈与税の一体化措置として累積的取得税の勧告がなされていた。シャウプ使節団の一員であったヴィッカリー (Vickrey, W.S.) は，代表的著作 *Agenda for Progressive Taxation* (1947) に示した考え方に基づいて，シャウプ勧告作成の中心的役割を果たした。本書における相続税・贈与税に関する部分のテーマは，中立 (neutrality) であり，税負担を納税者の選択に左右されないことが重要であることが強調されている。つまり，世代飛ばしを利用した親から孫への移転であっても，通常の親から子，子から孫への移転と同様の税負担でなければならないということである。そのような中で，移転者と受領者の年齢差に着目した課税や，財産の移転の方法と経路とによって税負担に差異をもたらさない遺贈力承継税という方式を提唱している。

シャウプ勧告においては，ヴィッカリーの提唱した年齢差による累進や遺贈力承継税が勧告されることはなかったが，昭和25年のシャウプ税制では，相

続税と贈与税を一体化させた累積的取得税が導入された。しかし，税務執行上きわめて煩雑であり，その適切な執行は困難であることから，わずか3年で廃止された。

3．令和5年度税制改革

　令和2年11月に開かれた税制調査会では，相続時精算課税制度が導入されてから20年近く経過したことを背景に，外国の制度のあり方も踏まえながら，「資産移転の時期の選択に中立的な税制の構築等」について議論がなされた。主に，わが国の贈与税が相続時精算課税制度と暦年課税制度の選択制になっていることに対して言及がなされ，中立性の観点から相続時精算課税制度への一本化や，相続時精算課税制度ではなく，贈与税を累積課税化することにより相続税と贈与税の一体化を目指すべきであるといった意見が交わされた。

　以上の議論を踏まえ，令和4年10月に相続税・贈与税に関する専門家会合が開かれた。中期的な課題としては，現行の法定相続分課税方式が制度をより複雑化していることから，諸外国で採用されている遺産取得課税方式へ転換することが望ましいとされる方向性が示された。

　また，法定相続分課税方式を前提とした当面の対応としては，主に相続時精算課税制度の使い勝手向上と生前贈与加算の期間について議論がなされた。相続時精算課税制度を選択した場合には，少額の贈与であっても申告する必要がある。この少額の贈与については，基礎控除を設けなければ，税務行政費用および納税協力費用の増加は避けられない。そこで，相続時精算課税制度においても暦年課税制度と同様の基礎控除を設ける必要性が生じる。しかし，相続時精算課税制度の使い勝手の向上と適正な課税の執行はトレード・オフになりやすいため，この少額の贈与に関してどう考えるかは慎重な検討が必要となるが，そのような中で，60万円という本法の基礎控除をベースとしつつ，それより少ない30万円や20万円というような形で設定せざるを得ないという意見でまとまった。

　そして，暦年課税制度については，生前贈与加算の期間について議論がなされた。暦年課税制度下では，相続開始前3年以内に行われた贈与については相

続財産に加算されるという仕組みがあるが，現行の3年という期間からどの程度延ばすかに焦点が当てられた。相続時精算課税制度は，制度選択後に行ったすべての贈与が相続財産に加えられることとなるが，暦年課税制度では，相続開始前3年以内の贈与のみが相続財産に加算されるため，両者の加算期間の差異を縮めることが資産移転の時期の選択に中立的な仕組みになる。また，民法における特別受益や遺留分制度の規定にも留意して税制を考える必要があるという観点からは，加算期間は長くても問題ないとの意見もあり，最終的には，5年または7年と加算期間を延ばす方向で決着がついた。

　以上の議論を経て，令和5年度税制改革では，相続時精算課税制度において，毎年110万円までの基礎控除が新設され，さらに，相続時精算課税の適用を受けた贈与により取得した不動産が，相続が発生する前に災害によって一定以上の被害を受けた場合に，相続時に加算される不動産の価額の減額が認められることとなった。

　相続時精算課税制度を選択している場合には，110万円の基礎控除が設けられたことで，基礎控除を超えない贈与については申告不要となる。少額の贈与に対する金額については，専門家会合で挙げられた金額よりも高い110万円で決着したが，暦年課税制度の基礎控除額と同水準とすることで，相続時精算課税制度の利用促進を図ったものと評価できる。

　また，暦年課税制度を選択している場合の生前贈与加算の期間については，3年から7年へと延長されることとなった。加算期間が7年へと延長されたことにより，暦年課税制度と相続時精算課税制度における生前贈与の加算される期間の差異が縮まり，より中立的な税制へ近づいたと評価できる。

　わが国の贈与税は，暦年課税制度と相続時精算課税制度が並列していたが，相続時精算課税制度については創設以来，利用者数が低調であった。そのような背景で検討された令和5年度税制改革では，相続時精算課税制度の利用促進が図られたため，今後は相続時精算課税制度を選択するケースの増加が大いに期待される。

第12章

国際課税のフレームワーク

I 国際課税の意義と役割

1. 国際的二重課税の排除

　国際化の進展に伴い，ヒト・モノ・カネが国境を越えて動くようになると，課税は国際的な問題として処理しなければならない。第1に問題となるのが国際的二重課税である。原則として，課税権は国家の主権でありその国に帰属する。そのため，二国以上の国家間の取引には当該国々の課税権が関わることになる。この場合，いずれの国も自国の課税権を主張し，国家間の税務上の調整が図られなければ，国際的二重課税が生じる。

　国際的二重課税には，法的二重課税と経済的二重課税がある。法的二重課税は，ある者の1つの所得が複数の国において課税される場合に生じる。日本企業のアメリカ源泉の所得にアメリカも日本も課税する場合がその一例である。他方，経済的二重課税は，ある者の2つ以上の所得に二国以上の国が課税する場合に生じる。例えば，企業グループ内取引で生じた親会社の所得にアメリカが課税し，子会社の所得に日本が課税すると経済的な意味で二重課税が生じる。国際的には経済的二重課税は移転価格税制との関係から問題視される。

　国際的二重課税，とりわけ法的二重課税の原因は，居住地原則と源泉地原則が世界的に混在し，各国がそれぞれの原則に基づき課税権を主張するからである。居住地原則は，居住者の全世界所得に課税することを求める。居住地原則に基づく国では，所得が国内で得られたか国外で得られたかに関係なく，居住者は全世界で得た所得に対して租税負担を負わなければならない。他方，源泉

地原則は，国内に源泉がある所得のみに課税することを求める。そのため，源泉地原則に基づく国では，居住者でも非居住者でも，その国内に源泉がある所得に租税負担を負うことになる。

　世界的には，居住地原則と源泉地原則のいずれか一方の原則のみに基づく国は一般的ではなく，大抵の場合は，居住者および国内企業には居住地原則，非居住者および外国企業には源泉地原則に基づき課税される。日本でも居住地原則を基礎としながら，非居住者および外国企業の所得については源泉地原則に基づき日本国内に源泉がある所得のみに課税される。アメリカでも同様に居住地原則と源泉地原則により課税される。そのため，例えば，アメリカ国内に源泉のある日本企業の所得には，源泉地原則に基づきアメリカで課税され，日本でも居住地原則に基づき課税されるので，日米間で法的二重課税が生じる。法的二重課税については，外国税額控除や国外所得免除によりその排除が可能である。

2．租税回避の防止

　第2に租税回避の問題がある。租税回避に関する明確な定義はないが，既存の研究に共通するのは法形式の選択に基づき租税回避か否かを判断する点である。つまり，法形式を適正に選択した場合には租税回避ではなく，選択しなければ租税回避と認められる。この場合，法形式が国内法の枠内にあるため租税回避もまた国内法のもと防止されなければならない。

　租税回避の形には，①移転価格の操作により高税率国から低税率国に所得を移す租税回避がある。この租税回避の防止には移転価格税制が適用される。②タックスヘイブンと呼ばれる無税または低税率の国や地域を利用した租税回避がある。この租税回避はタックスヘイブン対策税制により防止される。③出資と借入れによる資金調達に関する税務処理の相違を利用した租税回避がある。この租税回避に対する防止策としては過少資本税制がある。

　近年では外国法における法形式の不当な選択により租税回避が企てられるケースが散見される。例えば，Google はアイルランドの法形式を巧みに利用してアメリカ国内で負うべき租税負担を逃れていた。また同時にアイルランド

第 12 章　国際課税のフレームワーク ｜ 225

とオランダとの間の租税条約を利用して源泉税も免れていた。そこで OECD は BEPS プロジェクトのもと外国法に関わる租税回避の防止を世界的に進めたのである。

3．租税条約の締結

　国際課税がうまく機能するには，国家間で租税条約が締結される必要がある。国際的二重課税の排除と租税回避の防止を目的に，租税条約は国家間で課税権を配分し，また同一所得に対する課税権の競合があればその調整を図るという役割を担う。法的二重課税については，租税条約のもと外国税額控除方式や国外所得免除方式による排除メカニズムが規定されている。他方，経済的二重課税については，その排除のために租税条約には相互協議や対応的調整に関する規定がある。また，関連企業間取引，税務情報の交換，仲裁手続きなどに関する規定が設けられ，租税条約は租税回避を防止する役割を果たしている。

　租税条約は二国間で締結されるが，その基礎には OECD モデル租税条約がある。各国の租税条約が異なると国際的に事業展開する企業などは混乱する。そこで，二国間の租税条約の基本的な形として OECD モデル租税条約が策定されている。歴史をみると，国際連盟は各国が模範とするモデル租税条約の作成に取り組み，1928 年に国際連盟モデル条約草案を公表している。その後，経済の国際化が進むにつれモデル租税条約の必要性が高まるなか OECD がその作成を引き継ぎ，1963 年に先進国向けの OECD モデル租税条約を公表している。日本は 1964 年に OECD に加盟して以降，OECD モデル租税条約を基礎として各国との間で租税条約を締結している。

　日本が締結する租税条約は世界的に数多くあるが，その状況において問題は国内法との関係である。日本では租税条約と国内法が競合する場合は租税条約が優先される。国によっては租税条約のみでは効力が認められないが，日本では租税条約自体に効力があると解される。ただ，租税条約が直接適用できるわけではなく国内法の措置が必要になる。例えば，日米租税条約 9 条の特殊関連企業条項のみでは移転価格課税は行えず，それに関わる租税特別措置法 66 条の 4 が必要である。

II　外国税額控除制度

1．法的二重課税の排除

　海外支店から所得が送金された場合，その所得の源泉地国で源泉地原則に基づき1回課税され，送金先の居住地国で同じ所得に居住地原則に基づきもう1回課税されるため，何も措置を講じなければ法的二重課税が生じる。しかし，日本を含む諸外国には外国税額控除制度があり，源泉地国での課税分は居住地国の課税から控除できるため，法的二重課税の排除は可能である。なお，外国税額控除制度は個人の所得にも適用され，所得税の枠組みで当該控除が認められるが，法人税における仕組みと異なる点はない。個人が海外で得た所得に関しても源泉地国と居住地国で課税されるが，居住地国において外国税額控除制度のもと源泉地国の課税分の控除が可能なため法的二重課税は排除される。

　ただし，居住地国よりも源泉地国の税率が高い場合，源泉地国の課税分すべての控除を認めると還付が生じるため，居住地国の税率に基づく課税分が控除の上限となる。日本の外国税額控除制度をみると，その年の全世界所得金額に対する法人税額にその年の国外所得金額／その年の全世界所得を乗じた金額が控除の限度額となる。この式を整理すれば，国外所得金額に全世界所得に対する日本の実効税率を乗じた形に置き換えられる。ちなみに，日本では，国別に限度額が算定されるのではなく，所得の種類や源泉地を問わない一括限度額方式が採用されている。

　例えば，米国支店から日本の本社に所得1000が送金された場合，源泉地国であるアメリカでは，仮に税率を20％とすると法人税200の負担が生じる。また居住地国である日本では，税率30％のもと法人税の負担は300になる。この場合，所得1000に源泉地国のアメリカと居住地国の日本双方が課税するため法的二重課税が生じる。そこで，日本において，外国税額控除制度のもと法人税300からアメリカの法人税200を控除すれば，日本では法人税は100，アメリカでは200となるため法的二重課税は排除される。ただし，アメリカの税率が35％であった場合には法人税は350となり，日本の税率30％を超える

ため全額控除は認められない。この場合には，日本の税率30％に基づく法人税300を限度に控除が可能である。

2. 国外所得免除方式との比較

法的二重課税を排除する方法に関しては，外国税額控除方式と国外所得免除方式の選択論がある。イギリスのような外国税額控除方式を中心とする国もあれば，フランスやドイツなど国外所得免除方式を中心とする国もある。比較すると，外国税額控除方式では外国源泉の所得にかかる法人税が当該国内において法人税を計算する段階で控除されるのに対して，国外所得免除方式では外国源泉の所得は法人税の計算に最初から含まれない。アプローチは異なるが，いずれの方式も法的二重課税の排除に効果があると期待できる。

日本では，2000年度税制改正において，国外所得免除方式に当たる外国子会社配当益金不算入制度が導入されている。これまで日本は外国税額控除方式を中心としていたが，この制度導入以降は外国税額控除方式と国外所得免除方式のハイブリッドの形になっている。外国子会社配当益金不算入制度が導入された背景には，日本は居住地原則に基づき海外にある日系子会社の所得も対象として法人税を課税してきたが，これが国外源泉の所得の日本への還流を妨げ，ひいては課税の繰り延べを招くという問題があった。外国子会社配当益金不算入制度によれば，海外にある日系子会社から日本の親会社に向けた配当に課税されなくなるので，国外源泉の所得が日本に還流し，課税の繰り延べも解消されると期待できる。また，居住地国である日本が国外源泉の所得に課税しないため，源泉地国において1回課税されるだけなので法的二重課税も回避される。

ただ，日本の外国子会社配当益金不算入制度では子会社からの配当のみを対象として，キャピタルゲインはその対象から外れている。これでは所得の還流が部分的になり，またキャピタルゲインのような大規模な所得の還流が期待できないため，外国子会社配当益金不算入制度が国外所得免除方式としての効果を十分に発揮できない可能性がある。

3. 資本輸出中立性と資本輸入中立性

　国際課税においては資本輸出中立性と資本輸入中立性を担保する必要がある。資本輸出中立性は，国内投資と国外投資に対する租税負担が同じであり，租税が国内外の投資選択に対して中立的であることを求める。日本とアメリカいずれに投資するかを考える場合，日米において投資に対する租税負担が同じであれば，租税は投資選択を妨げない。資本輸出中立性は外国税額控除方式のもと担保される。例えば，日本企業がアメリカに投資する場合，日米で租税負担が生じるが，居住地国日本の租税負担から源泉地国アメリカの租税負担を差し引くことで，日本国内に投資した場合と同じ水準にアメリカに投資した場合の租税負担が調整される。

　他方，資本輸入中立性は，自国資本と外国資本の区別なく，国内投資に対する租税負担が同じであり，租税が自国資本と外国資本による投資を差別しないことを求める。資本輸入中立性は，国外所得免除方式のもと，居住地国が国外源泉所得に対する課税を免除することで担保される。例えば，アメリカ国内に日本企業とアメリカ企業が投資する場合，居住地原則に基づく日本企業に対する課税を日本が免除すれば，日米の企業は源泉地国アメリカでの租税負担のみを負うため，税務上同じ条件のもと競争が可能になる。日本では実際，海外子会社からの配当については外国子会社配当益金不算入制度により親会社の法人税には算入されない。そのため，源泉地国で当該配当に課税されるだけで，居住地国である日本では課税されないので資本輸入中立性が担保される。

　ただ，資本輸出中立性と資本輸入中立性は相反する部分がある。資本輸出中立性では国外源泉所得は国内源泉所得と同じように課税されるのに対して，資本輸入中立性では国外源泉所得の課税は免除される。そのため，資本輸出中立性の観点からは，国内外の所得に対する課税が同じであれば，租税は企業の投資選択に中立的であるが，国外源泉所得のみの免除はそれを歪めると評価される。例えば，外国子会社配当益金不算入制度によるアメリカ源泉所得の課税免除は，アメリカへの投資を優遇するため資本輸出中立性の枠組みでは認められない。

III 租税回避の防止と経済的二重課税の回避

1．独立企業間価格に基づく租税回避の防止

　親子会社のような関連企業間の取引における価格を移転価格と呼ぶが，その操作により租税回避が行われるケースがある。例えば，高税率国にある親会社から低税率国にある子会社に商品を売る場合，移転価格を低く設定すれば低税率国に所得が移されるため，全体的には租税負担が軽減される。他方，子会社から親会社に商品を売る場合には，移転価格を高く設定することで租税負担が軽減できる。これが移転価格操作による租税回避である。

　移転価格税制はこのような租税回避の防止を目的とする。移転価格税制では，移転価格操作により高税率国から低税率国への所得の移転，租税回避を防止するために，独立企業原則を基礎として独立企業間の取引であれば設定されたであろう価格，すなわち独立企業間価格に基づき操作された移転価格が更正される。なお，独立企業間価格の算定方法には，独立価格比準法，再販売価格基準法，原価基準法があり，これらを総じて基本三法と呼ぶ。

　独立価格比準法では，同様の状況下において比較対象取引で設定された取引価格に準拠して独立企業間価格が算定される。なお，比較対象取引は関連企業と類似した取引を行う独立企業が行った取引である。例えば，図12－1に示すように，独立価格比準法では，比較対象取引における取引価格が130であれ

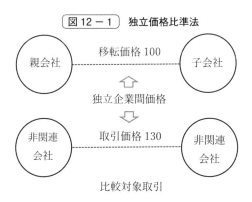

図12－1　独立価格比準法

ば，それが独立企業間価格となる。親子会社間の取引における移転価格が 100 であったとすると，移転価格は 130 に更正される。

再販売価格基準法では，再販売価格から比較対象取引において生じる独立販売マージンが控除され独立企業間価格が算定される。原価基準法では，製造等の原価に比較対象取引における独立製造マークアップが加算され独立企業間価格が算定される。

このように，移転価格税制では，基本三法により算定された独立企業間価格に基づき親子会社間の取引における移転価格が更正され，低税率国に移転された所得を高税率国に取り戻し，租税回避が防止される。

2．無形資産の評価と第四の方法

原則的には，基本三法は有形資産だけでなく無形資産にも適用されるべきである。しかしながら，無形資産には企業特有のものが多く，比較対象取引を発見するのが困難であるため，実際には基本三法により無形資産を評価するのは難しい。そこで，現行制度では基本三法が適用できない場合，それに代わる第四の方法の適用が認められている。

日本では，第四の方法には PS 法（Profit Split Method）と TNMM（Transactional Net Margin Method）がある。PS 法では，独立企業間価格を算定する必要はなく，当該取引における合算利益が貢献度に応じて関連企業間で配分される。そのため，比較対象取引の発見が困難な無形資産でもその評価が可能である。他方，TNMM では，比較対象取引における営業利益率に基づき移転価格が更正される。TNMM の場合，比較対象取引が必要となるが，基本三法ほどの厳正な類似性は求められない。企業間の機能の相違や類似は営業費用を通じて営業利益率に反映されるからである。そのため，類似性の高い比較対象取引がない場合でも，無形資産の評価に TNMM は適用できる。

なお，アメリカでは日本と同様に PS 法の適用が認められている。ただ，TNMM は存在しないが，似た方法に CPM（Comparable Profit Method）がある。CPM では，類似する環境において類似する事業活動を行う企業は同様の利益を得るとの仮定のもと，類似した企業の営業利益率に基づき，関連企業の利益

が決定される。TNMM と CPM は，営業利益率を比較する点では同じである。しかし，TNMM が取引ベースの営業利益率を比較するのに対して，CPM は企業ベースで比較する点で異なる。

　無形資産の評価には第四の方法が適用されるのが基本であり，長い間その他の方法が提案されることもなかったが，日本では無形資産を評価する方法として DCF 法（Discount Cash Flow）が 2020 年に新たに導入されている。DCF 法は無形資産の使用により生じる予測利益を合理的と認められる割引率を用いて現在価値に引き直す方法である。ただ，DCF 法は第四の方法と同列で使用が認められるわけではなく，①比較対象取引の発見が困難であり，②各関連企業が独自の機能を有さず，PS 法が適用できない場合に適用できる。また同年には，所得相応性基準も導入されている。これにより無形資産の予測的な評価が実際と異なる場合には，事後的に再評価が可能になる。無形資産の評価に関して企業と税務当局との間には情報の非対称性があるが，その払拭に寄与すると期待されている。

3．経済的二重課税の発生と回避

　移転価格税制の次の段階として，低税率国に移された所得を高税率国に戻すために相互協議と対応的調整が必要になる。相互協議では租税条約に基づき，移転価格税制の結果について国家間で協議が行われ合意に達すれば，対応的調整のもと所得配分の調整が図られる。しかしながら，相互協議が失敗に終わり対応的調整が行われない場合には，高税率国では移転価格の更正に基づき所得が増額される一方，低税率国では所得は減額されないため，経済的二重課税が生じる。

　例えば，親子会社間の取引において移転価格を操作して X 国から Y 国に所得 100 が移された場合を想定する。図 12 − 2 には，X 国において移転価格税制が適用され，Y 国との相互協議が成功した場合と失敗した場合が示されている。相互協議が成功した場合をみると，X 国で増額される所得分 100 が Y 国において対応的調整により減額される。この場合には経済的二重課税は生じない。一方，相互協議が失敗した場合をみると，Y 国で対応的調整による所得

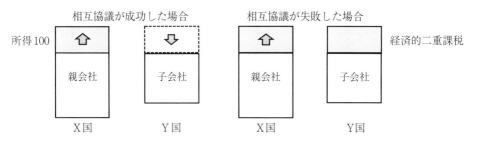

図12−2　経済的二重課税の発生

100が減額されないので，X国で増額された所得分がY国にも残ってしまう。そのため，X国とY国でそれぞれ所得100に課税されれば，経済的な意味で同じ所得に2回課税されるので，経済的二重課税が生じることになる。

現行制度のもとでは，経済的二重課税を回避するためにはAPA（Advanced Pricing Agreement）が有効であると期待される。経済的二重課税が生じる原因は，一方の国が片務的に適用する基本三法や第四の方法による結果を相手国が受け入れず，対応的調整に応じないためである。それならば，経済的二重課税を回避するためには，関係する国々で事前かつ双務的に協議する必要があり，その場を提供するのがAPAである。

APAは，協議の形式により国内APA，二国間APA，多国間APAに分類される。その内容をみると，国内APAでは企業と税務当局が国内だけで移転価格に関して協議を行い，二国間APAでは国内だけでなく相手国の企業と税務当局を加え二国間で協議する。多国間APAでは関係する国のすべての企業と税務当局が多国間で協議を行う。

現在は，このうち二国間APAが最も有用であると考えられている。国内APAに関しては，国内だけで協議するため，相手国がその結果を受け入れなかった場合には経済的二重課税が生じる。多国間APAは，多くの国が関わるため協議に時間がかかることや合意の可能性が低いといった課題がある。それに対して，二国間APAであれば，事前かつ双務的に二国間で協議が行われるので，双方の国が相互に認める結果が導き出され，そのため経済的二重課税は回避できる。

IV　タックスヘイブン対策税制

1. タックスヘイブンと租税回避

　タックスヘイブンは多国籍企業による租税回避の温床としてしばしば批判される。その起源を探ると，1960年代後半からバハマやケイマンなどの資源の乏しい開発途上国がオフショアバンキングセンターとして機能したことで，タックスヘイブンを利用した租税回避が国際的に注目され始めたのである。1970年代に入ると，OECDや国連などもタックスヘイブンの利用による租税回避について議論を開始している。

　近頃ではパナマ文書が公表されて以来その存在が一般にも広く知られ，またタックスヘイブンを利用した租税回避が世界に改めて注目されている。GAFAが無形資産を移転させ，タックスヘイブンを利益の貯蔵庫として利用しているとの批判もある。確かに，企業にとってタックスヘイブンの利用は節税対策なのかもしれないが，税務当局はその利用を租税回避の手段と位置づけている。

　では，どのような形で租税回避が行われるのか。まず比較のためにタックスヘイブンを利用しない通常の取引を考える。例えば，A国企業がB国企業に1000を貸し付け，それによって200の利子が生じるケースを想定する。この場合，利子はA国企業が得るため，利子にはA国の法人税が課税される。A国の法人税率が30％であると仮定すれば，利子200に法人税率30％をかけて，A国企業が負担する法人税は60になる。この仕組みを示すのが図12−3である。

　次に，法人税率ゼロ％のタックスヘイブンを間に挟み，A国企業からB国企業に貸し付けを行うケースを考える。図12−4にはその仕組みが示されている。先の例と同様にA国企業がB国企業に1000を貸し付けると想定するが，この場合，A国企業はタックスヘイブンに出資金1000で設立した子会社を経由してB国企業に貸し付けを行うとする。すなわち，直接的には出資金を元手に子会社からB国企業に1000が貸し付けられる。この場合，利子200はタックスヘイブンの子会社が受け取るため，利子200に法人税率ゼロ％をか

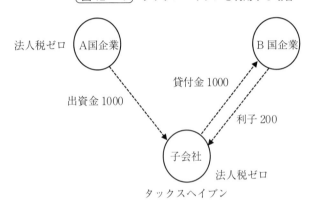

けると子会社の租税負担はゼロになる。もちろんこの場合，A国が課税する法人税もない。

2．合算所得課税と租税回避の防止

　タックスヘイブンを利用した租税回避を防止するために，いわゆるタックスヘイブン対策税制があり，アメリカのCFC（Controlled Foreign Corporation）税制，日本の外国子会社合算税制がそれに該当する。タックスヘイブン対策税制は，1962年にアメリカが世界に先がけて導入し（サブパートF），日本が導入したのは1978年である。他にはフランスが1980年，イギリスが1984年に導入している。タックスヘイブンに設立された子会社を経由して企てられる租税負担の軽減，租税回避を防止する有効な手段と認められたことがその導入の第一義的な理由である。また，他国が導入するなかタックスヘイブン対策税制を有

第 12 章　国際課税のフレームワーク　|　235

しなければタックスヘイブンへの所得流出が阻止できないために導入されたのである。

　さて，タックスヘイブン対策税制の特徴は合算所得課税であり，タックスヘイブンに所在する子会社の所得が日本などにある親会社の所得に合算して課税される。このように，タックスヘイブンに所得を移転しても子会社と親会社の所得が合算されるので，タックスヘイブンを利用した租税回避はその意味を失う。先の例によれば，タックスヘイブン対策税制のもと，子会社が受け取った利子 200 は A 国企業の所得に合算され，A 国において法人税が課税される。法人税率は 30％なので計算すると法人税は 60 になるが，これはタックスヘイブンを利用しない場合の結果と同じである。このように，タックスヘイブン対策税制は租税回避を防止することができる。

　具体的には，日本の外国子会社合算税制では，居住者や日本企業が発行済株式等の 50％超を直接および間接的に保有する，または実質的に支配する外国関係会社のうち，タックスヘイブンに登録のあるペーパーカンパニーやキャッシュボックス，ブラックリスト国所在の企業などの特定外国子会社で，租税負担割合が 30％未満の場合に，事業所得と受動的所得が合算課税される。

　特定外国子会社に該当しない外国関係会社については，経済活動基準と租税負担率に基づき合算課税されるか否か，またその合算の対象が決まる。経済活動基準には，下記の 4 つが含まれる。

・事業基準…主たる事業が株式保有，特許権等の提供，船舶・航空機等の貸付けでない
・実体基準…本店所在地国に主たる事業に必要な事務所等を有する
・管理支配基準…本店所在地国において事業の管理，支配および運営を自ら行っている
・所在地国基準または非関連者基準…主として本店所在地国で事業を行っている，または，主として関連者以外の者と取引を行っている

　この基準のいずれかを満たさない外国関係会社（対象外国関係会社）は，租税負担割合が 20％未満の場合には，事業所得と受動的所得を対象に合算課税される。

一方，4つの基準すべてを満たす外国関係会社（部分対象外国関係会社）は，租税負担割合が20％未満の場合には，受動的所得のみを対象に合算課税される。この場合，経済活動基準をすべて満たすため，活動実態があり租税回避を目的としていないと判断できる。

なお，日本の外国子会社合算税制では，所得の種類に関係なく合算課税するエンティティーアプローチがこれまで採用されてきた。しかし，現行制度では，上述のように経済活動基準を満たす場合でも受動的所得のみ合算課税されるため，アメリカやドイツのCFCと同じように，インカムアプローチが部分的に導入されている。

3．移転価格税制との制度間調整

タックスヘイブン対策税制の他に，移転価格税制もタックスヘイブンを利用した租税回避を防止するための重要な手段である。ただ，移転価格税制は移転価格操作によるタックスヘイブンへの所得移転を対象として適用されるが，タックスヘイブン対策税制は，タックスヘイブンに留保される所得を対象とする。そのため，この点において，フロー課税としての移転価格税制とストック課税としてのタックスヘイブン対策税制は補完的な関係にある。

しかしながら，移転価格税制とタックスヘイブン対策税制は，フローとストックの違いはあるが，同じ課税ベースを対象とするため法的二重課税が生じる可能性がある。例えば，親会社からタックスヘイブンにある子会社に向けた輸出取引において，低い移転価格を設定した場合を想定する。この場合，移転価格が操作されているので移転価格税制の適用が可能であり，加えてタックスヘイブンにある子会社との取引なのでタックスヘイブン対策税制の適用も可能である。そのため，タックスヘイブンに移転された所得に移転価格税制とタックスヘイブン対策税制が同時に適用されると法的二重課税が生じる。

そこで必要になるのが，移転価格税制とタックスヘイブン対策税制の制度間調整である。まず移転価格税制により，親会社とタックスヘイブンにある子会社の取引における移転価格を独立企業間価格に更正して課税所得を計算する。次にタックスヘイブン対策税制において，合算所得から移転価格の更正に関わ

る所得を差し引き，法的二重課税は回避される。例えば，移転価格税制のもと移転価格 800 を独立企業間価格 1000 に引き直すならば，タックスヘイブン対策税制では更正分の 200 が合算所得から差し引かれる。

V　過少資本税制

1．資金調達の形態と租税回避

　企業が海外の関連企業から資金を調達する際，出資による場合と借入れによる場合では租税負担に違いが生じる。その理由は税法上，海外の関連企業への配当は損金算入できないが，支払利子は損金算入できるからである。そのため，出資を受けるよりも借入れにより資金を調達することで租税負担は軽減される。企業がこの制度の違いを利用して租税回避を企てる事案が散見される。

　図 12 − 5 には，X 国の親会社から Y 国の子会社が資金 500 を調達したケースが示されている。出資による場合には，親会社から受けた出資 500 に対して子会社は 4 ％の配当 20 を支払うことになる。借入れによる場合には，子会社は借入れに対する 4 ％の利子 20 を親会社に支払う。この段階では，受け取る資金と利子率が同じであると仮定すれば，出資と借入れのいずれも同じ結果となる。しかしながら，支払利子は損金算入できるため，出資ではなく借入れにより資金を調達した方が支払利子 20 に税率を乗じた分だけ租税負担が軽減できる。

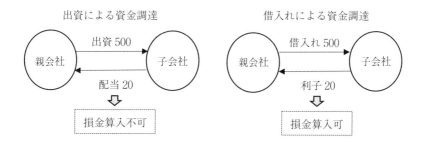

図 12 − 5　資金調達の形態と租税回避

2．過少資本税制と独立企業原則

　過少資本税制は基本的には独立企業原則に基づく必要がある。独立企業原則では「…双方の企業の間に，独立企業間で設けられる条件と異なる条件が設けられ，又は課されている時は，その条件がないとしたならば一方の企業の利益となったとみなされる利益であって，その条件のために一方の企業の利益とならなかったものに対して…課税することができる」と規定されている。独立企業原則では関連企業間の取引における特別な利益は認めず，独立企業間の取引と同じ条件下で得られる利益を国際的に公正と認める。そのため，過少資本税制でも独立企業間の取引がベースになる。

　ところで，独立企業原則に基づく点では移転価格税制も同じであり，海外の関連企業から借入れを行った場合には，過少資本税制に加えて移転価格税制が適用される可能性がある。仮に借入れに対する支払利子が独立企業間の支払利子を超えるのであれば，まず移転価格税制のもと当該支払利子が更正される。次にその結果を受けて，過少資本税制のもと借入れのうち資本の３倍を超える部分に対応する支払利子については損金算入が制限される。このように移転価格税制と過少資本税制が同時に適用される際には，第１ステップとして移転価格税制が適用され，第２ステップとして過少資本税制が適用される。

　独立企業原則に基づき過少資本税制が実際に適用される形には，個別対応型アプローチと総量規制型アプローチがある。個別対応型アプローチでは，独立企業間の取引を仮定して，個々の資金調達に関して，その条件や性質および状況などを総合的に勘案して資金調達の本質が出資か借入れかが判断される。また借入れに関しては，独立企業間の取引における借入れを超えていれば，その超過部分に関しては利益創出を目的としていると決定づけられる。

　他方，総量規制型アプローチでは，独立企業間の取引を仮定した一定の負債資本比率を基準に借入れに係る利子の損金算入を認められるか否かが判断される。総量規制型アプローチによれば，借入れ企業の負債全額が自己資本比率の一定割合を超える場合には，当該借入れに係る利子，あるいはその超過部分に係る利子に関しては配当として処理される。実際には多くの国で総量規制型アプローチのもと負債資本比率はセーフハーバーとして利用されている。企業の

第12章　国際課税のフレームワーク　｜　239

負債資本比率がセーフハーバーとなる比率を上回れば過少資本税制が適用されるが，下回ればその適用は免れられる。

3．過少資本税制と過大支払利子税制

（1）日米の過少資本税制

　日本では，国際的な資金調達スキームによる租税回避を防止するために，1992年に租税特別措置として過少資本税制が導入されている。現行の仕組みでは，海外の関連企業に対する日本企業の平均負債残高が関連企業の資本持分の3倍を超えている場合，つまり負債資本比率が3：1を超える際には，その超える部分に相当する関連企業への支払利子の損金算入が認められない。過少資本税制の類型をみれば，支払利子と資本持分の比率により損金算入の可否を判定するため，日本では総量規制型アプローチが採用されている。

　例えば，日本の子会社が海外の親会社から借入れにより資金を調達し，その支払利子が60であった場合を想定する。なお，親会社の資本持分は200，親会社に対する子会社の平均負債残高が800である。まず損金算入の可否を判定すると，平均負債残高が資本持分の3倍である600を超えているため，その超える部分200に相当する支払利子が損金算入されない。この場合，損金算入されない支払利子は，平均負債残高に占める資本持分3倍を超える平均負債残高の割合に応じて計算できる。つまり，支払利子60のうち4分の1に相当する15の損金算入が認められない。

　アメリカでは1969年，すでに内国歳入法385条で支払利子に係る規則案が公表されたが，経済界の反対を受け廃案となっている。しかしその後，1989年に内国歳入法163条（j）にその規則案は踏襲され，現在は支払利子の損金算入が制限されている。その仕組みによれば，支払利子総額から受取利子総額を差し引いた純支払利子が調整後課税所得の30％を超える部分が損金不算入となる。なお，調整後課税所得は繰越欠損金控除前の課税所得に純支払利子と減価償却費を加算して算出される。

　このように，日米の過少資本税制には異なる点があるが，他国との間でも同じく相違がある。そのため，租税条約のもと国家間で相互協議が適正に実施さ

れない限り，経済的二重課税が生じる可能性は残る。国によって過少資本税制
が異なる状況では，同じ資金調達であっても，ある国では支払利子として処理
され他国では配当として処理されれば，その結果が異なるのは明らかであり経
済的な意味で二重に課税される。

（2）過大支払利子税制

過少資本税制に類似した税制に過大支払利子税制がある。過少資本税制の適
用要件は，関連企業等からの借入れが資本持分の3倍を超えることである。こ
の要件に適わなければ，支払利子が過大なことで課税対象となる所得が圧縮さ
れても過少資本税制は適用されない。また，支払利子を過大にするのと同時に
資本持分を増大することで，過小資本税制の適用が逃れられる。過大支払利子
税制は，過少資本税制を補完すべく，所得に比して支払利子が過大である場合
に適用される。つまり，過小資本税制では資本と借入れを対比するのに対し
て，過大支払利子税制では所得と費用を対比する。

図12-6には，日本の過大支払利子税制の仕組みが示されている。まず第
1に，当期の所得金額に対象純支払利子等，およびその他として減価償却費や
貸倒損失等を加え，調整所得金額が算定される。第2に，調整所得金額に
20％をかけて損金算入限度額が算定され，そして第3に，対象純支払利子等の
うちその限度額を超える部分が損金不算入として処理される。例えば，対象純
支払利子等が200，減価償却費や貸倒損失等が50，当期の所得金額が50であ
れば，合計して調整所得金額は300になる。これに20％をかけて損金算入限
度額が60に決まるので，対象純支払利子等からその限度額を差し引くと損金
不算入額は140と算出される。

BEPS行動計画4の支払利子に関わる制限措置が各国の過大支払利子税制に
影響を及ぼし，日本でもその行動計画に沿う形で改正が行われている。BEPS
行動計画4はEBITDA（Earnings Before Interest Taxes Depreciation Amortization）
の10％から30％までを損金算入限度額として提言するため，日本では調整所
得金額にかける比率が50％から20％に引き下げられている。また，受取配当
益金不算入額はEBITDAには含まれないので，調整所得金額の算出から削除

図12-6 過大支払利子税制

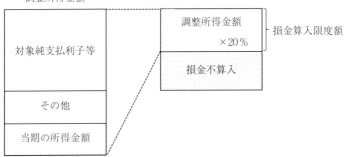

されている。さらに，BEPS行動計画4は第三者からの借入れにかかる支払利子も対象にすべきと提言するため，日本の対象も海外の関連企業のみから第三者を含む企業からの借入れの支払利子まで拡大されている。

第13章

国際課税の新潮流

I BEPS

1. BEPS（税源浸食及び利潤移転）防止行動

　平成25年7月19日，OECD租税委員会は，税源浸食及び利潤移転（Base Erosion and Profit Shifting: BEPS）を主要な議題としてG20の加盟国と共同して，『税源浸食及び利潤移転に関する行動計画（Action Plan on Base Erosion and Profit Shifting）』を公表した。BEPS防止行動とは，高課税国で活動を行う多国籍企業が低課税国の海外子会社および海外支店との取引によりその利潤を移転させることにより，税源が高課税国から低課税国にシフトし浸食されてしまうことを防止するためのOECD租税委員会の取組みをいう。その背景としては，平成24年6月にG20サミット（メキシコ・ロスカボス）において，税源浸食及び利潤移転（BEPS）を防止する必要性についての確認がなされ，OECD租税委員会本会合において，BEPS防止行動計画が提言されたことに始まる。

　さらに，平成24年の後半には，スターバックス，グーグル，アマゾン，アップルなどの租税回避が政治問題化したことにより，同年11月に，イギリス，ドイツの財務大臣がBEPS防止に関する共同声明を公表し，フランス財務大臣もこれに賛同した。平成25年2月には，OECD租税委員会本会合において『税源浸食及び利潤移転の現状分析報告書（Addressing Base Erosion and Profit Shifting）』を承認し，G20財務大臣・中央銀行総裁会議（ロシア・モスクワ）に同報告書を提出した。

　そして，平成25年6月に，G8サミット（イギリス・ロックアーン）でBEPS防

止行動計画が支持されたことを受けて、OECD 租税委員会本会合において『税源浸食及び利潤移転に関する行動計画 (Action Plan on Base Erosion and Profit Shifting)』が承認され勧告を行うこととなった。そして、平成 27 年 9 月には『最終報告書 (2015 Final Reports)』がとりまとめられ、同年 10 月に G20 財務大臣・中央銀行総裁会議 (ペルー・リマ)、11 月に G20 サミット (トルコ・アンタルヤ) において報告された。

2．平成 27 年 BEPS 最終報告書

平成 27 年 BEPS 最終報告書は、約 2 年という比較的短期間に検討、議論されたにもかかわらず、次の (1) 〜 (14) のとおり 14 分冊からなる詳細かつ洗練された報告書となった。わが国の財務省は基本的にこの最終報告書にしたがい、国際課税に関する税制の改正により対応を行ってきた。ここでは、この報告書の内容と簡単な概要を紹介する。

（1）平成 27 年最終説明報告書 (Explanatory Statement 2015 Final Reports)

最終報告書の概要と、今後は引き続き 2020 年まで延長して OECD 諸国と G20 が協力して BEPS 防止行動の普及および問題点の改善に取り組むという方向性について記されている。

（2）行動 1：電子商取引課税への対処 (Action 1: Addressing the Tax Challenges of the Digital Economy)

既存の国際課税制度の適用では十分に対応できなかった電子商取引への課税方法の検討を行い、直接税および間接税の両方の適用を見据えた国内源泉所得か否かの判断基準となるソース・ルールの見直しを行う。源泉地国の経済に電子商取引の実態があれば、新たなビジネスモデルにおいて電子的な財およびサービスの利用を通じた市場的な場所との関連から生じた価値創造により課税を行う。

（3）行動 2：ハイブリッド・ミスマッチ・アレンジメントの効果否認 (Action 2: Neutralising the Effects of Hybrid Mismatch Arrangements)

ある事業体が一方の国では法人課税を受けず、その株主が直接に課税を受ける (構成員課税) 一方で、他方の国では法人課税を受ける場合にハイブリッド事

業体（Hybrid Entity）という。ハイブリッド・ミスマッチ・アレンジメントは，この課税の取り扱いが異なるハイブリッド事業体を利用することによる，どちらの国でも課税されない二重非課税（double non-taxation），あるいはどちらの国でも損金計上できる二重損金計上（double deduction），あるいは長期の課税延期（long-term deferral）といった租税回避の効果を，租税条約による対応および国内税法の整備により否認することである。

（4）行動3：CFC（被支配外国会社）税制の強化

　　（Action 3: Strengthen Controlled Foreign Company Rules）

タックス・ヘイブンにある子会社や実体のない海外のペーパー・カンパニーなどに取引を通じて利潤を移転させた場合に，国内の親会社の所得に海外子会社の所得を合算課税する制度を外国子会社合算税制（CFC税制）という。このCFC税制が機能するように，各国が導入すべき国内税法の基準について強化するよう勧告を行った。

（5）行動4：利子損金算入及び他の財務支払を用いた税源浸食の制限

　　（Action 4: Limiting Base Erosion Involving Interest Deductions and Other Financial Payments）

支払利子は配当と違い損金に算入されるため，海外の親子会社間および第三者間の借入金に関して利子を利用することにより，過度の利子損金算入を作り出すことによる，税源浸食を防止するための国内税法と移転価格ガイドライン改正の勧告を行った。

（6）行動5：透明性，経済実質を重視した有害な租税への有効的対抗

　　（Action 5: Countering Harmful Tax Practices More Effectively, Taking into Account Transparency and Substance）

租税条約の規定に基づき，各税務当局間で課税に必要な情報を提供あるいは交換する制度を情報交換制度というが，条約締結国の納税者が適用した優遇措置に関して，自発的に情報交換を行うことにより，透明性の改善を重視した有害な租税への対応を行う。

（7）行動6：不適切な環境のもとでの租税条約の恩典の付与の防止

　　（Action 6: Preventing the Granting of Treaty Benefits in Inappropriate

Circumstances）

　OECDモデル租税条約を改善し，租税条約を利用し課税上の恩典を得ることを主目的とするような不適切な状況においては，その恩典付与を防止するよう国内税法の規定を設計する。

　（8）行動7：恒久的施設（Permanent Establishment：PE）認定の人為的回避の防止（Action 7: Preventing the Artificial Avoidance of Permanent Establishment Status）

　外国法人が有する支店，事務所，工場，作業所などの一定の固定的な施設を恒久的施設（Permanent Establishment：PE）という。外国企業がわが国で事業を行う場合に，企業がわが国に恒久的施設（PE）を有していない場合には，わが国で行う事業から生じる所得については，わが国では原則として課税されない。この国際課税の原則を「PEなければ課税なし」という。そのため，課税当局課から恒久的施設（PE）が有ると認定されないようにして課税逃れを行うことを防止するため，国内税法の改正を勧告した。

　（9）行動8-10：価値創造に従った移転価格税制の整備

　　　（Actions 8-10: Aligning Transfer Pricing Outcomes with Value Creation）

　移転価格税制の整備に関するものである。BEPS防止行動では，移転価格税制は重要な課題であり，利潤は，価値が創造（value is created）され経済活動（economic activities）が行われた場所で課税されるように独立企業間原則を強化し，多国籍企業が低税率国へ所得移転することによる租税回避を防止することとしている。

　（10）行動11：BEPS及び行動に関する統計の収集方法の策定

　　　（Action 11: Measuring and Monitoring BEPS）

　BEPSの経済的影響や測定指標に関して勧告を行い，BEPS防止行動の管理と評価に有用な情報を集約する。各国へのスピル・オーバー効果を含めたBEPSの経済規模や影響を経済学的に分析する。納税者固有の守秘義務および税務行政と実業界の行政費用を配慮し，外国直接投資（FDI）およびバランス・ペイメント等のマクロ・データおよび財務諸表や税務申告書などのミクロ・データの両方に基づいて，既存のデータを再検討し，新しいタイプのデータを

収集分析する。

（11）行動 12：報告の義務化（Action 12: Mandatory Disclosure Rules）

いわゆる「国際的タックス・スキーム」と呼ばれるような，顕著な租税回避行為あるいは濫用的な取引・取り決め・組織再編などを強制的に税務当局に報告させる国内税法の義務規定を勧告する。

（12）行動 13：移転価格文書および国別報告書の案内（Action 13: Guidance on Transfer Pricing Documentation and Country-by-Country Reporting）

税務当局にとって透明性を確保するために移転価格の文書の規則の案内を行う。この案内は，一定以上の規模の多国籍企業に対して移転価格文書の提出を義務付けることにより，共通の指針により，全世界所得をどのような経済活動の基準により配分したかについて，関係国の税務当局に情報提供するルールを示したものであった。わが国でも平成 28 年 4 月より，移転価格税制の改正により一定規模の多国籍企業については，国別報告事項（Country-by-Country Report），事業概況報告事項（Master File），ローカル・ファイルの 3 種類の移転価格文書の提出が義務化された。

（13）行動 14：紛争解決の効率化

（Action 14: Making Dispute Resolution Mechanisms More Effective）

多国籍企業が移転価格課税を受けた場合に経済的二重課税が発生するが，その救済措置として租税条約に基づく相互協議によって各税務当局が調整を行うことにより経済的二重課税から生じた紛争を解決することとされている。しかし，租税条約の規定の中に仲裁規定が設けられていないために相互協議や仲裁の申出ができないなど，租税条約に基づく相互協議の障壁がある場合に取り除く方法を策定する。

（14）行動 15：二国間租税条約を修正するための多国間協定の開発

（Action 15: Developing a Multilateral Instrument to Modify Bilateral Tax Treaties）

BEPS の問題において国家間における二国間租税条約の修正を行い，多国間協定を実施するため，国際租税法や国際財政法の問題を分析して，多国間協定案を開発した。わが国でも平成 31 年 1 月より BEPS 防止措置条約（MLI）に署名，参加することとなり，今後の国際課税の分野に多大な影響を与えることと

第 13 章　国際課税の新潮流　｜　247

なるので，次節において説明を行う。

3．BEPS 防止措置条約（MLI）の実施

　BEPS（税源浸食と利潤移転）防止プロジェクトにおける勧告の実施のためには，租税条約の改正を必要とする場合があり，多数の二国間条約を改正するには多大な時間を要することから，多国間租税条約である BEPS 防止措置条約（英文名称：Multilateral Convention to Implement tax Treaty Related to Prevent BEPS, 英文略称：Multilateral Instrument：MLI）が，わが国については平成 31 年 1 月に発効することとなった。MLI は，既存の二国間租税条約よりも後法として優先されるため，既存の二国間租税条約を改正することなく，BEPS 防止プロジェクトにおいて勧告された租税条約に関する措置を既存の枠組みに導入することを目的としており，多数の租税条約について同時期に効率的に導入を実施することが可能となった。

　MLI の各締約国は，その既存の租税条約のいずれを適用対象とするかを任意に選択することができる。そして，平成 30 年には，38 ヵ国・地域が署名し参加しているが，米国については上院議員の反対，トランプ政権の意向として TPP への不参加，気候変動枠組条約からの脱退など多国間条約を避ける傾向がある。さらに，租税回避の規制対象となる企業がスターバックス，グーグル，アマゾン，アップルなどの米国系企業であるなどの理由から MLI への参加を見送ったものとみられ，不参加としている。

4．OECD 租税委員会の 2 つの柱

　BEPS 防止活動に関して，OECD 租税委員会と G20（140 カ国・地域）は，最終報告書に残された課題として，令和 3 年 10 月に『経済のデジタル化から派生する課題に対する，2 つの柱による解決の提案に関する声明』により次の 2 つの柱を公表した。これにより，法人税の国際的な引下げ競争に歯止めをかけることにより，財政面では法人税収を確保するとともに，税制面においては企業間の公平な競争条件を確保するための議論が進められている。

第1の柱：源泉地国において発生した課税所得を適切に配分するためのルールの見直し

　1つ目の柱は，経済のグローバル化とデジタル化に伴う経済活動が課税上の課題に対応することを目的として，源泉地国において発生した課税所得を適切に配分するためのルールの見直しを行う。売上高200億ユーロ超かつ利益率10％超の大規模で高利益率の多国籍企業グループに対して利益率10％を超える残余利益の25％を市場国に新たに課税権を与え配分する制度を創設する。これにより，1920年代以降に国際課税の基本的なルールとなっていた「恒久的施設なくして課税なし」という大原則が修正されるという画期的な試みとなった。このための具体的な施策については，第Ⅱ節で取り上げるデジタル課税で詳しく見ていくこととする。

第2の柱：軽課税国への利潤移転に対する措置の導入

　2つ目の柱は，軽課税国への利潤移転に対抗するため，法人所得税の最低税率を国際的に合意することである。多国籍企業の経済活動の拠点すべてについて，国際的に合意された最低税率を負担することにより，公平な競争条件を確保する。このため，第Ⅲ節で取り上げるミニマム・タックスが導入されることとなった。

5．BEPS 防止行動からの教訓と今後の方向性

　BEPS防止行動は，もともとOECD租税委員会の単独プロジェクトであったが，結果として，OECDとG20の共同プロジェクトに拡大した。このことにより，OECDの加盟国ではないが，G 20のメンバーである8ヵ国（アルゼンチン，ブラジル，中国，インド，インドネシア，ロシア，サウジアラビア，南アフリカ）もBEPS防止行動計画に参加することとなった。

　このことは，国際課税の共通のルール作りのためには先進国から成るOECD加盟国のみでは対応が不十分となってきたことが背景にあると考える。そのため，OECD加盟国でない新興国も含めたG20のメンバーの参加が必要となったのである。このように，当初OECD租税委員会のみで進めていたプ

ロジェクトを，他の機関のメンバーに投票権も含めて開放するという試みは初めてであり，その試みは，G20 のメンバーの参加にあたり，OECD 租税委員会より 8 ヵ国に招待状を出したことで始まった。そして，OECD 租税委員会より，参加する場合には，OECD の正式メンバーと同様に 1 国 1 票の投票権を与えるが，OECD 加盟国と同様に，メンバーシップ料も相応に支払うことを条件として申し出を行ったところ，8 ヵ国ともすべて参加の意思表示をしたのである。租税のルール作りに関してこのような世界的規模でのプロジェクトは初めての試みであり，今後しばらくは，平成 27 年 BEPS 最終報告書に沿った改正が世界的な規模で行われていくものとみられる。

　このように，対等な立場で，対等なパートナーとして，国際的な租税の協調に取り組むという姿勢には，マスグレイヴ夫妻（Musgrave, R.A. and Musgrave, P.B.）が主張した国家間の公平における重要な概念である，相互主義の原則が根底にあるものと考えられる。相互主義の原則は，もともとは外交や通商において用いられ，相手国が自国に対して与えた待遇と，同様な待遇を相手国にも与えるべきであるという原則である。OECD 租税委員会が，8 ヵ国に対して差し出した招待状は，メンバー料を加盟国同様に払うなら，加盟国と同様に 1 国 1 票を与えるというものであるから，義務の負担を引き換えとして，対等な権利を与えるという意味で，国家間の公平が保たれている申し出であったといえる。

　しかし，その一方で，BEPS 防止行動は，ループホールを塞ぐその場しのぎの施策で根本的な問題を解決していないという批判もある。例えば，デヴリュー（Devereux, M.P.）は，現行の OECD モデル租税条約型の国際課税の制度の下では，利潤に課税する権利を利潤の生じた国に配分する規定が，すでにグローバル化が進展した経済状況の下では時代遅れになっており，国家間の租税競争を助長する弊害を招くため，BEPS 防止行動が基本的な問題を解決するための検討を行っておらず，租税競争を生じさせないための抜本的な租税制度の改革が必要であると指摘する。そこで，今後の中長期的な法人税改革の展望として，租税競争を生じさせないような法人課税制度の模索が行われている。

II　デジタル課税

1．市場国における課税問題

　近年デジタル課税が世界的に注目されているが，その原因を作ったのがGoogle，Apple，Facebook（現在 Meta），Amazon である。GAFA のビジネスモデルは従来のそれとは異なる形になっている。とりわけ市場国に恒久的施設 PE（Permanent Establishment）がなくても事業を展開できるのは GAFA のビジネスモデルの特徴である。従来のビジネスモデルであれば，支店や事業所などの PE が現地にあることが前提であったがその必要はない。

　原則として国際課税では「PE なければ課税なし」に基づかなければならない。従来のビジネスモデルであれば，市場国は PE に帰属する所得に課税することができるが，GAFA のビジネスモデルでは PE が必要ないため，この原則を厳守すると市場国は GAFA に課税できないことになる。

　「PE なければ課税なし」を厳守すれば，現行システムのもとで課税が可能なのは GAFA の居住地国であるアメリカ，そしてネットに掲載する広告等を発注する事業者が所在する仕向地である EU 諸国などである。居住地国であるアメリカは，居住地原則のもと GAFA の全世界所得に課税することが可能で

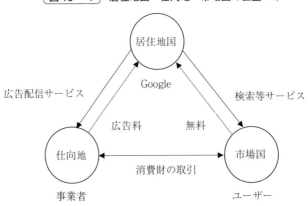

図13－1　居住地国・仕向地・市場国の位置づけ

（出所）渡辺智之（2020），154 頁より作成。

ある。また，仕向地である EU 諸国などは，仕向地原則のもと当該域内における財サービスの消費に課税できる。しかしながら，市場国は居住地国でも仕向地でもないため課税は難しい。

図 13 − 1 には，Google のビジネスモデルを例に，居住地国，仕向地，市場国の位置づけが示されている。まず，Google が提供する検索等サービスのユーザーが在住するのが市場国である。そして，広告配信サービスを依頼する事業者が所在するのが仕向地，Google の本拠地があるのが居住地国である。図 13 − 1 に示されるように，Google は事業者から広告配信サービスに対する広告料を受け取っている。しかしながら，検索等サービスを無料で提供するためそのユーザーが在住する市場国は仕向地と認められない。ただ，Google はこのサービスから得るユーザー情報により収益を高めていると推察され，市場国が市場を提供しながら課税が困難なことに疑問の声があがっている。

この状況を踏まえ，OECD の旗振りのもと世界各国は市場国の課税を可能にする方法を模索している。2021 年 10 月にデジタル課税に関する最終合意が発表され，デジタル課税の概形が明らかにされている。ただ 130 を超える国の利害が関わるため容易く実現できるわけもなく，2022 年に世界的な導入予定であったが 2024 年以降にずれ込む可能性が高いようである。

2．諸外国におけるデジタル課税の動向

（1）仏伊英における独自のデジタル税

欧州からアジアまで広く諸外国では，デジタル課税の実現を待たずに各国独自のデジタル税が導入されている。欧州では，フランス，イタリア，イギリスが，市場国でありながら課税できない状況を背景に，デジタル税として個別消費税，ウェブ税，迂回利益税の課税を試みている。

①　フランスの個別消費税

フランスでは，2003 年に音楽・映像コンテンツの売買や貸借などに対する個別消費税が導入されていたが，2013 年にその課税対象が外国企業によるオンライン上のビデオ・オンデマンド・サービス（Netflix など）にまで拡張されている。さらに，2016 年には広告収入を得て無償で提供される音楽・映像コ

ンテンツの提供サービス（YouTube など）までも個別消費税の課税対象に含められている。その仕組みでは，課税対象となる取引の対価（付加価値税を除く）に税率２％で課税される。この対価には，オンライン広告やスポンサー・リンクの表示に対する支払いも含まれる。

② イタリアのウェブ税

イタリアでは，2019 年に発効予定であったウェブ税（Web Tax）が延期の後2020 年に導入されている。電磁的方法でサービスの提供が行われた場合にその取引の対価に３％の税率で課税される。具体的には，Google や Netflix などによるオンライン広告やスポンサー・リンクなどが対象となる取引である。また，ウェブ税が課税されるのは，年間収益が７億 5,000 万ユーロ以上で，デジタル取引が 550 万ユーロを超える企業である。ただ，課税対象となる取引回数が 3,000 回以下である企業は課税が免除される。

③ イギリスの迂回利益税

イギリスでは，2015 年に迂回利益税（Diverted Profit Tax），いわゆる Google税が導入されている。その仕組みによれば，イギリス国内の経済活動によって創出されながらも，イギリスによる課税を回避していると認められる企業利益を対象に課税される。迂回利益税は法人税とは別の租税と位置づけられ，その税率は法人税の基本税率（2022 年時点では 19％）よりも高い 25％である。その課税対象となるのは，次の２つの場合である。a）外国企業が人為的にイギリスにおける PE 認定を回避しているとみなされる，b）イギリス国内に課税拠点（子会社または PE）を有する外国企業が，経済的実質のない取引または事業体を用いて，グループ全体の租税負担を不当に軽減している。また迂回利益税に加えて，2019 年４月から，イギリスと租税条約を締結していないタックスヘイブンにあるグループ企業に対し，イギリス国内の売上高に関連づけられる無形資産の利用対価として支払われた金額に２％の税率で課税されている。

（２）仏伊英のデジタルサービス税

他に，市場国が課税できない状況を打破すべく，フランス，イタリア，イギリスにおいてデジタル事業から生じる売上に課税するデジタルサービス税が課

第13章　国際課税の新潮流 ｜ 253

表13−1　仏伊英のデジタルサービス税

	フランス	イタリア	イギリス
導入年	2019 年	2020 年	2020 年
対象事業	・ターゲティング広告 ・ユーザーデータ販売 ・プラットフォーム	・ターゲティング広告 ・ユーザーデータ販売 ・プラットフォーム	・SNS ・検索エンジンサービス ・マーケットプレイス
対象企業	<u>全世界売上高</u> 7 億2,500 万ユーロ超 <u>国内売上高</u> 2,500 万ユーロ超	<u>全世界売上高</u> 7 億2,500 万ユーロ超 <u>国内売上高</u> 500 万ユーロ超	<u>全世界売上高</u> 5 億ポンド超 <u>国内売上高</u> 2,500 億ポンド超
税率	3 ％	3 ％	2 ％

（出所）各国租税関連資料より作成。

税されている。GAFA はユーザーが所在する国において十分な法人税を負担していないとの批判があるが，デジタルサービス税はその問題に対処する各国独自の措置である。表13−1 には，仏伊英のデジタルサービス税の概要が示されている。

　まず，デジタルサービス税を他国に先駆けて 2019 年に導入したのはフランスである。オンラインのターゲティング広告やユーザーデータの販売，仲介プラットフォーム事業から生じるフランス国内の売上高に 3 ％の税率で課税される。また，その事業の世界売上高が 7 億 5,000 万ユーロ超，かつフランス国内の売上高が 2,500 万ユーロ超の企業が課税の対象となる。

　イタリアでは，1 年遅れて 2000 年にデジタルサービス税が導入されている。フランスと同様に，ターゲティング広告やユーザーデータ販売などを対象事業としてイタリア国内の売上高に 3 ％の税率で課税される。ただ，課税される企業は，その事業の全世界売上高が 7 億 5,000 万ユーロ超という条件は同じであるが，イタリア国内の売上高についてはフランスよりも低く 500 万ユーロ超である。

　また，イギリスが導入したのも 2000 年である。対象事業は，ソーシャルメディアサービス，検索エンジンサービス，オンラインマーケットプレイスであり仏伊とは異なる。また，税率も 3 ％より低く 2 ％である。さらに，課税され

る企業の条件も異なり，その事業の全世界売上高が5億ポンド超，かつイギリス国内の売上高が2,500万ポンドの企業である。ユーロとポンドの差はあるが，全世界売上高のみを比較すれば，仏伊よりも基準値が低いため課税対象となり得る企業の範囲はイギリスの方が広い。

　最近の傾向をみると，欧州だけでなくインドやインドネシアなどアジアの国々でも，デジタルサービス税が導入されている。このような状況において懸念されるのがデジタルサービス税の国際的な二重課税である。また，デジタル課税が導入された際にはデジタルサービス税は廃止される予定であるが，もしそのまま残ればデジタル課税との二重課税もあり得る。

3．デジタル課税の導入に向けた動き

　OECDは，市場国におけるデジタル課税に積極的な動きを見せている。2019年2月，パブリック・コンサルテーション・ドキュメントにおいて，デジタル課税に関する英米印の提案を明らかにしている。同年10月，OECDは事務局提案として統合アプローチ（Unified Approach）を公表し，ユーザー参加による価値創造を根拠とした市場国におけるデジタル課税の仕組みを世界に向けて発信している。2020年10月には，第1の柱および第2の柱に関するブループリントを公表し，統合アプローチを踏襲しつつも市場国での課税を可能にする新たな根拠を明示している。そして翌年2021年10月には，世界各国との協議のもとデジタル課税に関する最終合意を取り付けている。

（1）市場国の課税根拠となるネクサス

　デジタル課税の導入にあたり重要な課題は市場国の課税根拠となるネクサス（nexus）である。パブリック・コンサルテーション・ドキュメントの中では，イギリス提案のユーザー参加，アメリカ提案のマーケティング無形資産，インド提案の重要な経済的存在がネクサスの候補として示されている。

①　ユーザー参加（user participation）

　イギリス提案では，ユーザー参加は高度なデジタルビジネスにおける価値創造の重要な構成要素として認識される。イギリス提案によれば，この点が踏ま

えられ，ユーザー参加をネクサスとして市場国における課税が認められる。すなわち，GAFA を例にすると，ユーザーはその高度なビジネスモデルの基盤となる個人データなどを提供する形で GAFA の価値創造に貢献するため，ユーザーが所在する市場国において課税できる。

② マーケティング無形資産（marketing intangible）

アメリカ提案によれば，マーケティング無形資産をネクサスと位置づけ，その関係から市場国における課税が可能になる。アメリカ提案では，次の2点からマーケティング無形資産は市場国に関わると想定する。第1に市場国においてブランドや商標などのマーケティング無形資産はその所在ユーザーの選好を反映し創造される。第2に市場国において顧客データやリストのようなマーケティング無形資産はユーザー向けビジネスから創造される。

③ 重要な経済的存在（significant economic presence）

インド提案では，ネクサスとして重要な経済的存在が位置づけられている。重要な経済的存在は BEPS 行動計画1でも提唱された概念である。インド提案によれば，市場国に重要な経済的存在があるか否かは，次の要素を踏まえ判断される。a）ユーザーベースの存在とデータ入力，b）市場国におけるデジタルコンテンツ量，c）現地通貨や現地の支払形式による請求書および領収書，d）現地語によるウェブサイト，e）配達などのカスタマーサービスや修理などのアフターサービス，f）マーケティングや販売促進活動。

統合アプローチが公表された段階では他の提案に比し，イギリス提案のユーザー参加が優位にあったと言える。Google の取引であれば，検索等サービスに対する対価としてユーザー情報を提供することで，仕向地主義的な課税が可能になると期待されたのである。しかしながら，最終合意ではいずれの提案も採用されず，収益ベースのネクサスのもと課税が判断されることになっている。

（2）残余利益分割法と定式配賦方式

英米印の提案では課税の仕組みも示されている。イギリス提案およびアメリカ提案では残余利益分割法，インド提案では定式配賦方式が支持されている。

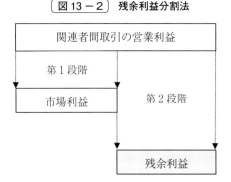

図13-2 残余利益分割法

残余利益分割法も定式配賦方式も斬新な提案ではなく，移転価格税制との関係において以前から注目されている方法である。残余利益分割法は第四の方法としてすでに実効性が証明されており，限界にある独立企業原則に代わる方法として定式配賦方式はたびたび議論の場にあがる。デジタル課税では残余利益分割法と定式配賦方式が基盤を構築するが，その仕組みの原型は下記の通りである。

① 残余利益分割法

図13-2には，残余利益分割法の仕組みが示されている。まず第1段階では，関連者間取引における営業利益のうち通常の貢献に係る市場利益が算出される。なお，この場合の通常の貢献とは，市場利益を特定できる類似の事業活動に従事する非関連企業が行う同一または類似の貢献である。第2段階では，第1段階で算出された市場利益を関連者間取引における営業利益から差し引き，残余利益が算定される。そして残余利益が関連する企業間で利益創造に関わる経済的基準（人件費や設備費など）に応じて分割される。

② 定式配賦方式

定式配賦方式の中心部には，ある定式に基づく合算所得の配分がある。定式配賦方式はアメリカの複数の州で採用されるユニタリータックスの基礎にある。その仕組みによれば，複数の州で事業を展開する関連企業を単一の事業体と仮定して，ある配賦要素に基づく定式によりこの事業体の合算所得が州間で

第 13 章　国際課税の新潮流 ｜ 257

表13-2　ユニタリータックスの定式

類　　型	定式の概要
マサチューセッツ方式	$合算所得 \times \left(\dfrac{各州の給与}{全州給与} + \dfrac{各州の資産}{全州資産} + \dfrac{各州売上高}{全州売上高} \right) \times 税率$
売上フォーミュラ方式	$合算所得 \times \dfrac{各州の売上高}{全州売上高} \times 税率$

配分される。表13-2に示すように，ユニタリータックスでは，給与，資産，売上高を配賦要素とするマサチューセッツ方式が有名であるが，売上高を配賦要素とする売上フォーミュラ方式を採用する州もある。

4．デジタル課税の背景とその仕組み

　デジタル課税が残余利益分割法と定式配賦方式を組み合わせた仕組みになっているのは，独立企業原則が機能しないためである。デジタル課税では国際連盟の1933年報告書に明記された独立企業原則がベンチマークになっている。1933年報告書では，課税の際にはPEを独立企業として扱うことが求められている。つまり，支店や事業所などのPEを独立企業と認めることで，その所得に対して課税が可能になる。しかしながら，GAFAなどのPEを必要としないビジネスには「PEなければ課税なし」が適用され，その基礎にある独立企業原則は限界にあると言わざるを得ない。なお，「PEなければ課税なし」は，国際連盟の1928年条約草案に明記されている。

　デジタル課税では，このような状況を背景に，残余利益分割法と定式配賦方式に基づき市場国へ利益が配分され課税を可能にする。その仕組みをみると，基本的には企業グループの連結財務諸表から計算される連結ベースの利益から通常の利益（売上高×10％）を差し引き，算出される残余利益の一部（25％）が市場国に売上高に応じて配分される。その手続きは下記の通りであり，市場国Aへの利益配分を想定する。なお，対象となるのは全世界売上高が年間200

億ユーロを超える利益率 10%超の企業である。

　　　ステップ1：残余利益＝連結ベースの利益－（売上高×10%）
　　　ステップ2：市場国（A，B，C）に配分される利益＝ステップ1の残余利
　　　　　　　　　益×25%
　　　ステップ3：　　　市場国Aの売上高　　　　×　ステップ2の市場国に配分
　　　　　　　　　企業グループ全体の売上高　　　　される利益

　図13－3に示されるように，この仕組みは前半部の残余利益分割法と後半部分の定式配賦方式に分けられる。デジタル課税では，残余利益分割法のもと市場国に配分される利益が算定され，それを配分する方法として定式配賦方式が用いられる。この仕組みによれば，PEが存在しない状況において市場国に利益を配分し課税が可能になると期待される。

図13－3　残余利益分割法と定式配賦方式

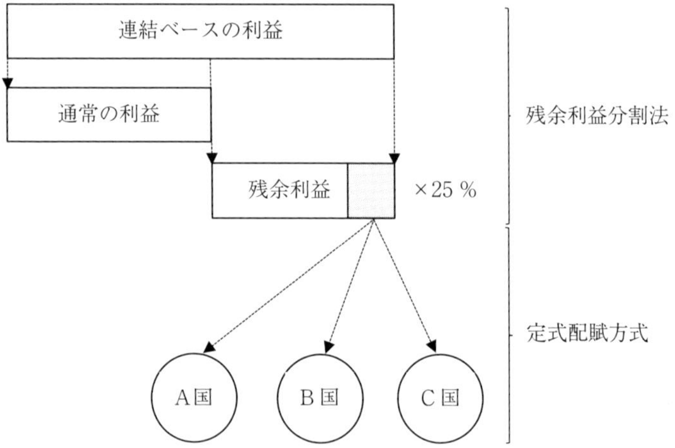

Ⅲ　ミニマム・タックス

　第Ⅰ節で見てきたように，令和３年10月にOECD租税委員会とG20は，
２つの柱による解決の提案に関する声明を公表し，最終報告書では解決に至ら
なかった課題に取り組んでいる。その第２の柱（軽課税国への利潤移転に対する措
置の導入）は，①国別の実効税率が最低税率（15%）を下回ることを防ぐミニマ
ム・タックス・ルール（Global anti-Base Erosion Rules : GloBE，近年，グローバル・ミ
ニマム課税とも呼ばれる），および②受領国で９％以下の軽課税となる利子，ロイ
ヤルティ等の関係者間支払に対して，租税条約に基づく制限税率の特典を否認
し，支払地による源泉税の賦課を許容するルール（Subject to Tax Rule : STTR）
から構成されている。
　このうち，①ミニマム・タックス・ルール（GloBE）については，年間総収
入金額が７億５千万ユーロ以上の多国籍企業グループを対象に一定の適用除外
を除く所得について，各国ごとに最低税率15%以上の課税を確保する仕組み
であり，次の３つの主要なルールから構成されている。

ミニマム・タックス・ルール（GloBE）
　①　所得合算ルール（IIR : Income Inclusion Rule）
　子会社等の税負担が15%を下回った場合に，子会社等の所在国で子会社等
の税負担が15%になるまで課税する制度（例えば，わが国に親会社等がありタック
ス・ヘイブン国に子会社等がある場合に，わが国の税務当局がわが国の親会社等に対して，
タックス・ヘイブン国の子会社等の税負担が15%になるまで課税を確保できる。）
　②　軽課税所得ルール（UTPR : Undertaxed Profits Rule）
　親会社等の税負担が15%を下回った場合に，子会社等の所在国で親会社等
の税負担が15%になるまで課税する制度（例えば，わが国に子会社等があり，タッ
クス・ヘイブン国に親会社等がある場合に，わが国の税務当局がわが国の子会社等に対し
て，タックス・ヘイブン国の親会社等の税負担が15%になるまで課税を確保できる。）

③　国内ミニマム課税（QDMTT : Qualified Domestic Minimum Top-up Tax）

わが国に所在する事業体の税負担が15%を下回った場合に，わが国に所在する事業体の税負担が15%になるまで課税する制度

令和5年度税制改正においては，このうち①所得合算ルール（IIR）が令和6年4月より実施されることとなった。②軽課税所得ルール（UTPR）および③国内ミニマム課税（QDMTT）についても，令和6年以降の税制改正で制度に取り込まれるものと見込まれる。

このミニマム・タックス・ルール（GloBE）については，今後，法人所得税の税率引き下げ競争に歯止めをかけ，タックス・ヘイブンへの課税標準の流出を防止する効果があると期待されているため，内容と合意に至った経緯を見ていくこととする。

1．ミニマム・タックスに関する国際的合意

第2の柱に関して，令和3年10月にミニマム・タックス（法人所得税の最低税率）を15%とする国際的な合意がなされ，年間総収入金額が，7億5千万ユーロ以上の多国籍企業で，国別の実効税率が最低税率15%より低い場合に，最低税率と実行税率との差を，上乗せ税率として課税することとされた。この合意に基づいて，任意の賛同国が国内税法を改正し，令和5年に実施していくものとされた。

令和3年1月に発足した米国のバイデン政権は，当初は国際的な法人税の最低税率を21%にする提案を行っていたが，アイルランドなどに反対の声があり，国際的な合意のために5月のOECD租税委員会において，米国財務省が当初目指すとされていた21%より低く，少なくとも15%とする妥協案を示したことで，主要7カ国（G7）が同調した。このG7の同調には，令和2年に始まった新型コロナウィルスのパンデミックによって，各国が巨額の財政出動を行ったために，法人税の「底辺への競争」が税収減を招き，財源の確保が必要になったことが背景にあると考えられる。

さらに，アイルランド政府は，これまで法人最低税率を15%とするという，

国際的な法人所得税の合意に賛同を留保してきていたが，令和3年10月にこの合意に署名すると発表した。アイルランド政府は，国際合意の原案には，当初「少なくとも15%」という上限に幅のある表現が用いられていたが，合意に至る調整の段階で，「少なくとも」という表記が削除され，最低税率が15%となることが明記された。これにより，法人所得税の最低税率が15%より高く設定されるという可能性が消えたと判断して，アイルランド政府が合意に踏み切ったものと考えられる。また，年間売上高が7億5,000万ユーロ未満の企業には，このルールが適用されず，12.5%の税率の適用を維持できるとの妥協案の提示も合意に至った理由とも考えられる。

　このアイルランド政府の合意により，OECD租税委員会では，136カ国・地域において国際的な法人の課税の新たなルールに関する議論を進めてきたが，令和3年10月に経済のグローバル化およびデジタル課税に対応した，国際的な法人所得税の新たな枠組み作りの一環として，令和5年から法人税の最低税率を15%とすることに合意した（140カ国・地域にまで拡充）。この動きによって，法人税の引き下げ競争に歯止めをかけることが期待されている。

2．法人所得税率の底辺への競争

　法人税率の引き下げ競争は，まずイギリスによって幕が切って落とされたといわれている。サッチャー政権は，1983年，それまで52%であった法人税率を段階的に引き下げることとし，1983年に50%まで下げた後，1984年から3年にわたり毎年5%ずつ引き下げた。そして，1986年には35%と4年間で法人税率を17%ポイント引き下げた。次いで，1980年代以降，米国のレーガン税制に見られるように，先進各国が税率の引き下げと課税標準の拡大による税制改革によるアプローチを実施してきた。1986年には米国が46%の連邦法人税率を34%に引き下げ，さらに1990年代に入ると，北欧各国に法人税率引き下げの動きが拡がった。まず1991年にスウェーデンが法人税率52%，さらに利潤配分税の廃止と合わせて法人税率を30%へと大きく引き下げた。その後，続いて北欧諸国では1992年はノルウェーが50.8%から28%へ，1993年はフィンランドが37%から25%へ，1994年にはデンマークが50%から34%に引き

下げた。

　経済がグローバル化すると企業の投資決定の要因として，税負担の少ない国を選択する傾向がある。多国籍企業は，進出先の税制にも配慮した投資計画を立てるからである。このため，各国は，高い法人所得税率を適用することによる課税標準の流出を恐れて，法人所得税率の引き下げ競争が見られるようになった。このような租税競争は，いわゆる「底辺への競争（race to the bottom）」と言われており，税率の引き下げ競争が続けば，各国が税収を確保できなくなるという危惧が指摘されてきた。

☆非協力ゲーム理論で考える底辺への競争

　ゲーム理論とは，1944 年に数学者フォン・ノイマン（von Neumann, J.L.）が経済学者モルゲンシュテルン（Morgenstern, O.）の協力を得て完成させた『ゲームの理論と経済行動』によって切り開かれた経済理論である。互いに黙秘を選択すれば無罪となるにも関わらず，自由に話し合うことができず，拘束力のある合意を持つことが不可能である非協力ゲームの場合には，相手の状況が見えないため，互いに望ましくない裏切り行為による自白を行い有罪判決を受けるという囚人のジレンマが有名である。ゲーム理論の研究では，ジョン・ナッシュ（Nash, J.F.）などが，1994 年，2005 年の２度，ノーベル経済学賞を受けている。

　ゲーム理論に登場する意思決定主体をプレイヤーというが，非協力ゲームのプレイヤーを $i=(1, 2, \cdots N)$ とし，プレイヤー i のとる戦略が s_i であるという状況を $s_i=(s_1, s_2 \cdots s_N)$ とする。

　この戦略の組 s_i がナッシュ均衡であるとは，すべての i について，プレイヤー i 以外の戦略を現状に固定したときに，プレイヤー i が最も得をする戦略は s_i であるという最適反応の条件を満たすことである。

　これを平易に言い換えると，A が A_i を選ぶとするなら B は B_i を選び，B が B_i を選ぶなら A が A_i を選ぶという戦略の組（A_i, B_i）をナッシュ均衡と呼ぶと考えるとわかりやすい。ナッシュ均衡は，他のプレイヤーの戦略を所与とした場合，どのプレイヤーも自分の戦略を変更すると，より高い利得を得ることができなくなる戦略の組み合わせを表している。ナッシュ均衡の下では，どのプレイヤーも戦略を変更する誘因を持たなくなるため，そこで均衡が生じる。しかし，ナッシュ均衡は必ずしもパレート効率的ではない。その代表例がこの囚人のジレンマである。

第 13 章　国際課税の新潮流 ｜ 263

表13 － 3　租税競争と利得

	B 国　税率を引き下げない	B 国　税率を引き下げる
A 国　税率を引き下げない	（50，50）	（25，75）
A 国　税率を引き下げる	（75，25）	（30，30）

　では，国家間の税率引き下げ競争がなぜ進行したのかを非協力ゲーム理論で考えてみよう。表13 － 3 は，A 国政府と B 国政府が税率を引き下げた場合と引き下げない場合について，それぞれの国家が企業誘致から得られる利得を数字で表している。それぞれかっこの左の数字は A 国の，右の数字は B 国の国民が企業誘致から得られる利得を表す。政府は税率を引き下げることによって企業を自分の国家に誘致できる。減税による企業誘致政策の結果，産業が発達し課税標準の増加に伴って税収が増加すると仮定する。A 国も B 国も協力することはなく，自国の利得のために独自の租税政策を行うものとする。

　すると，次のようなゲームが進行する。
① 　まず，A 国政府が企業誘致による国家の厚生の増加をはかるため税率を引き下げるとする。
② 　B 国政府は，税率を引き下げない場合，A 国は企業誘致により 75，B 国は企業流出により 25 の利得となる。一方で，B 国が税率を引き下げる場合，利得関数は，（30，30）となるので，両方の政府が減税した場合，企業は動かず税収だけが減ってしまう。しかし，両者を比べた場合，B 国政府は，税率を引き下げない選択をした場合の 25 と比べて，税率を引き下げた方が 30 と高い利得を得るため，税率引き下げを選択する。
③ 　B 国政府が税率を引き下げた場合に，A 国政府は，税率を引き下げない（元の税率に戻る）場合，企業が B 国に移転してしまうことにより，利得が 25 となる。一方で，税率を引き下げる（引き下げたままの）場合，利得は 30 となるので，税率を引き下げるという戦略を選択する。
④ 　ナッシュ均衡は，A 国も B 国も税率を引き下げる（30,30）となる。

　両方の政府が減税競争をした後では，（30,30）と税収はともに当初の（50,50）から減少している。つまり，減税競争により当初に適正とされた税収が達成されず，国家の厚生水準は下がることとなる。

Ａ国とＢ国がともに税率を下げないように交渉し，(50, 50) を維持することは可能だろうか。約束に拘束力がある場合には可能である。しかし，そうでない場合にはある政府だけが約束を守っている時に，他の政府が約束を破り税率を引き下げることにより 75 の利得を得ることができるから，約束を守るよりも良い状態が達成できる。この場合，両方の政府は税率を引き下げようとする誘因が働く。このようにして，国家間の協力がない場合，税率引き下げによる「底辺への競争」が加速していったと考えられる。これに歯止めをかけるためにOECD 租税委員会が中心となって，世界的なレベルで租税協調を行うミニマム・タックス導入の取り組みが行われたのである。

米国のイエレン財務長官は，国際的な最低税率の合意に関して，2021 年 4 月に，「法人所得税率の 30 年に渡る『底辺への競争』が世界を協調へと結びつけた。政府は，十分な財政収入を確保し，優れた公共財に投資することで危機に対処し，すべての市民に公平に政府負担をさせるための安定的な租税体系を作る必要がある。国際的な最低税率を設けることによって，多国籍企業の課税において公平な課税を行うことで，更なる革新，成長と繁栄を促進することができる」と発言した。

しかし，当初の米国案の 21% ではなく，15% で妥協して合意したことによって，法人所得税率の底辺への競争の問題がすべて解決されたとまではいえない。

次の表 13 － 4 は，OECD 諸国の法人所得税の法定税率の変遷を示している。

表 13 － 4 を見ると，2001 年から 2021 年までの変化ポイントが，オーストラリアを除くすべての国でマイナスとなっており，法人所得税率が引き下げられている状況が見て取れる。日本を見ると 2001 年の法定税率は 40.87% であるが，2021 年には 29.74% となり，11.13 ポイント引き下げられている。OECD 諸国の変化ポイントの平均値が，8.59 ポイント引き下げられていることから，平均よりも下げ幅が多いことがわかる。

個別に見ていくと，米国はトランプ政権の法人税減税政策により，2001 年から 2021 年までの変化ポイントは，13.52 ポイント引き下げられている。米国以外では，ベルギー（15.17 ポイント），カナダ（14.33 ポイント），ギリシア（13.50

第13章 国際課税の新潮流 | 265

表13－4　法人所得税の法定税率の変遷

（単位：％）

国	2001年	2006年	2011年	2016年	2021年	変化ポイント 2001年-2021年
オーストラリア	30.00	30.00	30.00	30.00	30.00	0.00
オーストリア	34.00	25.00	25.00	25.00	25.00	-9.00
ベルギー	40.17	35.97	33.99	33.99	25.00	-15.17
カナダ	40.48	33.93	27.70	26.70	26.15	-14.33
チリ	15.00	17.00	20.00	24.00	10.00	-5.00
コロンビア	35.00	38.50	33.00	40.00	31.00	-4.00
チェコスロバキア	31.00	24.00	19.00	19.00	19.00	-12.00
デンマーク	30.00	28.00	25.00	22.00	22.00	-8.00
エストニア	26.00	23.00	21.00	20.00	20.00	-6.00
フィンランド	29.00	26.00	26.00	20.00	20.00	-9.00
フランス	36.43	34.43	36.10	34.43	28.41	-8.02
ドイツ	38.26	38.41	29.55	29.82	29.94	-8.32
ギリシア	37.50	29.00	20.00	29.00	24.00	-13.50
ハンガリー	18.00	17.33	19.00	19.00	9.00	-9.00
アイスランド	30.00	18.00	20.00	20.00	20.00	-10.00
アイルランド	20.00	12.50	12.50	12.50	12.50	-7.50
イスラエル	36.00	31.00	24.00	25.00	23.00	-13.00
イタリア	40.25	37.25	31.40	31.29	27.81	-12.44
日本	40.87	39.54	39.54	29.97	29.74	-11.13
韓国	30.80	27.50	24.20	24.20	27.50	-3.30
リトアニア	24.00	19.00	15.00	15.00	15.00	-9.00
ラトビア	25.00	15.00	15.00	15.00	20.00	-5.00
ルクセンブルク	37.45	29.63	28.80	29.22	24.94	-12.51
メキシコ	35.00	29.00	30.00	30.00	30.00	-5.00
オランダ	35.00	29.60	25.00	25.00	25.00	-10.00
ニュージーランド	33.00	33.00	28.00	28.00	28.00	-5.00
ノルウェー	28.00	28.00	28.00	25.00	22.00	-6.00
ポーランド	28.00	19.00	19.00	19.00	19.00	-9.00
ポルトガル	35.20	27.50	28.50	29.50	31.50	-3.70
スロバキア共和国	29.00	19.00	19.00	22.00	21.00	-8.00
スロベニア	25.00	25.00	20.00	17.00	19.00	-6.00
スペイン	35.00	35.00	30.00	25.00	25.00	-10.00
スウェーデン	28.00	28.00	26.30	22.00	20.60	-7.40
スイス	24.70	21.33	21.17	21.15	19.70	-5.00
トルコ	33.00	20.00	20.00	20.00	20.00	-13.00
イギリス	30.00	30.00	26.00	20.00	19.00	-11.00
米国	39.27	39.30	39.19	38.92	25.75	-13.52
OECD平均	31.44	27.40	25.30	24.80	22.85	-8.59

出所：OECD Stats. Table II.1. Statutory corporate income tax rate (oecd.org) の各年表から作成。

ポイント），トルコ（13.00 ポイント）などが大幅に法定法人所得税率を引き下げた国である。OECD 諸国のうち，法定法人所得税率が変わっていないのはオーストラリアだけで，他の国はすべて引き下げていることから，グローバル化の進展により，自国に外国直接投資を促し，企業の設立を誘致するために，法定法人所得税率を引き下げるという底辺の競争が続いていることがわかる。

また，令和 3（2021）年で法定法人所得税率が低い国は，ハンガリー（9.00%），チリ（10.00%），アイルランド（12.50%），リトアニア（15.00%）であり，最低法人所得税率 15% の合意により，15% より税率が低い国は，影響を受けることとなる。ただし，年間売上高が 7 億 5,000 万ユーロ未満の企業には，15% ルールが適用されず，12.5% の税率が適用できるなどの例外もあり，最低法人所得税率を 15% に設定することにより，法人所得税率の引き下げ競争に終止符を打つこととなるとは考えにくい。OECD 諸国の平均法定所得税率が 2021 年で 22.85% であることを考慮に入れると，底辺とまでは言わないが，15% までの法人所得税率の引き下げ競争は，今後も進むであろうと考えられる。

最低法人所得税率の合意は，底辺への競争を終わらせるというよりは，タックス・ヘイブンへの利潤の移転を防止する役割が強いと考えられる。また，最低法人所得税率の合意が行われたことは，国家間の租税協調への流れとして意義がある。

このように，国際的な最低法人所得税率の合意は，OECD 諸国だけでなく，G20 を含む 140 カ国という世界を巻き込んだ活動となり，租税に関して国際的に協調を行うという潮流の中で，画期的な進歩だといえる。しかし，米国財務省の当初案が 21% であったにもかかわらず，賛同国に配慮して 15% に落ち着いたことで，OECD 諸国の法人所得税率との比較を見ると，15% を下回る国は現状ではむしろ少数であるため，必ずしも租税競争に終止符を打つとまではいえないのではないかと懸念され，今後も 15% を底辺とした租税競争が繰り広げられる可能性がある。そこで，第 10 章で取り上げたような，法人税体系の改革に今後も取り組んでいくことが必要であると考えられる。

第14章

公債のしくみと理論

　政府による財政活動は通常，国民によって負担された租税によって賄われている。しかし，公共事業の財源を調達する場合や収入が不足すると見込まれる場合などには，政府は資金調達のために債券を発行したり借入れを行ったりする。公債とは，こうした国（中央政府）や地方政府といった公的部門が負担する債務のことで，特に国の債務のことを国債という。国債の定義については，国の債務一般，すなわち国が発行する債券のほか借入金，一時借入金を含める場合（広義の国債）と，国が発行する債券に着目して借入金，一時借入金を除いたものを国債とする場合（狭義の国債）がある。ただ，通常は債券発行の形式をとる狭義の概念を国債ということが多い。

　また，公債にはいくつかの重要な論点がある。例えば，公債の元本や利子は将来の課税によって返済されることになるので，公債の負担が将来に先送りされるのではないか。政府が一定の歳出を行う場合に，その財源を公債の発行により調達するのと租税の徴収により調達するのとで経済に及ぼす影響が異なるのか。公債残高の累増により財政が持続不可能になるのではないか，といった論点である。こうした公債に関する問題について，財政学ではさまざまな議論が展開されてきた。

　本章では，まず狭義の国債に限定してその種類やわが国の制度についてみていく。続いて公債をめぐる学術的な議論について説明する。

I　国債の種類

　国債にはいろいろな種類があり，その分類の方法には，発行根拠法による分

類，償還期限による分類，債券形態による分類，発行目的による分類，起債地による分類といったものがある（表14−1参照）。

　国債を発行根拠法別にみると，建設国債（4条国債），特例国債（赤字国債），脱炭素成長型経済構造移行債（GX経済移行債），子ども・子育て支援特例公債（子ども特例債），復興債，借換債，財政投融資特別会計国債（財投債）に分類することができ，財投債以外の国債をまとめて普通国債という。なお，国債の発行は基本的に一体で行われているので，原則として市場では区別なく取引されている。

　建設国債は公共事業費などの財源に充てるため，財政法第4条第1項のただし書きに基づいて発行される。そのため，建設国債は4条国債と呼ばれることもある。財政法第4条第1項は，「国の歳出は，公債又は借入金以外の歳入を以て，その財源としなければならない。」としているが，ただし書きでは「公共事業費，出資金及び貸付金の財源については，国会の議決を経た金額の範囲内で，公債を発行し又は借入金をなすことができる。」としている。このように財政法上，国債の発行は原則的に禁止され，例外的に建設国債の発行が認められている。これを建設国債の原則という。建設国債は，ただし書きにあるとおり国会の議決を経た金額の範囲内で発行することができる。また，一般会計の予算総則にその発行限度額が規定されており，建設国債の発行収入金は一般会計の歳入の一部となる。

　特例国債は政府が建設国債とは別に特別の法律を制定して発行する国債のことをいう。経常収支の不足額を埋めるために発行されることから赤字国債とも呼ばれる。特例国債の発行は常態化しており，1975年度以降で特例国債が発行されなかったのは，1990年度から1993年度のわずか4年間のみである。特例国債は建設国債と同様，国会の議決を経た金額の範囲内で発行することができ，一般会計の予算総則にその発行限度額が規定されている。また，特例国債の発行収入金についても建設国債と同様，一般会計の歳入の一部となる。

　GX経済移行債は，脱炭素成長型経済構造への円滑な移行の推進に関する法律（GX推進法）の第7条第1項に基づいて発行される国債である。カーボンプライシング導入の結果として得られる将来の財源を裏付けとして，2023年度

第 14 章　公債のしくみと理論 ｜ 269

表 14 − 1　国債の種類

種　別	概　要	備　考
償還期限 超長期国債	償還期限 15 年, 20 年, 30 年, 40 年	利付国債（40 年もの） 利付国債（30 年もの） 利付国債（20 年もの） 変動利付国債（15 年もの）
長期国債 中期国債	償還期限 10 年 償還期限 2 年, 5 年	利付国債（10 年もの） 利付国債（5 年もの） 利付国債（2 年もの）
短期国債 政府短期証券 　財務省証券 　財政融資資金証券 　外国為替資金証券 　石油証券 　原子力損害賠償支援証券 　食糧証券	償還期限 6 カ月, 1 年 償還期限 2 カ月, 3 カ月, 6 カ月, 1 年	国庫短期証券（T-Bill: Treasury Discount Bills）
個人向け国債	償還期限 10 年, 5 年, 3 年	変動利付国債（10 年もの） 固定利付国債（5 年もの） 固定利付国債（3 年もの）
物価連動国債	償還期限 10 年	物価連動国債（10 年もの）
債券形態 利付国債 割引国債 割賦償還割制国債	償還期限までに, 定期的に利払いを約束 償還期限までの利子相当額があらかじめ額面金 　額から差し引かれて発行 元利金の償還を割賦の方法で行う	年 2 回払い 遺族国庫債券等
発行根拠法 建設国債 特例国債 復興債 GX 経済移行債 子ども特例債 政府短期証券	財政法第 4 条第 1 項 特例公債法 東日本大震災からの復興のための施策を実施する 　ために必要な財源の確保に関する特別措置法 脱炭素成長型経済構造への円滑な移行の推進に 　関する法律 子ども・子育て支援法 財務省証券…財政法第 7 条第 1 項 財政融資資金証券…財政融資資金法第 9 条第 1 　項 外国為替資金証券…特別会計に関する法律第 83 　条第 1 項 石油証券…特別会計に関する法律第 94 条第 2 　項, 第 95 条第 1 項 原子力損害賠償支援証券…特別会計に関する法 　律第 94 条第 4 項, 第 95 条第 1 項 食糧証券…特別会計に関する法律第 136 条第 1 　項, 第 137 条第 1 項	
借換債 財投債	特別会計に関する法律第 46 条第 1 項, 第 47 条 　第 1 項 特別会計に関する法律第 62 条第 1 項	
発行目的 普通国債 政府短期証券 交付国債及び出資・拠出国 　債 財投債	国の収入となり国の経費を賄う 国庫の日々の資金繰りを賄う 国の支払いの手段であり国の収入とならない 財政融資資金において運用の財源に充てる	遺族国庫債券, IMF 通貨代用 証券等
起債地 内国債 外国債	国内で発行する 国外で発行する	

(注) 10 年物価連動国債は, 2013 年 10 月に発行を再開した。割引短期国債（6 カ月）は,
　2020 年 10 月に発行を再開した。

出所：『図説日本の財政』（令和 6 年度版）, 227 頁より作成。

から10年間で20兆円規模の発行が見込まれている。GX経済移行債は，国会の議決を経た金額の範囲内で発行でき，その発行限度額は特別会計の予算総則に規定されている。また，GX経済移行債の発行収入金はエネルギー対策特別会計の歳入の一部となる。

　子ども特例債は，子ども・子育て支援法（第71条の26第1項）に基づき発行される国債である。子ども・子育て政策の抜本的な強化に当たり，安定財源を確保するまでの間に財源不足が生じないよう，2024年度から2028年度までの間に必要に応じて，つなぎとして発行される。子ども特例債は，国会の議決を経た金額の範囲内で発行でき，その発行限度額は特別会計の予算総則に規定されている。また，子ども特例債の発行収入金は子ども・子育て支援特別会計（2024年度は年金特別会計）の歳入の一部となる。

　復興債は，東日本大震災からの復興のための施策を実施するために必要な財源の確保に関する特別措置法（復興財源確保法）の第69条第1項及び第4項に基づいて，2011年度から2025年度まで発行されることになっている。復興のための施策に必要な財源については復興特別税を活用することになっているが，復興債はこうした財源が入るまでのつなぎとして発行される。復興債は国会の議決を経た金額の範囲内で発行することができ，2012年度以降，特別会計の予算総則にその発行限度額が規定されている。また，復興債の発行収入金は東日本大震災復興特別会計の歳入の一部となる。

　借換債は，特別会計に関する法律（第46条第1項及び第47条第1項）に基づいて発行される国債である。国債の借り換えに必要な資金を調達するために発行される。借換債の発行限度額について国会の議決を経る必要はない。また，借換債の発行収入金は国債整理基金特別会計の歳入の一部となる。

　財投債は，特別会計に関する法律（第62条第1項）に基づいて発行される国債である。財政融資資金の原資を必要額だけ調達するために発行される。財投債は国会の議決を経た範囲内で発行でき，特別会計予算総則にその発行限度額が規定されている。また，財投債の発行収入金は財政投融資特別会計の歳入の一部となる。なお国債の償還については後で詳述するが，普通国債は，その利払いと償還の財源が主として租税により賄われる。一方，財投債の利払いと償

還の財源は財政融資資金の貸付回収金によって賄われる。こうした違いから国民経済計算上も財投債は一般政府の債務には分類されていない。

　続いて国債を償還期限別にみると，短期国債，中期国債，長期国債，超長期国債，個人向け国債，物価連動国債に大別される。令和6年度国債発行計画において発行が予定されている国債は，短期国債（1年），中期国債（2年，5年），長期国債（10年），超長期国債（20年，30年，40年），個人向け国債（3年，5年，10年），物価連動国債（10年）である。

　短期国債はすべて割引国債で，割引短期国債（TB：Treasury Bills）と呼ばれている。割引国債とは，額面金額を下回る価格で発行され，利子は支払われず，満期時に額面金額で償還される国債のことである。割引短期国債は他の年限の国債と同じく歳出需要を賄うことを発行目的としている。一方，国は国庫金の短期資金繰りと特別会計の一時的資金不足の補填のために政府短期証券（FB：Financing Bills）を発行している。両者は発行目的以外では多くの共通点をもつため，2009年2月から，その財政制度上の位置づけなどは変更せず，国庫短期証券（T-Bill：Treasury Discount Bills）という統一名称の下で発行され市中で流通している。中期国債，長期国債，超長期国債は固定利付国債である。固定利付国債とは，満期までの半年ごとに発行時に決められた利率に基づいた利子が支払われ，満期時に額面金額で元本が償還される国債のことである。個人向け国債は文字どおり個人を対象とした国債で，償還期限が3年と5年のものは固定利付国債，10年のものは変動利付国債である。変動利付国債とは，一定のルールに基づき適用される利率が変動する国債のことである。物価連動国債は利率は固定されているが，全国消費者物価指数（生鮮食品を除く総合指数）に連動して元本とそれに伴う利子が変化する国債である。なお，物価連動国債は2004年3月に発行を開始したが，2008年10月以降，発行をいったん停止した。その後2013年10月に発行を再開している。

II わが国の国債制度

1．国債の発行方式

　国債の発行方式としては，シンジケート団引受方式（シ団引受方式），市中発行方式，個人向け販売，日銀乗換がある。

　シンジケート団引受方式とは，国債の募集や引受を目的として主要金融機関等により組織された国債募集引受団（シンジケート団）が引受を行うものであるが，2005年度をもって廃止されている。市中発行方式では価格（利回り）競争による公募入札が基本とされている。これは，財務省が提示した発行条件に対して，入札参加者が落札希望価格（又は利回り）と落札希望額を入札し，その入札状況に基づいて発行価格と発行額を決定する方式である。個人向け販売は，個人向け国債と一般の利付国債（2年，5年，10年利付国債）を対象としており，国が委託した取扱機関が募集・販売する方式のことである。日銀乗換とは，日本銀行が市中から購入した国債が満期を迎える際に，償還額の範囲内で借換債を引き受けることを指す。わが国では，戦前・戦中に日本銀行引受けによって大量の国債が発行されたことにより，激しいインフレ等の好ましくない状況が発生した。そのため財政法第5条では，日本銀行による国債引受けを原則として禁止している。これを市中消化の原則という。ただ一方で，同条のただし書きでは「特別の事由がある場合において，国会の議決を経た金額の範囲内では，この限りでない。」としている。日銀乗換はこのただし書きに基づいて行われている。日銀乗換はインフレの要因にあたらないことから「特別の事由」として認められているのである。

2．国債の償還制度

　わが国では，一定のルールの下，各会計から国債整理基金特別会計に償還財源が繰り入れられる。また国債整理基金特別会計に繰り入れられた資金の一部は国債整理基金として積み立てられており，減債基金の役割を担っている。国債整理基金には，国債整理基金特別会計において発行する借換債の発行収入金

第 14 章　公債のしくみと理論　|　273

なども償還財源として受け入れられている。要約すると，すべての国債の償還
は，国債整理基金を通じて行われている。

　建設国債と特例国債については，満期ごとに一部を借り換え，一部を一般財
源（一般会計からの繰り入れなど）で償還し，全体として 60 年間で完全に一般財
源で償還し終えるしくみになっている。これを 60 年償還ルールという。一般
会計からの繰り入れとは，定率繰入（前年度期首国債総額の 100 分の 1.6 の繰り入れ）
のことである。60 年という期間は，建設国債の見合資産（政府が公共事業などを
通じて建設した建築物）の耐用年数が概ね 60 年であることから設定されている。
ここから定率繰入の繰入率がほぼ 60 分の 1 に相当する 100 分の 1.6 になって
いる。なお，定率繰入以外の繰り入れとして，剰余金繰入（一般会計における決
算上の剰余金の 2 分の 1 以上の繰り入れ），予算繰入（必要に応じて行われる予算の定め
る金額の繰り入れ）がある。

　復興債は，復興特別税の税収等を財源として，借換債を含め 2037 年度まで
に全体として償還を終了することになっている。また GX 経済移行債は，カー
ボンニュートラルの達成目標が 2050 年であることから，その借換債を含めて
全体として 2050 年度までに償還することになっている。子ども特例債につい
ては，その借換債を含めて全体として 2051 年度までに償還することとされて
いる。財投債の償還は，前述のとおり財政融資資金の貸付回収金によって賄わ
れており，財政投融資特別会計から国債整理基金特別会計への繰り入れによっ
て償還を行っている。

III　公債の負担をめぐる議論

　公債の元本や利子は最終的には将来の課税によって返済されることになるの
で，公債の負担が将来世代に転嫁されるかどうかが大きな問題となる。これま
で公債の負担をめぐってはさまざまな見解が主張されてきた。その見解の相違
は，多くの場合，公債負担の定義，そしてその基礎となる財政理論および経済
理論の相違に起因している。そこで，ここでは負担の定義の差異に注目しなが
ら，公債の負担をめぐる代表的な議論について整理する。

1．古典派

スミス（Smith, A.）やミル（Mill, J.S.）らの古典派の議論においては，負担を一国の生産力の減少としている。そして公債発行は，本来生産的な用途に向かうはずの民間貯蓄を不生産的な公共支出に転換するため，資本蓄積を減少させ，そのため一国の生産力が減少するとしている。さらに将来世代は償還のための増税に直面する。よって将来世代に負担が転嫁されるとした。

2．ケインズ派（新正統派）

その後ケインズ経済学の成立によって，マクロ経済学の視点からラーナー（Lerner, A.P.）らのケインズ派（新正統派とも呼ばれる）の理論が展開された。ケインズ派は，負担を民間の利用可能な資源の減少としている。また一時点で利用可能な資源は一国全体で限られていることを前提としている。そして発行される公債が内国債（国内で発行される国債）であれば，公債は発行時点で民間の利用可能な資源を政府部門で使用することになるという意味で租税と同様に現在世代の負担であること，将来の元利払いのための課税はマクロ的には同一世代内における納税者から公債保有者への所得移転にすぎないことを指摘して，公債による将来世代への負担の転嫁を否定した。ただし，外国債（国外で発行される国債）の場合は，償還時には海外への資金流出により民間の利用可能な資源が減少して将来世代に負担が転嫁することになるとした。

3．新古典派

このケインズ派の主張に対して，新古典派から公債による将来世代への負担転嫁を認める理論が展開されることとなった。

ブキャナン（Buchanan, J.M.）は，負担を個人が効用あるいは利用可能な資源を強制的に減少させられることとしている。ケインズ派が負担をマクロレベルで考えたのに対して，ミクロレベルで負担をとらえたのである。現在世代が自らの意思で自発的に公債を購入する場合は強制ではない。しかし，将来世代は償還のために税を徴収されることにより強制的に効用あるいは利用可能な資源が減少させられる。以上より，現在世代に負担は生じず，将来世代に負担が転

嫁されるとした。

　ボーエン (Bowen, W.G.)，デービス (Davis, R.G.)，コップ (Kopf, D.H.) は，負担をその世代の生涯にわたる私的財の消費量を減らさざるを得ないこと，すなわち生涯消費の減少としている。つまり，負担を世代のレベルでとらえているのである。ボーエンらの議論では，第1世代とその次の世代である第2世代が登場する。第1世代は公債を購入し，第2世代に売却する。第1世代は公債の購入により生涯消費を減らさざるを得ないが，第2世代に売却することで生涯消費を一定に保つことができる。よって，第1世代については負担は生じない。第2世代は第1世代から購入した公債の償還を受けるので，その点だけをみると生涯消費を一定に保つことができる。しかしその一方で，第2世代に対して償還財源を調達するための課税が行われる。そのため第2世代全体の生涯消費は減少することになる。よって，第2世代については負担が生じる。以上より，公債の負担は将来世代に転嫁されるとした。

　モディリアーニ (Modigliani, F.) は，負担を資本蓄積の減少による将来所得の減少とした。完全雇用状態において，公債発行による資金調達は租税による資金調達に比べてより大きな民間投資の減少をもたらす。よって将来所得の減少もより大きなものになる。つまり公債と租税を比較した場合，将来世代へのマイナス効果は公債の方が大きいことになる。この点をとらえて公債の負担が将来世代に転嫁されるとした。

☆モディリアーニの主張──数式による説明

　公債発行による資金調達の方が租税による資金調達に比べてより多くの民間投資を減少させるという，モディリアーニの主張を数式を用いて説明すると次のようになる。ここではインフレーションのない完全雇用状態が保たれている経済を想定している。そして，政府が政府支出を ΔG だけ増加させるのに，その財源として ΔD だけ公債を発行する場合と ΔT だけ増税する場合を比較する。よって，$\Delta G = \Delta D = \Delta T$ である。また，インフレーションのない完全雇用状態を保つには総需要は変化してはならないので，公債発行の場合も増税の場合も次の式が成立する。

　　　$\Delta C + \Delta I + \Delta G = 0$ ……（1）

ここで C は民間消費，I は民間投資を表し，民間消費は可処分所得に依存するものとする。

まず公債発行のケースを考える。公債発行によって可処分所得は変化しないので，民間消費は変化しない。すなわち $\Delta C = 0$ である。これを（1）式に代入し，ΔD と ΔG が同額であることに留意しながら式を整理すると（2）式のようになる。つまり，公債発行は公債発行額と同額の民間投資を減少させることになる。

$$\Delta I = - \Delta G = - \Delta D \quad \cdots\cdots （2）$$

続いて増税のケースを考える。可処分所得は増税の分だけ減少するので，a を限界消費性向（$0 < a < 1$）とすると，民間消費の変化は $\Delta C = - a \Delta T$ となる。これを（1）式に代入し，ΔT と ΔG が同額であることに留意しながら式を整理すると（3）式のようになる。結局，増税は民間消費と民間投資の両方を減少させることになる。

$$\Delta I = - (1 - a) \Delta T \quad \cdots\cdots （3）$$

ΔD と ΔT が同額であること，$0 < a < 1$ であることに留意しながら（2）式と（3）式を比較すると，（2）式すなわち公債発行による民間投資の減少の方が大きいことがわかる。

Ⅳ　公債の中立命題

政府が一定の歳出を行う場合に，その財源を公債の発行により調達するのと租税の徴収により調達するのとで経済に及ぼす影響が異なるのか，という問題について，古典派経済学の代表的学者であるリカード（Ricardo, D.）は，経済的に差異はない，つまり等価であるとした。これをリカードの等価定理（Ricardian Equivalence）という。

リカードの議論では，公債の償還が発行時の世代の生存中に行われる。しかし，公債の償還が世代を超えて行われれば将来世代に対して償還のための増税が行われ，公債の負担が将来世代に転嫁されると思われる。これに対し，1970年代にバロー（Barro, R.J.）は，リカードの等価定理を合理的期待形成という経済理論から再構築し，世代を超えて償還が行われてもリカードの等価定理が成立し，公債の負担は将来世代に転嫁されないとした。これをバローの中立命題という。

以下では，リカードの等価定理とバローの中立命題についてより詳しく説明

をしていく。

1．リカードの等価定理

　家計は第1期と第2期の2期間生存し，生涯予算制約のもとで生涯効用を最大化するというライフサイクルモデルを想定する。また所得は外生的に与えられ，租税は一括固定税である。そして家計の効用関数は次のように表すことができるものとする。

　　　$u = U(C_1, C_2)$ ……（4）

ここでC_1は第1期の消費，C_2は第2期の消費を表す。

　まず各期の政府支出G_1, G_2の財源を各期の租税T_1, T_2で調達するケースを考える。つまり，$G_1 = T_1$かつ$G_2 = T_2$というケースである。第1期に家計は第1期の所得Y_1から租税を除いた分を消費するか貯蓄するので，貯蓄をSとすると次の式が成立する。

　　　$Y_1 - T_1 = C_1 + S$ ……（5）

　第2期に家計は第2期の所得Y_2と貯蓄から租税を除いた分を消費するので，利子率をrとすると，次の式が成立する。

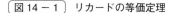

図14−1　リカードの等価定理

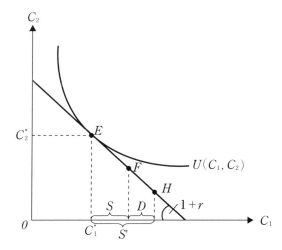

$$Y_2 + (1 + r) S - T_2 = C_2 \quad \cdots\cdots (6)$$

（5），（6）式より，家計の生涯予算制約は次のようになる。

$$C_1 + \frac{C_2}{1+r} = Y_1 + \frac{Y_2}{1+r} - \left(T_1 + \frac{T_2}{1+r} \right) \quad \cdots\cdots (7)$$

　家計は（7）式の予算制約のもとで（4）式の効用を最大化するよう各期の消費を選択する。これを図で示すと図14－1のようになる。予算制約線は点$F(Y_1 - T_1, Y_2 - T_2)$を通り，傾きの大きさが$(1 + r)$の直線で与えられる。家計の各期の消費は予算制約線と無差別曲線の交点である点$E(C_1^*, C_2^*)$で表される。仮にC_1^*が第1期の税引き後所得$Y_1 - T_1$を上回っているとすると，それは家計が第1期に市場から借入れを行っていることを意味している。

　次に第1期に公債Dが発行されてその分だけ租税負担が軽減されるケースを考える。つまり政府支出は変えずに第1期の政府支出の財源の一部を公債発行によって賄うというケースである。その場合，公債は第2期に償還されるので，第2期には増税が必要となる。すなわち，第2期には公債償還のための財源として$(1 + r)D$の増税が行われる。よって第1期の税引き後の所得がDだけ増加し，第2期の税引き後の所得が$(1 + r)D$だけ減少する。公債発行による減税額と償還のための増税額は現在価値でみると同額なので，生涯の予算制約に変化はない。税引き後の所得を示す点は点Fから同じ予算制約線上を右下方向に移動した点Hとなる。以上のことを家計も正確に認識しているので，公債発行後も各期の消費は点Eのままである。

　図14－1において，点Eと点Fの水平方向の差Sが公債発行前の貯蓄を表し，点Eと点Hの水平方向の差S'が公債発行後の貯蓄を示す。点Fと点Hの水平方向の差が第1期の貯蓄増加を表し，公債発行額Dに等しい貯蓄が生み出されている。したがって，政府支出の資金調達を租税から公債に変更しても，家計が合理的に予想するならば経済的には何の影響も及ぼさない。これがリカードの等価定理に他ならない。

2．バローの中立命題

　リカードの等価定理の議論では，公債発行と償還のための増税が同一世代内

で行われていた。そのため，その世代が将来の増税を合理的に予想して，貯蓄を増加させたのである。もし，公債の償還がその世代ではなく将来世代によって負担されるとしたらどうであろうか。そのときは，公債発行時の世代は公債償還のための増税を負担しなくてすむわけであるから，貯蓄せずに消費を増やすかもしれない。しかし，このような場合でも各世代を通じてリカードの等価定理が成立し，公債の負担は将来世代に転嫁されないとしたのがバローの中立命題である。バローは，各世代は自身の効用だけでなく，子どもの世代の効用も考慮するという利他的な行動を仮定する。そのため，各世代の効用は，自分の生涯にわたる消費と子どもの世代の効用によって構成されることになる。その場合，公債の償還が子どもの世代の増税によって賄われるとしても，子どもの世代に対する遺産を増やすことになるから，結局，公債は世代間の消費行動に影響を及ぼさないという結論を導くことができるのである。

バローの中立命題を親世代と子世代のみからなる最も簡単なモデルで改めて説明したい。生涯所得は外生的に与えられ，租税は一括固定税である。親世代，子世代の生涯消費を C_p, C_c とする。そして親世代が自身の生涯消費から得る効用を $U_p(C_p)$，子世代が自身の生涯消費から得る効用を $U_c(C_c)$，とす

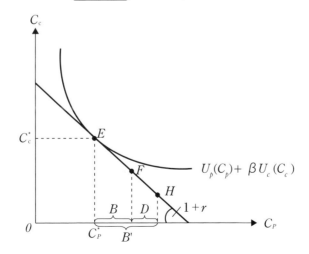

図14−2 バローの中立命題

る。さらに親世代の効用関数は次のように表すことができるものとする。

$$v = U_p(C_p) + \beta U_c(C_c) \quad \cdots\cdots (8)$$

ここで，β（$0 < \beta < 1$）は親の利他度を表す。

まず，親世代と子世代それぞれの世代に対する政府支出 G_p, G_c の財源をそれぞれの世代の租税 T_p, T_c で調達するケースを考える。つまり，$G_p = T_p$ かつ $G_c = T_c$ というケースである。親世代は自分の生涯所得 Y_p から租税を除いた分を消費するか遺産にまわすので，遺産を B とすると，次の式が成立する。

$$Y_p - T_p = C_p + B \quad \cdots\cdots (9)$$

子世代は自分の生涯所得 Y_c と遺産から租税を除いた分を消費するので，次の式が成立する。

$$Y_c + (1 + r) B - T_c = C_c \quad \cdots\cdots (10)$$

（9），（10）式より，2つの世代を通じた予算制約は次のようになる。

$$C_p + \frac{C_c}{1+r} = Y_p + \frac{Y_c}{1+r} - \left(T_p + \frac{T_c}{1+r} \right) \quad \cdots\cdots (11)$$

親世代は（11）式の予算制約のもとで（8）式の効用を最大化するよう各世代の生涯消費を選択する。これを図で示すと図14－2のようになる。予算制約線は点 F（$Y_p - T_p$, $Y_c - T_c$）を通り，傾きの大きさが（$1 + r$）の直線で与えられる。各世代の生涯消費は予算制約線と無差別曲線の交点である点 E（C_p^*, C_c^*）で表される。

次に親世代に対して公債 D が発行されてその分だけ租税負担が軽減されるケースを考える。つまり政府支出は変えずに親世代の政府支出の財源の一部を公債発行によって賄うというケースである。ここで，公債は子世代の負担により償還されるので，子世代に対する増税が必要となる。すなわち，子世代に対して公債償還のための財源として（$1 + r$）D の増税が行われる。よって親世代の税引き後の生涯所得が D だけ増加し，子世代の税引き後の生涯所得が（$1 + r$）D だけ減少する。公債発行による減税額と償還のための増税額は現在価値でみると同額なので，世代を通じた予算制約に変化はない。税引き後の生涯所得を示す点は点 F から同じ予算制約線上を右下方向に移動した点 H となる。以上のことを親世代も正確に認識しているので，公債発行後も各世代の生涯消

費は点 E のままである。

図14-2において，点 E と点 F の水平方向の差 B が公債発行前の遺産を表し，点 E と点 H の水平方向の差 B' が公債発行後の遺産を示す。点 F と点 H の水平方向の差が遺産増加を表し，公債発行額 D に等しい遺産が追加されることになる。したがって，政府支出の資金調達を租税から公債に変更しても，親世代が合理的に予想するならば経済的には何の影響も及ぼさない。これがバローの中立命題に他ならない。

しかし，バローの中立命題が成立するためには，主要なものでも以下の条件が満たされなければならないことが指摘されている。

1. 各世代は政府の予算制約を正しく認識していること。
2. 各世代には資本市場の流動性制約がない，つまり自由に貸し借りが可能であること。
3. 不確実性は存在しないこと。
4. 課税による資源配分の歪みがない，つまり一括固定税であること。
5. 遺産動機は利他的なものであること。

これらの条件がどこまで妥当し，バローの中立命題が成立するかという実証分析が数多く行われてきた。しかし，分析結果はさまざまであり，現状では確定的な結論は得られているとはいえない。

V 財政の持続可能性

1. 公債発行の問題点

すでに議論したようにリカードの等価定理が成立する場合，家計は公債発行を将来の租税負担と認識し，消費を減らして貯蓄を増やすため，公債と租税との間に差異は生じない。同様にバローの中立命題が成立する場合，利他的な親世代は公債発行を子世代に対する課税と認識し，生涯消費を減らして子世代への遺産を増やす。そのため公債と租税との間に差異は生じず，公債負担の将来

世代への転嫁も否定される。しかし，多くの実証研究の結果から判断する限り，そうした状況が現実的であるとは必ずしもいえない。

　リカードの等価定理やバローの中立命題が成立しない状況では，公債発行による問題が生じることになる。一般によく指摘される公債発行に伴う問題として，第1に財政の硬直化が挙げられる。公債残高の累増による利払費等の経常的な支出の増加が，政策的な経費として使える資金を減少させ，政策の自由度が低下することになる。ただし，公債発行時点ではその分だけ政策の自由度が上昇しているという面もある。第2は世代間の不公平である。一般には公債発行は将来世代に元利払いの負担を残すと考えられており，その意味では公債発行が世代間の不公平を生み出すことになる。第3はクラウディングアウト効果である。これは，公債の大量発行が利子率を上昇させ，民間投資を抑制することをいう。第4は財政政策への信認の低下である。公債残高の累増はその国の財政政策に対する市場の信認を失わせ，将来のデフォルト（債務不履行）に対する懸念を生じさせる。さらには当該国の通貨の信認低下という事態を招くことになりかねない。

　こうした問題と関連の深い概念として，財政の持続可能性（サステナビリティ）がある。これは時間の経過とともに公債残高の対名目GDP比がどう変化するのかをみるものである。現状の財政運営を続けた場合に公債残高の対名目GDP比が発散することになれば，財政は持続不可能な状況ということになる。財政の持続可能性を維持することは，公債発行に伴う4つの問題による悪影響に一定の歯止めをかけることにつながる。財政の持続可能性が注目される

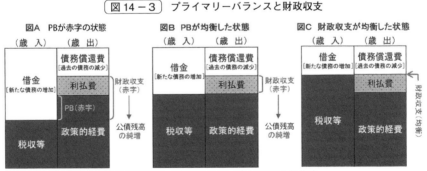

図14-3　プライマリーバランスと財政収支

出所：財務省「日本の財政関係資料（令和6年10月）」20頁より作成。

理由はこの点にある。財政学では財政の持続可能性の問題に関して，プライマリーバランスとドーマー命題という2つの重要な考え方がある。以下ではそれぞれの考え方について説明していく。

2．プライマリーバランス

　プライマリーバランス（Primary Balance，以下PBと表記する）は基礎的財政収支ともいい，税収等で政策的経費をどの程度賄えているかを示す指標である。つまり，税収等から政策的経費を差し引いたものがPBである。また，税収等から政策的経費と利払費を差し引いたものを財政収支という。図14－3から明らかなように，税収等は歳入から借金（新たな債務の増加）を差し引いたものとなる。また，政策的経費は歳出から利払費と債務償還費（過去の債務の減少）を差し引いたものになる。予算では歳入と歳出は同額であるから，結局PBは次のように表すことができる。

　　　PB ＝ 税収等 － 政策的経費

　　　　 ＝（歳入 － 借金）－（歳出 － 利払費 － 債務償還費）

　　　　 ＝ 債務償還費 ＋ 利払費 － 借金

同様に，財政収支は次のように表すことができる。

　　　財政収支 ＝ 税収等 －（政策的経費 ＋ 利払費）

　　　　　　　 ＝（歳入 － 借金）－（歳出 － 債務償還費）

　　　　　　　 ＝ 債務償還費 － 借金

　債務償還費が借金を下回る（上回る）ということは，公債残高は増加（減少）することになる。言い換えると，財政収支の赤字（黒字）は公債残高の純増（純減）を表している。

　図14－3の図AはPBが赤字の状態を表している。このとき財政収支の赤字，つまり公債残高の増加額はPBの赤字と利払費の合計となる。図BはPBが均衡している状態を表している。このとき財政収支の赤字は利払費と同額になる。つまりPBが均衡しているとき，公債残高の増加額と利払費は等しくなる。図Cは財政収支が均衡している状態を表している。このとき債務償還費と借金が同額になるため，公債残高は変化しない。なお，このときPBの黒字

は利払費と同額になる。

　PBが均衡している状態はPBの赤字がゼロ，PBの黒字が発生している状態はPBの赤字がマイナスの値になっていると考えれば，図A～Cより，公債残高の増加額は利払費とPBの赤字の合計であるということができる。したがって，今年の公債残高は前年の公債残高に今年の利払費と今年のPBの赤字を加えたものといえる。さらに今年の利払費は前年の公債残高に名目利子率を乗じたものと考えることができる。ところで名目GDPの成長率とは経済成長率のことである。以上より，今年の公債残高の対名目GDP比は次の式のように表すことができる。

$$\frac{\text{前年の公債残高} \times (1 + \text{名目利子率}) + \text{今年のPBの赤字}}{\text{前年の名目GDP} \times (1 + \text{経済成長率})}$$

　この式より，PBが均衡している状態において，名目利子率と経済成長率が等しければ，今年の公債残高の対名目GDP比は前年と同じになることがわかる。また，名目利子率の方が経済成長率より高い（低い）場合は，公債残高の対名目GDP比は前年から今年にかけて増加（減少）することになる。なお，今年のPBが黒字であればその分だけ上記の式の分子の値は小さくなる。よって，名目利子率が経済成長率を上回っていても，今年のPBの黒字が大きければ，前年から今年にかけて公債残高の対名目GDP比を減少させることも可能となる。

　わが国では2025年度の国と地方を合わせたPBの黒字化を目指すこと，それと同時に公債残高の対名目GDP比の安定的な引下げを目指すことを財政健全化目標として掲げている。2024年度の見込みを内閣府「中長期の経済財政に関する試算（令和6年7月29日）」（復旧・復興対策及びGX対策の経費及び財源の金額を除いたベース）で確認すると，PBは国が23.1兆円程度の赤字，地方が4.5兆円程度の黒字，国と地方を合わせると18.6兆円程度の赤字となっている。また，PBの対名目GDP比は国が3.8％程度の赤字，地方が0.7％程度の黒字，国と地方を合わせると3.0％程度の赤字となっている。なお，公債等残高は1,246.0兆円程度で，対名目GDP比は202.5％程度という水準になっている。

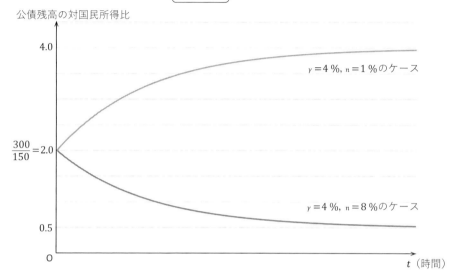

（注）初期値は，A=150，E₀=300 としている。
出所：筆者作成。

3．ドーマー命題

ドーマー（Domar, E.D.）は，国民所得の一定割合 γ の公債発行が無限に続いたとしても，国民所得が一定の正の成長率 n で成長する限り，公債残高の対国民所得比は最終的に γ/n という一定の割合に落ち着くことを示した。これをドーマー命題という。例えば，γ が4％，すなわち 0.04 で，n が1％，すなわち 0.01 のとき，γ/n は4，すなわち 400％になる。同様に γ は4％のままで n が8％になった場合は，γ/n は 0.5，すなわち 50％になる。

なお，利子率やプライマリーバランスを用いてドーマー命題について議論することもある。例えば小塩（2016，62頁）は，プライマリーバランスが GDP に比例すると仮定している。そして，利子率も考慮に入れた離散時間モデルを用いて無限の将来時点における公債残高の対 GDP 比について検討し，「経済成長率が利子率を上回っていれば，公債残高の対 GDP 比は一定の値に収束することになり，財政破綻は回避されます。これをドーマーの定理といいます。」

としている。

☆数式によるドーマー命題の説明

Domar（1944）に基づき，数式を用いて公債残高の対国民所得比がなぜ γ / n に落ち着くのかを説明する。国民所得を Y とする。また，国民所得の初期値を A，公債残高の初期値を E_0 とする。連続時間モデルを想定し，t を時間とすると国民所得は（12）式，T 時点の公債残高は（13）式のように表すことができる。

$$Y = Ae^{nt} \quad \cdots\cdots \text{(12)}$$

$$E_0 + \gamma A \int_0^T e^{nt} dt = E_0 + \frac{\gamma A}{n} \left(e^{nT} - 1 \right) \quad \cdots\cdots \text{(13)}$$

ここで e は自然対数の底である。また，T 時点の公債残高の対国民所得比は次のようになる。

$$\frac{E_0}{Ae^{nT}} + \frac{\gamma}{n} \left(1 - \frac{1}{e^{nT}} \right) \quad \cdots\cdots \text{(14)}$$

ここで T を無限大に近づけると $1 / e^{nT}$ がゼロに近づくので，公債残高の対国民所得比は γ / n に収束する。

図 14 - 4 は，簡単な数値例を用いて，（14）式に基づいて時間の経過とともに公債残高の対国民所得比が γ / n に収束していく様子を示したものである。

287

第15章

社会保障

I 社会保障制度

　日本の財政において，社会保障制度の在り方とその財源問題は重要な課題である。

　2024年度の中央政府の一般会計歳出総額は112.6兆円，そのうち社会保障関係費は37.7兆円で一般会計歳出総額の33.5％を占めている。社会保障の財源は，公費（消費税）と保険料である。社会保障支出は，中央政府の一般会計のみならず，地方政府からも支出されている。2022年度の社会支出の総額は142.3兆円である。私たちの暮らしに影響する社会保障制度を支える社会支出は年々増加しているが，今後，団塊の世代が後期高齢者となる2025年問題と少子高齢化に伴い，さらに増加することが予測されている。現在，さまざまな社会問題が起きており，その対策としての社会保障制度の拡充が必要とされる一方で，社会保障支出の削減も求められている。このような中で，社会保障制度改革は喫緊の課題となっている。

1. 社会保障制度とは何か

　日本の社会保障制度は，憲法第25条第1項「すべて国民は，健康で文化的な最低限度の生活を営む権利を有する。」ならびに第2項「国は，すべての生活部面において，社会福祉，社会保障及び公衆衛生の向上及び増進に努めなければならない。」に基づいて構築されている。

　社会保障制度とは，1950年の社会保障制度審議会勧告により，「疾病，負傷，

分娩，廃疾，死亡，老齢，失業，多子その他困窮の原因に対し，保険的方法又は直接公の負担において経済保障の途を講じ，生活困窮に陥ったものに対しては，国家扶助によって最低限度の生活を保障するとともに，公衆衛生及び社会福祉の向上を図り，もってすべての国民が文化的成員たるに値する生活を営むことができるようにすることをいうのである。」と定義される。

　すなわち，社会保障制度とは，病気や負傷，介護，失業，稼得能力を失った高齢期，不測の事故による障害など，個人の責任や自助努力のみでは対応できないリスクを社会全体で支えあい，国民に健康で文化的な最低限の生活を保障する仕組みである。

2. 社会保障の機能

　社会保障の機能には，（1）セーフティーネット，（2）所得再分配，（3）リスク・プーリング，（4）社会安定及び経済安定・成長の4つがある。

（1）セーフティーネット

　病気には医療サービス，老齢期の所得保障には年金制度，貧困には生活保護など，社会的セーフティーネットは，さまざまな制度で重層的に構成されている。生活保護は，「最後のセーフティーネット」と呼ばれる。

（2）所得再分配

　社会保障には，所得再分配機能がある。税を財源とする生活保護制度は高所得者から低所得者へ，医療保険制度は健康な人から病人への所得再分配である。年金制度は現役世代から高齢者への世代間の所得再分配である。さらに，地域間の所得再分配効果もある。異なる所得階層間，すなわち高所得者から低所得者への再分配は垂直的再分配である。同一所得階層間での再分配は水平的再分配である。所得再分配の方法には，公的年金や生活保護などの「現金給付」，医療サービス，保育サービス，介護サービスなどの「現物給付」がある。

（3）リスク・プーリング

病気や障害，介護，失業，老齢などのリスクに対して，社会全体でリスクを分散する機能を持っている。

（4）社会安定及び経済安定・成長

社会保障制度には所得再分配機能があるため，生活ならびに社会を安定化させる。社会保障給付を通じて，景気変動を緩和する経済安定化機能を果たし，さらに経済成長を支えていく。例えば，雇用保険制度にはスタビライザー機能がある。

マスグレイヴは財政の機能を①資源配分，②所得再配分，③経済安定，の3機能と定義したが，社会保障と財政ではその機能において②と③が一致している。

3．ライフサイクルと社会保障

日本の社会保障制度は，個人がライフサイクルのなかで社会的な援助を必要とする事態に対し網羅的にカバーしている（図15 - 1）。

この世に生を享ける前から，私たちは社会保障制度によって守られている。妊娠を届出れば，母子健康手帳が交付される。0歳から高等学校卒業までの子どもには，児童手当が給付される。

すべての国民が，病に冒されたあるいは怪我をした場合には，病院で治療を受けることができる。国民健康保険，後期高齢者医療制度など，健康保険に加入することになっており，医療費は社会保険により一部が負担される。

所得保障には，老後には公的年金があり，最後のセーフティーネットとして生活保護がある。

介護が必要になった場合には，介護保険の介護サービスを受けることができる。障害者には，障害者福祉施策が実施されている。雇用分野では，労働災害保険および雇用保険など，さまざまな取り組みが行われている。

社会保険，公的扶助，公衆衛生および医療，社会福祉，老人保健を「狭義の社会保障」，これに恩給ならびに戦争犠牲者援護を加えたものを「広義の社会

図 15−1　国民生活を生涯にわたって支える社会保障制度

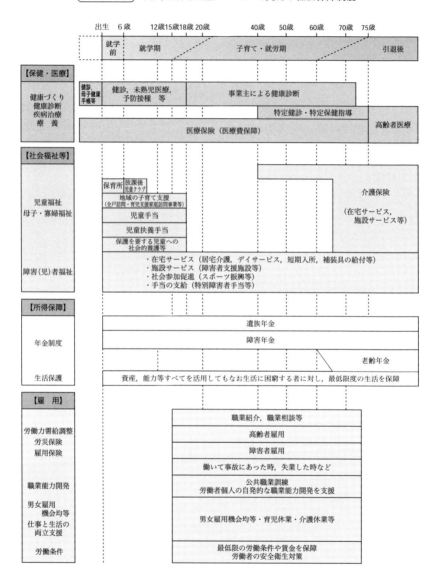

出所：厚生労働省資料。

第15章　社会保障 | 291

保障」という。社会保障制度は広義の社会保障と，住宅対策ならびに雇用（失業）対策の社会保障関連制度によって構成される。

（1）社会保険とは，国民が生活する上での病気，老齢，失業，労働災害，介護などのリスクに備えて，事前に強制加入で保険に加入し，保険料を支払い，事故（リスク）が発生した場合に給付される相互扶助の仕組みである。日本の社会保険は，年金保険，医療保険，介護保険，労働災害保険，雇用保険である。

（2）公的扶助は，生活保護によってなされている。

（3）公衆衛生および医療は，結核対策，精神衛生事業，伝染病予防，保健所，簡易水道等施設整備，一般廃棄物処理施設，下水道施設整備，公害対策，国公立医療機関整備，国公立医療機関運営などである。なお，ここでの医療は社会保険の医療ではない。

（4）社会福祉には，身体障害者福祉，精神薄弱者福祉，老人福祉，老人医療，児童福祉，心身障害児等対策，児童扶養手当，児童手当，母子衛生，母子福祉，学校給食等，国立更生援護機関，災害救助などがある。

（5）老人保健は，2008年4月から，75歳以上の高齢者のみを対象とした独立型の社会保険である「後期高齢者医療制度」となった。後期高齢者医療制度の根拠法である高齢者医療法は，老人保健制度の根拠法である老人保健法が改正されたものである。

II　社会保障費用の財源

1．超高齢社会における社会保障費用

1960年の日本においては，女性一人が生涯に産む子供の数の平均を示す「合計特殊出生率」は2，男性の平均寿命は65.32歳，女性の平均寿命は70.19歳，総人口に占める65歳以上の割合である「高齢化率」は5.73％であった。2023年においては，合計特殊出生率は1.20，男性の平均寿命は81.09年，女性の平均寿命は87.14年，高齢化率は29.1％となった。高齢化率が7％以上になると「高齢化社会」，14％以上で「高齢社会」，21％以上では「超高齢社会」と

表15－1 社会保障給付費の推移

	1970	1990	2010	2020	2024 （予算ベース）
国内総生産（兆円）A	75.3	451.7	504.9	535.5	615.3
給付費総額（兆円）B	3.5	47.4	105.4	132.2	137.8
（内訳）　年金	24.3%	50.1%	49.6%	42.1%	44.8%
医療	58.9%	39.3%	31.9%	32.3%	31.0%
福祉その他	16.8%	10.6%	18.5%	25.6%	24.2%
B/A	4.7%	10.5%	20.9%	24.7%	22.4%

出所：財務省資料より作成。

いう。現在，日本は超高齢社会である。日本社会の高齢化に伴い，政府の財政に占める社会保障費用の割合は年々増加の一途をたどっている。

1970年には社会保障給付費の対国内総生産比は4.7％であったが，1990年に10.5％，2024年では22.4％も占めるようになった（表15-1）。さらに，後期高齢者になると医療と介護の費用が急増する傾向にあるため，団塊の世代が後期高齢者となる2025年以降，社会保障費用の増大が予想され，社会保障制度の在り方とその財源問題は重要な課題となっている。

2．社会保障費用統計
―社会支出（ILO基準）と社会保障給付費（OECD基準）―

社会保障費用に関する統計には，OECD（経済協力開発機構）基準による「社会支出」とILO（国際労働機関）基準による「社会保障給付費」の2つがある。社会支出（OECD基準）は，社会保障給付費（ILO基準）と比べ，施設整備費など直接個人には移転されない支出まで集計範囲に含んでいる。

国立社会保障・人口問題研究所（2024）「令和4年度　社会保障費用統計」によると，2022年度の社会支出の総額は142兆3,215億円，対GDP比は25.1％，人口一人当たりの社会支出は113万9,100円である。

社会保障給付費の総額（2022年度）は137兆8,337億円，対GDP比は24.3％，人口一人当たりの社会保障給付費は110万2,086円である。

社会支出を政策分野別にみると，2022年度は「保健」が61兆9,775億円と

最も大きい。次に「高齢」の48兆9,733億円,「家族」11兆2,086億円となっている。構成割合は,「保健」43.5％,「高齢」34.4％,「家族」7.9％,「障害,業務災害,傷病」4.9％,「遺族」4.4％,「積極的労働市場政策」1.2％,「失業」0.7％,「住宅」0.4％である。

社会支出の対GDP比（2020年度）をみると,日本は25.3％,アメリカ29.7％,スウェーデン25.5％（2019年度）,ドイツ28.4％,フランス34.9％であり,他国と比較すると日本は小さい。

3．社会保障費用の現状

社会保障の給付と負担の現状を2024年度予算ベースでみると（図15－2）,社会保障給付費は総額137.8兆円,対GDP比は22.4％であった。社会保障給付費を部門別にみると,「年金」は61.7兆円（社会保障給付費に占める割合は44.8％）,「医療」は42.8兆円（同31.0％）,「福祉その他」は33.4兆円（同24.2％）となっている。

図15－2　社会保障の給付と負担の現状

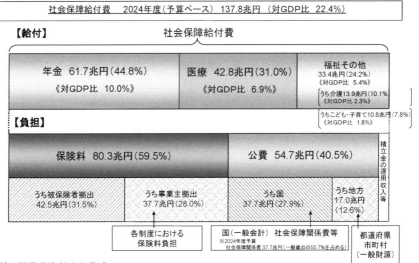

出所：財務省資料より作成。

社会保障給付費の負担の構成比は，社会保険料により80.3兆円（59.5％），公費負担は54.7兆円（40.5％）となっている。さらにその内訳をみると，社会保険料については被保険者拠出により42.5兆円（31.5％），事業主拠出で37.7兆円（28.0％），公費負担については国37.7兆円（27.9％），地方17兆円（12.6％）となっている。なお，国の一般会計の社会保障関係費は37.7兆円で，一般歳出の55.7％を占めている。

　図15－3は社会保障財源の全体像のイメージ（2024年度当初予算ベース）を表したものである。日本の社会保障制度の財源構造を鳥瞰すると，制度により中央政府と地方政府，そして保険料による負担の割合が異なっていることが確認

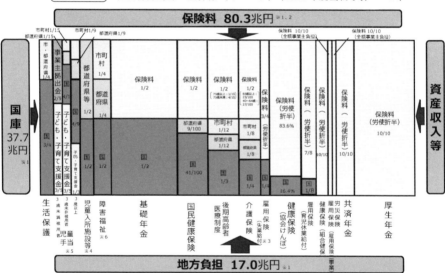

図15－3　社会保障財源の全体像（イメージ）（2024年度当初予算ベース）

（注）※1　保険料，国庫，地方負担の額は2024年度当初予算ベース。※2　保険料には事業主拠出金及び子ども・子育て支援金を含む。※3　雇用保険（失業給付）の国庫負担割合については，雇用情勢及び雇用保険財政の状況に応じ，1/4又は1/40となるとともに，一定の要件下で一般会計からの繰入れが可能。※4　市及び福祉事務所設置町村が市町村立・私立の母子生活支援施設及び助産施設に入所させる場合等の負担割合は，国1/2，都道府県1/4，市町村1/4となっている。※5　児童手当については，公務員支給分を除いた割合である。また，負担割合は子ども・子育て支援法等の一部を改正する法律（令和6年法律第　号）による改正後のもの。なお，2028年度にかけて，必要に応じ，こども・子育て支援特例公債を発行。※6　障害児支援を含む。なお，障害児入所に係る負担割合は，国1/2，地方公共団体1/2となっている。
出所：財務省資料。

できる。なお，基礎年金の財源が国2分の1，保険料2分の1となっているが，その他に年金積立金管理運用独立行政法人による積立金の運用による収入（利益が計上された場合）がある。また，健康保険と介護保険では，国と保険料の負担割合が示されているが，利用者負担分については含まれていない。

4．国民負担率の国際比較

　租税負担と社会保障負担を合計したものを国民所得で割った比率のことを「国民負担率」（租税負担率＋社会保障負担率）という。租税負担率とは，租税負担の対国民所得比である。社会保障負担率は，社会保障負担の対国民所得比である。租税負担と社会保障負担に国と地方の財政赤字を合計したものを国民所得で割った比率を「潜在的国民負担率」（国民負担率＋財政赤字対国民所得比）という。政府が国債発行によって財源を調達すれば，国民負担率は低くなる。そのため，国民負担率に財政赤字対国民所得比を加算した潜在的国民負担率が併記されることが多い。

　国民負担率（2021年度）をみると（表15－2），日本は48.1％，イギリス47.6％，ドイツ54.9％，スウェーデン55.0％，フランス68.0％となっており，日本は国民負担率がOECD加盟国の中でも低い傾向にある。

　日本は，2025年問題を目前として社会保障費用の削減が求められている。国家財政および社会保障費用において給付と負担のバランスは不均衡であり，制度の持続可能性を確保するための社会保障の各制度において改革が喫緊の課

表15－2　国民負担率の国際比較（2021年度）

国名	日本	アメリカ	イギリス	ドイツ	スウェーデン	フランス
社会保障負担率（A）	19.2	8.3	11.6	22.8	5.1	24.1
租税負担率（B）	28.9	25.6	36.1	32.1	50.0	43.9
財政赤字対国民所得比（C）	9.2	14.6	10.4	4.8	0	9.3
国民負担率（D）＝（A＋B）	48.1 (34.4)	33.9 (27.1)	47.6 (36.2)	54.9 (42.0)	55.0 (37.1)	68.0 (53.7)
潜在的な国民負担率（D＋C）	57.3 (41.0)	48.5 (38.7)	58.0 (44.0)	59.8 (45.7)	55.0 (37.1)	77.4 (53.7)

対国民所得比：％（括弧内は対GDP比）
出所：財務省資料より作成。

題となっている。

Ⅲ　年　金

1．公的年金の目的と特徴

　公的年金制度は，老齢，障害または死亡などによって生活の安定が損なわれるという予測することのできない将来のリスクに対し，国民の連帯によって所得保障がなされるしくみである。

　公的年金の給付には，高齢による場合に「老齢年金」，障害を負った場合に「障害年金」，所得を得ていた働き手が亡くなった場合に「遺族年金」がある。

　日本の年金制度の特徴は，（1）国民皆年金，（2）社会保険方式，（3）世代間扶養である。公的年金制度は，20歳以上60歳未満のすべての国民が国民年金に強制加入となる国民皆年金である。年金制度は，社会保険方式であり，保険料を拠出し，それに応じた年金を受給する。公的年金の財源は，保険料，国庫負担そして積立金の運用収入である。

2．年金制度の概要

　日本の年金制度は，「3階建て」の構造となっている（図15－4）。公的年金は，1階部分の20歳以上のすべての国民が共通して加入する「国民年金（基礎年金）」と，2階部分の会社員が加入する「厚生年金保険」である。3階部分は企業年金と個人年金であり，私的年金である。

　国民年金制度には，被保険者に第1〜3号の種別がある。

　第1号被保険者とは，20歳以上60歳未満の自営業者，学生等が該当する。第2号被保険者は，民間サラリーマン，公務員が該当する。第3号被保険者は，民間サラリーマン，公務員に扶養される配偶者が該当する。被保険者本人は保険料の負担をせず，配偶者の加入している厚生年金制度が負担する。

　第1号被保険者は，任意で付加保険料の納付や国民年金基金への加入が可能となっている。第2号被保険者の場合，企業により，企業型確定拠出年金や確定給付型年金を実施されている。すべての被保険者は，任意でiDeCoへ加入

図15－4　公的年金制度の体系

出所：厚生労働省年金局「年金制度基礎資料集」（2022年7月）。

することができる。

　国民年金の老齢基礎年金と厚生年金の老齢厚生年金は，基本的に65歳から給付される。なお，両制度には，60歳から65歳になるまでの間に繰り上げて受け取ることができる「繰上げ受給」，66歳以降75歳までの間で繰り下げて増額した年金を受け取ることができる「繰下げ受給」の制度がある。

　国民年金の保険料負担は2022年4月から月額16,590円となっている。所得水準に応じ，保険料免除制度と納付猶予制度がある。免除額は，全額，4分の3，半額，4分の1である。学生には，学生納付特例制度がある。年金の給付額は，保険料を納付した期間によるが満額は定額となっている。

　厚生年金の保険料は，その月の報酬に18.3％を掛けた額を労使折半で負担する（2017年9月より）。給付額は現役時代の報酬と被保険者期間による報酬比例となっている。

　両制度の受給資格期間は10年となっている。なお，2017年8月までは受給資格期間は25年であった。

　国民年金の平均受給額は，2022年度末で月額5.6万円である。厚生年金の平

均受給額は，月額14.5万円（国民年金の老齢基礎年金を含む）である。

3．公的年金制度の財政方式

（1）賦課方式と積立方式

年金保険制度の財政方式には，賦課方式と積立方式がある。

賦課方式とは，年金支給のために必要な財源を，その時の保険料収入から支出する方式である。現役世代が高齢者になり年金受給時には，次世代が納めた保険料から年金を受け取る。賦課方式の長所は，その時の現役世代の給与水準に応じた保険料を原資とするため，給付においてインフレや給与水準の変化といった経済状況に対応しやすく，価値が目減りしにくいことにある。短所は，現役世代と年金受給世代の比率が変化した場合，保険料負担の増加や年金の削減が必要となることである。

積立方式とは，年金を受給するときに必要となる財源を，自分たちで現役時代に積み立てる方式である。積立方式の長所は，積立金を原資として，運用収入を活用できることである。短所は，インフレや給与水準の上昇によって積立金の価値が目減りする可能性があること，積立金の運用結果がマイナスになった場合，年金が減ることである。

日本の公的年金は，基本的に賦課方式で運営されているが，積立金を活用することによって，賦課方式の短所を補っている。

（2）公的年金制度の財政の枠組み

公的年金制度は，2004年の年金制度改正で年金財政フレームを導入した。これは，負担の範囲内で給付水準を自動調整するしくみ（マクロ経済スライド）である。

年金財政の財源は，保険料，積立金，そして国庫負担である。保険料は平成29年度以降の保険料水準が固定された。国庫負担については，2009年度以降の基礎年金給付額に対する国庫負担割合が2分の1となった。なお，2012年の「社会保障・税一体改革」により消費税がその財源となった。

公的年金制度は，概ね100年間で財政均衡を図る方式である。つまり，積立

金は，100年後に給付費1年分程度を残しすべて給付される。

マクロ経済スライドとは，賃金・物価による改定率を調整し，緩やかに年金の給付水準を調整するしくみである。賃金・物価による改定率がプラスの場合，当該改定率から，「スライド調整率」（公的年金被保険者数の変動率×平均余命の伸び率）を差し引き，年金の給付水準が調整される。

少なくとも5年ごとに，財政見通しの作成，給付水準の自動調整の開始・終了年度の見通しの作成を行い，年金財政の健全性を検証する財政検証がなされることになっている。なお，次の財政検証までに所得代替率が50％を下回る場合には，給付水準調整の終了とその他の措置を講じ，給付および負担の在り方について検討し，所要の措置を講じることになっている。

4．公的年金制度の課題

公的年金制度についての検討課題には，被用者保険の適用拡大，高齢期の就労と年金受給の在り方，年金制度の所得再分配機能の維持などがある。

Ⅳ　医　療

1．医療保険制度の概要

日本における医療保障は医療保険制度によって成り立っている。すべての国民は何らかの医療保険に強制加入となっており，医療機関で被保険者証を提示すれば，一定の自己負担で必要な医療サービスを受けることができる国民皆保険制度となっている。

医療保障制度の特徴は，社会保険の公的医療保険制度を中心として，（1）国民皆保険制度，（2）医療サービス現物給付，（3）医療機関の自由開業，（4）公定医療価格にある。

国民皆保険制度の特徴として，（1）国民全員を公的医療保険で保障，（2）医療機関を自由に選べる（フリーアクセス），（3）安い医療費で高度な医療サービスを受けることができる，（4）社会保険方式を基本としつつ，皆保険を維持するため，公費を投入，がある。

なお，公的医療保険は生活保護受給者を除き，住居登録している日本国民，外国人は1年以上の在留資格がある者が強制加入の対象となる。

　日本の国民医療費の負担構造は，令和元年度において，保険料で49.4％（その内訳は被保険者28.1％，事業主21.3％），公費で38.3％（内訳は国庫25.4％，地方12.8％），患者負担11.7％となっている。

　医療保険制度には，職域保険と地域保険がある。

　職域保険とは，事業主に雇用された労働者（被保険者）とその家族（被扶養者）を対象とした被用者保険である。中小企業の被用者を対象とする全国健康保険協会（略称は協会けんぽ）が保険者となる「全国健康保険協会管掌健康保険（旧政府管掌健康保険）」，大企業の被用者が加入する健康保険組合が保険者となる「組合管掌健康保険」，その他に国家公務員共済組合，地方公務員共済組合，私立学校教職員共済組合そして船員保険がある。地域保険には，自営業者などを対象とする都道府県および市町村（特別区を含む）が保険者となる「国民健康保険」および，医師・弁護士・理容師などが同業種で組織する「国民健康保険組合」がある。75歳以上の高齢者は全員が後期高齢者医療制度に加入する。

　各公的医療保険者は，加入者数，加入者平均年齢，保険料負担率，公費負担，給付内容などおよびその財政状況が異なっている。

　医療費の自己負担の割合は，6歳未満（義務教育就学後）は2割，6歳以上70歳未満は3割，70歳以上75歳未満は2割（現役並みの所得者は3割），75歳以上は1割（現役並みの所得者は3割，現役並みの所得者以外の一定の所得以上の者は2割）である。

　医療費の自己負担額が過重なものにならないよう「高額療養費制度」がある。自己負担限度額は，被保険者の所得に応じて設定されている。

2．医療制度の課題

　日本の医療は，世界最長の平均寿命と高い保健医療水準を達成しているが，医療，看護，医薬など各分野において，新型コロナウイルス感染症への対応など多岐にわたり新たな課題を抱えている。

第 15 章　社会保障　｜　301

Ⅴ　介　護

1．介護保険制度の概要

　介護保険制度は，高齢者の介護を社会全体で支え合うしくみとして 2000 年に創設された。介護保険の基本的な考え方には，自立支援，利用者本位，社会保険方式がある。

　介護保険の保険者は，市町村と特別区（広域連合を設置している場合は広域連合）である。被保険者については，65 歳以上の者が「第 1 号被保険者」となり，保険料は原則，年金から天引きで徴収される。40 歳以上 65 歳未満の者は「第 2 号被保険者」となり，介護保険料は医療保険料と一体的に徴収される。健康保険に加入している第 2 号被保険者の介護保険料は，医療保険料と同様に，原則，被保険者と事業主で折半負担となっている。

　介護保険の自己負担分を除いた費用については被保険者からの保険料と公費で 2 分の 1 ずつ負担する。保険料による負担割合は，人口比に基づき設定され第 1 号被保険者が 23%，第 2 号被保険者が 27%（令和 6 ～ 8 年）となっている。公費負担分については，国 25%，都道府県 12.5%，市町村 12.5%（施設等給付の場合は，国 20%，都道府県 17.5%，市町村 12.5%）となっている。

　第 1 号被保険者は要支援または要介護認定を受けた場合，第 2 号被保険者は特定疾病が原因で要介護（要支援）認定を受けた場合に，介護保険の介護サービスを受けることができる。要介護（要支援）認定は，市町村に設置される介護認定審査会が決定する。要支援・要介護度は，要支援 1 ～ 2，要介護 1 ～ 5 の 7 段階である。介護保険に関する相談窓口は，地域包括支援センターである。

　各要介護度によって，介護保険の支給限度基準額が決められている。介護保険の自己負担率は，原則として 1 割負担であるが，一定以上の所得のある者は 2 ～ 3 割負担となっている。

　介護支援専門員（ケアマネージャー）がケアマネジメントを担い，ケアプランの作成，サービス事業者や地方自治体など関係機関との連絡調整，介護保険施設への紹介などを行う。

介護保険の介護サービスには，居宅サービス，地域密着型サービス，施設サービスがある。要支援（1〜2）は予防給付，要介護（1〜5）では介護給付を利用できる。介護給付については下記の通りである。居宅サービスには，訪問介護，訪問入浴介護，訪問看護，訪問リハビリテーション，居宅療養管理指導，通所介護，通所リハビリテーション，短期入所生活介護，福祉用具貸与，住宅改修などがある。施設密着型サービスには，認知症対応型通所施設，認知症対応型共同生活介護，小規模多機能型居宅介護，看護小規模多機能型居宅介護，定期巡回・随時対応型訪問介護看護，夜間対応型訪問介護，地域密着型特定施設入居者生活介護，地域密着型通所介護などがある。施設サービスは，介護老人福祉施設，介護老人保健施設，介護医療院，介護療養型医療施設である。

2．介護保険の課題

介護保険の要介護（要支援）認定者は，2024 年（1 月末）には 706.7 万人となった。居宅（介護予防）サービスの受給者は 425.9 万人となった。施設サービス受給者は 92.2 万人である。地域密着型（介護予防）サービスの受給者は 92.2 万人である。介護保険にかかる給付（総費用額）は，2000 年の 3.6 兆円から 2023 年には 13.8 兆円に増えている。第 1 号被保険者の保険料（保険料基準額）の全国平均は，月額で第 1 期（2000〜2002 年）は 2,911 円，第 9 期（2024〜2026 年）は 6,225 円になっている。保険料基準額は保険者により差があり，第 9 期では最低が月額 3,374 円（東京都小笠原村），最高は月額 9,249 円（大阪府大阪市）である。

地域包括ケアシステムをはじめ，介護現場の問題を解決するためにさまざまな施策が行われている。

参考文献

第1章　財政と財政学（栗林　隆）
［1］井藤半彌（1969）『新版　租税原則学説の構造と生成―租税政策原理―』千倉書房。
［2］大川政三・小林威編著（1983）『財政学を築いた人々』ぎょうせい。
［3］Browning, E. K. and J. M. Browning（1993）*Public Finance and The Price System*, 4th ed., Macmillan.
［4］Musgrave, R. A.（1959）*The Theory of Public Finance : A Study in Public Economy*, McGraw-Hill.　木下和夫監訳（1961）『財政理論』全3巻，有斐閣。
［5］Stiglitz, J. E.（1988）*Economics of the Public Sector*, 2nd ed., Norton.　薮下史郎訳（1996）『公共経済学』全2巻，東洋経済新報社。

第2章　現代社会における財政の機能（原田　誠）
［1］麻生良文（1998）『公共経済学』有斐閣。
［2］大川政三・池田浩太郎編（1986）『新財政論』有斐閣。
［3］田中廣滋・御船洋・横山彰・飯島大邦（1998）『公共経済学』東洋経済新報社。
［4］野口悠紀雄（1984）『公共政策』岩波書店。
［5］能勢哲也（1986）『現代財政学』有斐閣。
［6］畑農鋭矢・林正義・吉田浩（2024）『財政学をつかむ　第3版』有斐閣。
［7］米原淳七郎（1987）『現代財政学入門』有斐閣。
［8］Musgrave, R. A.（1959）*Theory of Public Finance : A Study in Public Economy*, McGraw-Hill.　木下和夫監訳（1961）『財政理論』全3巻，有斐閣。
［9］Stiglitz, J. E.（2000）*Economics of the Public Sector*, Third ed, Norton.　薮下史郎訳（2003）『公共経済学［第2版］』全2巻，東洋経済新報社。

第3章　予　算（木村嘉仁）
［1］小村武（2016）『予算と財政法［第五訂版］』新日本法規出版。
［2］財務省（2024）『財政金融統計月報』864号，令和6年度予算特集，2024年7月。
［3］『図説　日本の財政』（各年度版）財経詳報社。
［4］『令和6年度予算事務提要』一般社団法人大蔵財務協会。
［5］Schultze, C. L.（1968）*The Politics and Economics of Public Spending*, the brookings institution.　チャールズ・L・シュルツ，大川政三・加藤隆司訳（1971）『PPBSと予算の意思決定』日本経営出版会。

第4章　公共支出のすがた（高　哲央）
［1］池田浩太郎・大川政三編（1986）『新財政論』有斐閣大学双書。
［2］池宮城秀正編（2019）『財政学』ミネルヴァ書房。
［3］川口和英（2004）『社会資本整備と政策評価：NPMからPFIまで』山海堂。
［4］澁谷朋樹（2022）「公共事業をめぐる財政の動向：平成時代の公共投資政策を中心とし

て」『公共政策志林』（10），107-121頁。

［５］内閣府政策統括官編（2018）『日本の社会資本2017（改訂版）』。

［６］林宜嗣（2011）『財政学（第３版）』新世社。

［７］星野泉（2020）「戦後日本の財政政策（上）」『自治総研』（505），1-21頁。

［８］三平剛（2021）「乗数効果の低下の要因について」『フィナンシャル・レビュー』2021（１），122-125頁。

［９］室山義正（2008）『財政学』ミネルヴァ書房。

［10］『図説　日本の財政』（令和６年度版）財経詳報社。

第５章　租税の基礎理論（栗林　隆）

［１］井藤半彌（1969）『新版　租税原則学説の構造と生成―租税政策原理―』千倉書房。

［２］栗林隆（2005）『カーター報告の研究―包括的所得税の原理と現実―』五絃舎。

［３］Browning, E. K. and J. M. Browning（1994）*Public Finance and The Price System*, forth, ed., Prentice-Hall.

［４］Musgrave, R. A.（1959）*The Theory of Public Finance: A Study in Public Economy*, McGraw-Hill. 木下和夫監訳（1961）『財政理論』全３巻，有斐閣。

［５］Peckman, J. A.,（1987）*Federal Fiscal Policy*, 5th ed., Brookings Institution.

［６］Simons, H. C.（1938）*Personal Income Taxation*, University of Chicago Press.

［７］Stiglitz, J. E.（1988）*Economics of the Public Sector*, 2nd ed., Norton.　薮下史郎訳（1996）『公共経済学』全２巻，東洋経済新報社。

［８］Vickrey, W.（1947）*Agenda for Progressive Taxation*, New York, Ronald Press.

［９］Wicksell, K.（1896）*Finanztheoretische Untersuchungen nebst Darstellung und Kritik des Steuerwesens Schwedens*, Jena.　池田浩太郎・杉ノ原保夫・池田浩史訳（1995）『財政理論研究』千倉書房。

第６章　税制改革案の影響（栗林　隆）

［１］石弘光（2008）『現代税制改革史』東洋経済新報社。

［２］大川政三・小林威編著（1983）『財政学を築いた人々』ぎょうせい。

［３］栗林隆（2005）『カーター報告の研究―包括的所得税の原理と現実―』五絃舎。

［４］シャウプ使節団日本税制報告書，vol.1-4（2008）*Report on Japanese Taxation by the Shoup Mission*, GHQ／SCAP.

［５］Carter Report（1966）*Report of the Royal Commission on Taxation*, vol.1-6, Queen's Printer.

［６］Meade Report（1978）*The Structure and Reform of Direct Taxation, Report of a Committee Chaired by Prof. J. E. Meade*, Institute of Fiscal Studies, Allen & Unwin.

［７］Shoup, C. S.（1970）*Public Finance (second edition)*, Aldine Publishing Company. 塩崎潤監訳（1973）『シャウプ財政学（１）（２）』有斐閣。

第７章　わが国の税制（栗林　隆）

［１］石弘光（2008）『現代税制改革史』東洋経済新報社。

［２］大川政三・池田浩太郎・佐藤博・小林威（2000）『財政学―現代財政の理論と政策（第11版）』春秋社。

［３］大川政三・大森誠司・江川雅司・池田浩史・久保田昭治（2000）『日本の財政（改訂

版）』創成社。

［4］片桐昭泰・兼村髙文・星野泉編著（2000）『地方財政論』税務経理協会。

［5］斎藤慎・林宜嗣・中井英雄（1991）『地方財政論』新世社。

［6］里中恆志・八巻節夫編著（1995）『新財政学』文眞堂。

［7］林正寿（1999）『地方財政論』ぎょうせい。

［8］『図説　日本の税制』（令和5年度版）財経詳報社。

［9］『図説　日本の財政』（各年度版）財経詳報社。

［10］『地方財政白書』（各年度版）総務省。

第8章　個人所得課税（栗林　隆）

［1］大川政三・池田浩太郎・佐藤博・小林威（2000）『財政学—現代財政の理論と政策（第11版）』春秋社。

［2］馬場義久（1998）『所得課税の理論と政策』税務経理協会。

［3］藤田晴（1992）『所得税の基礎理論』中央経済社。

［4］『図説　日本の税制』（各年度版）財経詳報社。

［5］Browning, E. K. and J. M. Browning（1993）*Public Finance and The Price System*, 4th ed., Macmillan.

［6］Goode, R.（1976）*The Individual Income Tax*, 2nd. ed., The Brookings Institution.　塩崎潤訳（1976）『個人所得税』今日社。

［7］Pechman, J. A. ed.（1977）*Comprehensive Income Taxation*, Brookings Institution.

［8］Simons, H. C.（1938）*Personal Income Taxation*, University of Chicago Press.

［9］Sørensen, P. B., ed.（1998）*Tax Policy in the Nordic Countries*, Macmillan.　馬場義久監訳（2001）『北欧諸国の租税政策』日本証券経済研究所。

［10］Stiglitz, J. E.（1988）*Economics of the Public Sector*, 2nd ed., W.W. Norton & Company.　薮下史郎訳（1996）『公共経済学』全2巻，東洋経済新報社。

第9章　法人課税（山田直夫）

［1］井上智弘・山田直夫（2014）「ベルギー法人税制における NID 導入の効果」『会計検査研究』第49号，11-28頁。

［2］篠原正博編著（2020）『テキストブック租税論』創成社。

［3］鈴木将覚（2014）『グローバル経済下の法人税改革』京都大学学術出版会。

［4］馬場義久・横山彰・堀場勇夫・牛丸聡（2017）『日本の財政を考える』有斐閣。

［5］林正寿（2007）「法人所得税の転嫁—経験的証拠を求めて—」武田昌輔編著『企業課税の理論と課題 二訂版』，木下和夫・金子宏監修 21世紀を支える税制の論理　第3巻，189-216頁。

［6］『図説　日本の税制』（令和5年度版）財経詳報社。

［7］Kayis-Kumar, A., T. Rose and R. Breunig（2022）"Design Considerations for an Allowance for Corporate Equity（ACE）for Australia" *TTPI-Working Paper* 3/2022.

［8］Kestens, K., P. Van Cauwenberge and J. Christiaens（2012）"The Effect of the Notional Interest Deduction on the Capital Structure of Belgian SMEs," *Environment and Planning C: Government and Policy* 30, 228-247.

［9］OECD（2024）*Corporate Tax Statistics*.

306

[10] Princen, S.（2012）"Taxes Do Affect Corporate Financing Decisions: The Case of Belgian ACE," *CESifo Working Papers* No. 3713.

第 10 章　消費課税（原田　誠）
［1］税務大学校（2024）『消費税法（基礎編）令和 6 年度（2024 年度）版』。
［2］林正寿（2008）『租税論―税制構築と改革のための視点』有斐閣。
［3］持田信樹・堀場勇夫・望月正光（2010）『地方消費税の経済学』有斐閣。
［4］McLure, C. E. Jr.（1987）*The Value-added Tax: Key to Deficit Reduction?*, American Enterprise Institute.
［5］Musgarave, R. A. and Musgarave, P. B.（1989）*Public Finance in Theory and Practice 5^{Th} ed.*, MaGraw-Hill Book Company, 1989.　大阪大学財政研究会訳（1983）『財政学：理論・制度・政治』1/2/3, 有斐閣。
［6］Stiglitz, J. E.,（2000）*Economics of the Public Sector, 3rd ed*, W.W. Norton & Company.

第 11 章　資産課税
Ⅰ～Ⅲ（大坪恭也）
［1］石田和之（2015）『地方税の安定性』清文社。
［2］井堀利宏監修, 資産の形成・円滑な世代間移転と税制の関係に関する研究会編（2021）『資産の形成・世代間移転と税制』日本証券経済研究所。
［3］国枝繁樹（2002）「相続税・贈与税の理論」『ファイナンシャル・レビュー』October。
［4］栗林隆（2022）「データの分析と資本主義の変容」『CUC VIEW & VISION』No.53, 千葉商科大学経済研究所。
［5］デトロイトトーマツ税理士法人（2017）『平成 28 年度内外一体の経済成長戦略構築にかかる国際経済調査事業（対内直接投資促進体制整備等調査（諸外国における相続税等調査））』。
［6］野口悠紀雄（1993）『日本経済改革の構図』東洋経済新報社。
［7］水野正一編著（2005）『改訂版 資産課税の理論と課題』税務経理協会。

Ⅳ　相続時精算課税制度の改革（橘　啓介）
［1］シャウプ使節団（1949）『シャウプ使節團日本税制報告書』General Headquarters Supreme Commander for the Allied Powers.
［2］神野直彦（1984）「シャウプ勧告における資産課税―相続税・贈与税を中心に―」『租税法研究』第 12 号, 26-65 頁。
［3］税制調査会（2002a）「あるべき税制の構築に向けた基本方針」内閣府。
［4］税制調査会（2002b）「第 17 回基礎問題小委員会」内閣府。
［5］税制調査会（2022a）「相続税・贈与税に関する専門家会合（第 1 回）議事録」内閣府。
［6］税制調査会（2022b）「相続税・贈与税に関する専門家会合（第 2 回）議事録」内閣府。
［7］税制調査会（2022c）「相続税・贈与税に関する専門家会合（第 3 回）議事録」内閣府。
［8］Vickrey, W. S.（1947）*Agenda for Progressive Taxation*, The Ronald Press Company. 塩崎潤訳「累進課税の指針」『財政』第 20 巻（1955）第 5 号, 7 号, 8 号, 10 号, 11 号, 12 号, 13 号, 14 号, 第 21 巻（1956）第 1 号, 2 号, 3 号, 4 号, 5 号, 6 号, 所収。

参考文献 | 307

第12章　国際課税のフレームワーク（江波戸順史）
［1］小沢進・矢内一好（2000）『租税条約のすべて』財経詳報社。
［2］金子宏監修（2017）『現代租税法講義 国際課税』日本評論社。
［3］篠原正博編著（2020）『テキストブック租税論』創成社。
［4］本庄資・田井良夫・関口博久（2018）『第4版　国際租税法―概論―』大蔵財務協会。
［5］水野忠恒編著（2005）『国際課税の理論と課題』税務経理協会。

第13章　国際課税の新潮流
I　BEPS（原田　誠）
［1］浅川雅嗣（2013）「OECD における最近の議論―BEPS を中心に」『国際税務』第34巻 1号，32-62頁。
［2］林正寿（2008）『租税論―税制構築と改革のための視点』有斐閣。
［3］Devereux M. P.（2015）"Are We Heading toward a Corporate Tax Systems fit for the 21st Century?"『協働社会における財政』財政研究第11巻，50-86頁。
［4］Musgrave, R. A. and Musgrave, P. B.（1972）"Inter-nation Equity, in Modern Fiscal Issues", Bird and Head eds., *Honor of Carl S. Shoup*, Toronto: University of Toronto Press. 川端康之・川崎元敬・清水雅彦訳（1998）「国家間の衡平（マスグレイブ＝マスグレイブ）」『関西大学大学院　法学ジャーナル』第51号，26頁。
［5］OECD（2015）*Explanatory Statement, 2015 Final Reports*（Paris: OECD）.
［6］OECD（2021）*Statement on a Two-Pillar Solution to Address the Tax Challenges Arising from The Digitalisation of the Economy*（Paris: OECD）.

II　デジタル課税（江波戸順史）
［1］佐藤良（2018）「デジタル経済の課税をめぐる動向」『調査と情報』No.1010。
［2］森信茂樹（2019）『デジタル経済と税―AI 時代の富をめぐる攻防―』日本経済新聞出版社。
［3］渡辺智之（2020）「電子化経済と『国際課税原則』」証券税制研究会編『企業課税をめぐる最近の展開』日本証券経済研究所。
［4］OECD（2019）*Addressing the Tax Challenges of the Digitalisation of the Economy*（Paris; OECD）.
［5］OECD（2020）*Tax Challenges Arising from Digitalisation-Report on Pillar One Blueprint*（Paris; OECD）.
［6］OECD（2021）*Statement on a Two-Pillar Solution to Adress the Tax Challenges Arising from the Digitalisation of the Economy*（Paris; OECD）.

III　ミニマム・タックス（原田　誠）
［1］鶴田廣巳（2015）「多国籍企業の時代と国際課税制度改革のゆくえ」『協働社会における財政』（財政研究）第11巻，88-103頁。
［2］原田誠（2019）「租税競争を生じさせない法人税改革―ポスト BEPS 防止活動の国際課税の方向性の模索―」『CUC Views & Vision』第45号，49-55頁。
［3］原田誠（2020）「国家間の租税競争についての一考察―法人所得税最低税率の合意が底辺への競争に終止符を打つか―」『大阪学院大学　経済論集』第34巻，第1・2号，29-44頁。
［4］吉村政穂（2022）「第2の柱は租税競争に『底』を設けることに成功するのか？―適格

国内ミニマムトップアップ税（Qualified Domestic Minimum Top-up Tax）がもたらす変容―」『税研』Vol.38-No.2, 20-27 頁。

［5］OECD（2021）*Statement on a Two-Pillar Solution to Address the Tax Challenges Arising from The Digitalisation of the Economy*（Paris: OECD）.

第 14 章　公債のしくみと理論（山田直夫）

［1］麻生良文・小黒一正・鈴木将覚（2018）『財政学 15 講』新世社。
［2］小塩隆士（2016）『コア・テキスト 財政学［第 2 版］』新世社。
［3］財務省理財局（2024）『債務管理リポート 2024　国の債務管理と公的債務の現状』。
［4］横山彰・馬場義久・堀場勇夫（2009）『現代財政学』有斐閣。
［5］『図説　日本の財政』（令和 6 年度版）財経詳報社。
［6］『図説　日本の証券市場』（2024 年版）日本証券経済研究所。
［7］Domar, E. D.（1944）"The "Burden of the Debt" and the National Income," *American Economic Review*, Vol.34, No.4, 798-827.

第 15 章　社会保障（齋藤香里）

［1］川村匡由編著（2021）『入門　社会保障』ミネルヴァ書房。
［2］厚生労働省『厚生労働白書』（各年度版）。
［3］国立社会保障・人口問題研究所「令和 2 年度　社会保障費用統計」。
［4］駒村康平・山田篤裕・四方理人・田中聡一郎・丸山桂（2015）『社会政策』有斐閣アルマ。
［5］Nicholas Barr（2020）*The economics of the welfare state* -6th ed, Oxford University Press.

索　引

【事項索引】

A－Z

ACE（Allowance for Corporate Equity）
　　　　　　　　　　　　　　　　181
APA　　　　　　　　　　　　　232
BEPS 最終報告書　　　　　　　243
BEPS 防止行動　　　　　　　　242
BEPS 防止措置条約（MLI）　　246
CBIT（Comprehensive Business Income
　Tax）　　　　　　　　　　　183
CFC 税制　　　　　　　　　　244
CPM　　　　　　　　　230, 231
DCF 法　　　　　　　　　　　231
N 分 N 乗方式　　　　　　　　110
OECD 租税委員会　　　　　　242
PE　　　　　　　　　　　　　250
　　　　なければ課税なし… 245, 250, 257
PFI（Private Finance Initiative）　　73
PPBS　　　　　　　　　　　　56
PS 法　　　　　　　　　　　　230
TNMM　　　　　　　　231, 236

ア

アローの不可能性定理　　　　　40
遺産課税方式　　　　210, 215, 216
遺産取得課税方式　　210, 215, 216
遺贈力承継税　　　　　　　　220
一般会計　　　　　　　　　　62
　　　　予算　　　　　　　43, 44
一般財産税　　　　　　　　　209
一般歳出　　　　　　　　　　63
一般消費税　　　　　　　　　193
一般理論　　　　　　　　　　31
移転価格　　　　　　　　　　229

（右列）

　　　　税制　　　　229, 236 ～ 238
医療保険制度　　　　　　299, 300
印紙税　　　　　　　　　　　214
インタレスト・グループ　　　79
インピュテーション方式　　　176
インフレ調整　　　　　　　　167
インボイス方式　　　　　203, 206
受取配当税額控除方式　　　　127
益税　　　　　　　　　　　　204
汚染者負担原則　　　　　　　15
卸売上税　　　　　　　　　　195

カ

会計年度独立の原則　　　　44, 48
外形標準課税　　　　　　　　150
外国子会社合算税制　　　235, 236
外国子会社配当益金不算入制度　227
外国税額控除制度　　　　　　226
外国税額控除方式　　　　　　225
介護保険制度　　　　　　　　301
概算要求　　　　　　　　　　49
　　　　基準　　　　　　　　49
回転木馬詐欺（Carousel Fraud）　197
外部性　　　　　　　　　　　15
過少資本税制　　　　　　238 ～ 240
課税技術説　　　　　　　　　212
課税単位　　　　　　　　110, 123
課税の繰り延べ　　　　　　　227
課税ベース　　　　　　　　　106
課税方法　　　　　　　　　　154
過大支払利子税制　　　　　　240
カーター報告　　　　110, 120, 164
カーター方式　　　　　　　　176
価値財（merit goods）　　　　21

簡易課税制度	204	継続費	47
完全競争市場	28	経費膨張の法則	8, 59
完全性の原則	55	結果の平等	29
完全統合	126	限界実効税率（Effective Marginal Tax	
簡素	111	Rate: EMTR）	191
官房学	7	限界税率	161
官僚組織	42	限界代替率（MRS）	25
機会の平等	29	限界変形率（MRT）	26
基幹税	107, 145	建設国債（4条国債）	268
犠牲説	85	源泉説	152, 153
規制的課税	78	源泉地原則	223, 224
帰属所得	125, 165	源泉徴収制度	163
基礎控除	160, 221	限定性の原則	55
基礎消費	89, 160	現物給付	125
基礎的財政収支	283	現物所得	165
帰着	91, 107	厳密性の原則	55
基本三法	229, 230	公開性の原則	56
逆進税	108	公共財	18
逆選択	41	———の供給	21
逆弾力性の命題	104	公共サービス	1
客観的能力説	84	公共選択論	35
キャピタル・ゲイン 116, 124, 127, 166		公共部門	2
給与所得控除	159	厚生経済学の第一定理	14
強制獲得経済	6	厚生コスト	98, 99, 101, 114
居住地原則	223, 224	公的年金制度	296
均衡予算	3	公平	80, 114, 124, 165
———帰着	92	小売売上税	195
———の定理	33	効率	94, 114, 165
禁止的課税	97	合理的期待形成学派	34
均等比例量犠牲説	86	国外所得免除方式	225
均等量犠牲説	86	国際的タックス・スキーム	246
国別報告事項	246	国際的二重課税	223
クラウディング・アウト（締め出し効果）		国民経済計算	2
	34	国民負担率	295
繰越明許費	47	個人主義	80
グロス・アップ方式	127	個人消費税（支出税）	200
軽減税率制度	205	コースの定理	15
経済安定	17, 31	国家間の公平	249
———政策	78	国家間の租税協調	266
経済的二重課税 223, 231, 232, 240		国庫債務負担行為	47
経済力増加説	153, 155, 164	固定資産税	211, 213

索　引 | 311

古典派経済学…………………………… 7
個別財産税……………………………… 209
個別消費税……………………………… 193
混合資本主義経済……………………… 4
コンセンサス基準……………………… 120
コンフリクト基準……………………… 120

サ

最小犠牲説……………………………… 87
最小社会価値説………………………… 84
財政赤字………………………………… 2
財政投融資計画……………………… 43，46
財政の3機能…………………………… 17
財政民主主義………………… 3，6，44，74
財政理論………………………………… 17
最適課税………………………………… 103
財投機関………………………………… 46
―――債………………………………… 46
財投債…………………………………… 268
歳入歳出予算…………………………… 47
財務省原案……………………………… 52
裁量的財政政策（discretionary fiscal
　policy）……………………………… 31
査定……………………………………… 51
差別的帰着……………………………… 94
暫定予算………………………………… 48
残余利益分割法……………………… 256，257
事業概況報告事項……………………… 246
事業効果………………………………… 70
資源配分…………………………… 17，18
事項要求………………………………… 51
資産移転課税…………………………… 209
資産所得…………………………… 154，170
資産保有課税………………… 209，211，213
支出税………………………… 117，131，132
市場の失敗………………………… 14，42
事前性の原則…………………………… 55
市中消化の原則………………………… 272
実効税率………………………………… 161
私的財………………………………… 18，20
自動安定化機能（built-in stabilizer）…… 31

資本主義経済体制……………………… 7
資本主義体制…………………………… 74
資本輸出中立性………………………… 228
資本輸入中立性………………………… 228
シャウプ勧告……………… 117，136，220
社会支出…………………………… 284，292
社会資本………………………………… 66
社会政策説……………………………… 212
社会保障給付費………………………… 292
社会保障と税の一体改革……………… 202
奢侈品……………………………… 78，104
シャンツ＝ヘイグ＝サイモンズ概念
　……………………………… 154，155，170
従価税…………………………………… 98
集合財…………………………………… 1
自由所得………………………………… 123
従量税…………………………………… 98
主観的能力説…………………………… 84
主権国家………………………………… 6
酒税………………………………… 135，201
純計……………………………………… 46
準公共財（quasi public goods）……… 20
準私的財（quasi private goods）……… 21
純粋公共財（pure public goods）……… 20
少子高齢化……………………………… 200
乗数……………………………………… 33
―――効果……………………………… 71
消費課税………………………………… 193
消費税の目的税化……………………… 205
所得控除………………………………… 160
所得再分配…………… 17，27，77，288
―――政策……………………………… 29
所得の初期分布…………………… 77，90
人口減少………………………………… 200
人税……………………………………… 108
人的控除………………………………… 160
人的資本………………………………… 169
人頭税……………………… 97，108，147
垂直的公平…………… 80，90，109，123，169
水平的公平…………… 80，88，113，123
税額控除………………………………… 162

生活必需品···············78, 104
生産可能性曲線···········26, 76
正常利潤··············184
生前贈与加算············221
製造者売上税············195
税痛················74
税の累積（cascade）·········195
政府関係機関予算·········43, 45
政府の失敗（government failure）···35, 41
税務行政費用·······10, 111, 221
税率構造·······108, 124, 156
世代飛ばし·············220
潜在的国民負担率··········295
前段階税額控除方式·········196
総計主義··············46
相互協議··············231
総需要創出効果·········69, 70
相続時精算課税制度·········220
相続税·······210, 212, 218, 220
──と贈与税の一体化····220
贈与税··········210, 218
租税回避·····219, 224, 233, 242
──行動············97
──の防止·········225
租税原則··············80
租税国家···········4, 74
租税条約··············225
租税政策···········77, 149
租税特別措置········125, 167
租税配分原則·····9, 80, 88, 123
租税負担率·············295
損益通算··········171, 172

タ

対応的調整·············231
第四の方法··········230, 231
多数決投票のルール·········36
タックス・エクスペンディチュア···79, 120
タックスヘイブン·····232, 234, 235
──対策税制·······234〜236
たばこ税··············17

単一性の原則············55
地租···············135
地方消費税·············203
中位投票者定理···········39
中立············114, 220
超過利潤·············184
帳簿方式··········203, 206
直間比率·············143
積立方式·············298
定額税··············103
定式配賦方式········256, 257
底辺への競争（race to the bottom）
················191, 262
適格請求書等保存方式·······203
デジタル課税············254
デジタルサービス税·····252, 253
転位効果··············60
転嫁···············91
電気通信利用役務··········208
統計···············46
──主義···········46
統合アプローチ···········254
当初予算··············48
投票のパラドックス·········39
登録国外事業者制度·········208
登録免許税·········211, 214
特別会計予算········43, 45
特別交付税·············65
独立価格比準法···········229
独立企業間価格···········229
独立企業原則·······238, 256, 257
特例国債（赤字国債）········268
都市計画税·············211
ドーマー命題············285
取引高税·············195
トレード・オフ·······113, 221

ナ

内部化··············16
二元的所得税············170
二重課税·············148

索　引 | 313

二重配当……………………………… 79
ネクサス…………………………… 254
納税意識……………………………… 2
納税協力費用………………… 10，111，221
能力説………… 80，83，84，108，123
ノン・アフェクタシオン原則
……………………… 83，146，148

ハ

配当控除…………………………… 187
ハイブリッド・ミスマッチ・アレンジメント
……………………………… 243
配分効果……………………………… 75
抜本的税制改革…………………… 136
ハーベイ・ロードの前提………… 35
パレート最適……………………… 14
バローの中立命題………… 276，278
非競合性…………………………… 18
ピグー税…………………………… 16
非排除性…………………………… 20
ヒヤリング………………………… 51
費用対効果分析…………………… 73
費用逓減産業……………………… 15
ビルトイン・スタビライザー…… 169
比例税……………………………… 108
フィジオクラート………………… 107
フィージビリティー……… 115，116，164
フィスカル・ポリシー（景気安定的財政
政策）……………… 32，60，61
付加価値税………………………… 195
賦課方式…………………………… 298
普通交付税………………………… 65
復活折衝…………………………… 52
物税………………………………… 108
不動産取得税……………………… 212
負の外部性………………………… 16
負の所得税………………………… 77
富裕税……………………………… 211
プライマリーバランス…………… 283
フラット・タックス……………… 108
フリーライダー（ただ乗り）…… 23

フリンジ・ベネフィット………… 125
不労所得説………………………… 212
分配効果…………………………… 75
分類所得税………………… 155，171
平均実効税率（Effective Average Tax Rate:
EATR）………………………… 191
平均税率…………………………… 161
閉鎖経済体系………………………… 7
包括的課税ベース………… 123，127
包括的事業所得税………………… 183
包括的所得税……… 117，127，155，164
法人擬制説………………… 126，175
法人最低税率……………………… 260
法人実効税率……………………… 189
法人実在説………………………… 175
法人税減税政策…………………… 264
法定相続分課税方式……………… 221
法的二重課税……… 223，225，236，237
補完税……………………………… 219
補正予算…………………………… 48

マ

マイナンバー制度………………… 171
マクロ経済スライド……………… 299
ミード報告………………………… 128
ミニマム・タックス・ルール…… 259
無差別曲線………………… 26，76
無産国家……………… 3，13，74
無償移転課税……………… 209，210
明瞭性の原則……………………… 55
目的税……………………………… 148
モデル提案………………… 115，127
モラル・ハザード（道徳的危険）……… 41

ヤ

有機主義…………………………… 80
有機的国家観……………… 7，11
優遇税制…………………………… 79
有効需要…………………………… 32
　　　──理論……………………… 70
有償移転課税……………… 209，210

ユニタリータックス……………………… 257	リカードの等価定理…………………………… 276
予算総則…………………………………… 47	リバース・チャージ方式…………………… 208
予算編成…………………………………… 49	累進所得税………………………………… 169
────権……………………………… 49	累進税……………………………………… 108
────の基本方針……………………… 51	────率構造…………………… 139，156

ラ

ライフ・サイクル……………… 106，132	暦年課税制度……………………………… 220
ラムゼー・ルール………………………… 104	労働所得…………………………… 154，170
利益説………………… 80 ～ 82，148，150	ローカル・ファイル……………………… 246
	60 年償還ルール ………………………… 273
	ロックイン・エフェクト………… 116，164

【人名索引】

ア

アロー（Arrow, K.J.）…………………… 40	スミス（Smith, A.）…………… 6，58，274
アンドリュース（Andrews, W.）……… 133	スレムロッド（Slemrod, J.）…………… 112
井藤半彌………………………… 84，118	セリグマン（Seligman, E.R.A.）…………… 8
ヴィクセル（Wicksell, K.）…………… 82	セルツァー（Seltzer, L.H.）…………… 129
ヴィッカリー（Vickrey, W.S.）… 110，118	ソルム（Sorum, N.）…………………… 112
ウィリアム・ピット（Pitt, W.）………… 152	

タ

カ

カーター（Carter, K. LeM.）…… 117，122	デヴリュー（Devereux, M.P.）………… 249
カルドア（Kaldor, N.）……… 131，132，200	デービス（Davis, R. G.）……………… 275
グード（Goode, R.）……………………… 85	ドーマー（Domar, E.D.）……………… 285
クリジザニアク（Krzyzaniak, M.）…… 179	

ハ

ケインズ（Keynes, J.M.）	ハーバーガー（Harberger, A.C.）… 92，180
……………… 9，31，35，60，78，200	バロー（Barro, R.J.）…………………… 276
ケステンス（Kestens, K.）……………… 184	ピグー（Pigou, A.）
ケネー（Quesnay, F.）…………………… 199	…………… 16，85，87，104，200
コップ（Kopf, D.H.）…………………… 275	ピケティ（Piketty, T.）…………………… 77

サ

	ピーコック＝ワイズマン（Peacock, A.T.
サイモンズ（Simons, H.）…… 77，123，154	and Wiseman, J.）……………………… 60
サリー（Surry, S.）……………… 79，118	ビットカー（Bittker, B.I.）…………… 120
シャウプ（Shoup, C.）……… 117，118，136	フィッシャー（Fisher, I.）……… 131，132
シャンツ（Schanz, G.）………………… 154	ブキャナン（Buchanan, J.M.）
シュタイン（Stein, L.）………………… 59	………………………… 35，42，274
シュンペーター（Schumpeter, J.）…… 4，74	ブラウン＝ジャクソン（Brown, C.V. and
スティグリッツ（Stiglitz, J.E.）………… 41	Jackson, P.M.）………………………… 61
	プリンセン（Princen, S.）……………… 184
	ヘイグ（Haig, R.）……………………… 154
	ヘルマン（Hermann, F.）……………… 154

索　引　|　315

ボーエン（Bowen, W.G.）·················· 275
ホッブス（Hobbes, T.）····· 131，132，199

マ

マーシャル（Marshall, A.）················· 200
マスグレイヴ（Musgrave, R.A.）
························· 9，11，17，92，179
　　──夫妻（Musgrave, R.A. and
Musgrave, P.B.）························· 249
マーリーズ（Mirriees, J.）················· 105
ミード（Meade, J.）················ 117，128
ミル（Mill, J.S.）······ 8，82，131，200，274

モディリアーニ（Modigliani, F.）········· 275

ラ

ラーナー（Lerner, A.P.）···················· 274
ラムゼー（Ramsey, F.）···················· 104
リカード（Ricardo, D.）············· 7，276
ルーカス（Lucus, R.E.）···················· 34

ワ

ワグナー（Wagner, A.）
································ 6，8，11，59，83

《編著者紹介》

栗林　隆（くりばやし　たかし）
　　1958 年　東京都に生まれる
　　1981 年　中央大学理工学部卒業
　　1992 年　東洋大学大学院経済学研究科博士前期課程修了
　　1998 年　東洋大学大学院経済学研究科博士後期課程修了
　　　　　　博士（経済学）の学位を取得
　　現在　千葉商科大学大学院教授
　　著書　『カーター報告の研究―包括的所得税の原理と現実―』五絃舎
　　　　　『租税論研究―課税の公平と税制改革―』（共編著）五絃舎
　　　　　『新財政学』（共著）文眞堂

江波戸順史（えばと　じゅんじ）
　　1972 年　千葉県に生まれる
　　1996 年　法政大学経営学部卒業
　　1998 年　千葉商科大学大学院商学研究科修士課程修了
　　2000 年　明治大学大学院政治経済学研究科博士前期課程修了
　　2003 年　明治大学大学院政治経済学研究科博士後期課程単位取得退学
　　2012 年　千葉商科大学大学院政策研究科博士課程修了
　　　　　　博士（政策研究）の学位を取得
　　現在　千葉商科大学総合政策学部教授
　　著書　『アメリカ合衆国の移転価格税制』五絃舎
　　　　　『独立企業間価格の限界と移転価格税制の改革』五絃舎
　　　　　『租税論研究―課税の公平と税制改革―』（共著）五絃舎

山田直夫（やまだ　ただお）
　　1976 年　東京都に生まれる
　　1999 年　早稲田大学政治経済学部卒業
　　2001 年　一橋大学大学院経済学研究科博士前期課程修了
　　2008 年　一橋大学大学院経済学研究科博士後期課程単位取得退学
　　現在　公益財団法人日本証券経済研究所主任研究員・駒澤大学経済学部非常勤講師
　　著書　『企業課税をめぐる最近の展開』（共著）日本証券経済研究所
　　　　　『テキストブック租税論』（共著）創成社
　　　　　『日本の家計の資産形成―私的年金の役割と税制のあり方』（共著）中央経済社

原田　誠（はらだ　まこと）
　　1966 年　愛媛県に生まれる
　　1988 年　横浜市立大学商学部卒業
　　2005 年　早稲田大学大学院社会科学研究科博士前期課程修了
　　2012 年　早稲田大学大学院社会科学研究科博士後期課程単位取得退学
　　2015 年　博士（学術）の学位を取得
　　現在　大阪学院大学経済学部教授
　　論文　「国家間の租税競争についての一考察―法人所得税最低税率の合意が底辺への競争に終止符を打つか―」『大阪学院大学経済論集』第 34 巻 1・2 号
　　　　　「租税競争を生じさせない法人税改革―ポスト BEPS 防止活動の国際課税の方向性の模索―」『CUC Views & Vison』No.45
　　　　　「国際課税における租税裁定取引―米国の制度を中心に―」『ソシオサイエンス』Vol.21

《著者紹介》（執筆順）

栗林　隆（くりばやし　たかし）
　　千葉商科大学大学院教授（第1章，第5章，第6章，第7章，第8章担当）

原田　誠（はらだ　まこと）
　　大阪学院大学経済学部教授（第2章，第10章，第13章Ⅰ・Ⅲ担当）

木村嘉仁（きむら　よしひと）
　　千葉商科大学大学院政策研究科博士課程（第3章担当）

高　哲央（こう　あきひろ）
　　沖縄国際大学経済学部准教授（第4章担当）

山田直夫（やまだ　ただお）
　　日本証券経済研究所主任研究員（第9章，第14章担当）
　　駒澤大学経済学部非常勤講師

大坪恭也（おおつぼ　きょうや）
　　千葉商科大学大学院政策研究科博士課程（第11章Ⅰ・Ⅱ・Ⅲ担当）
　　千葉県税理士会常務理事

橘　啓介（たちばな　けいすけ）
　　千葉商科大学大学院商学研究科修了　修士（経済学）（第11章Ⅳ担当）

江波戸順史（えばと　じゅんじ）
　　千葉商科大学総合政策学部教授（第12章，第13章Ⅱ担当）

齋藤香里（さいとう　かおり）
　　千葉商科大学人間社会学部教授（第15章担当）